PREFACE
머리말 (3판)

한번에 정리하는 가족법(한정가) 제3판을 선보입니다.

이번 개정판의 특징은 다음과 같습니다.

전판과 동일한 분량을 유지하였습니다. 지속적으로 분량의 감소를 염두에 두고 개정 작업을 해 왔습니다. 전판인 제2판의 분량이 적정선이라는 판단 결과, 내용의 가감이 있었지만 전판의 분량에서 변동이 없도록 작업하였습니다. 전체적으로 서술과 표현을 재검토하여 정비하였습니다.

개정법령과 변경판례의 내용을 반영하였습니다. 대표적으로 미성년자 상속인이 성년이 된 후 한정승인을 할 수 있도록 신설된 조항(제1019조 제4항)과 '만 나이' 도입에 따른 변경 내용 등을 반영하였습니다. 판례의 경우 제809조(근친혼 등의 금지) 헌법불합치 결정(2022.10.27. 2018헌바115), 성전환자에게 미성년 자녀가 있는 경우 성별 정정 허용여부에 대한 결정(대결 2022.11.24. 202스616), 피상속인의 배우자와 자녀 중 자녀 전부가 상속을 포기한 경우 배우자와 손자녀 또는 직계존속이 공동상속인이 되는지, 배우자가 단독상속인이 되는지 여부(대결 2023.3.23. 2020그42) 등 변경된 내용을 반영하였습니다.

또한 최근 2023년 6월 선고분까지의 판례를 검토하여 2023.5.11. 2018다248626 판결까지 기존 판례를 추가/갱신하였습니다.

변함없이 저자의 도서와 강의를 믿고 따라주시는 로스쿨 재학생 및 수험생 여러분과 아낌없는 조언과 질타를 주신 모든 분들께 감사드립니다.

2023. 8.

PREFACE
머리말 (2판)

지난 해 로이어스 친족상속법을 한정민 시리즈에 맞춰 **한번에 정리하는 가족법**(약칭 한정가)으로 출간이 되었는데, 이에 대한 개정판을 선보입니다.

이번 개정판의 특징은 다음과 같습니다.

Ⅰ. 미기출된 과거 판례 삭제

지금까지 변호사시험과 법전협 모의시험에서 미기출된 과거 판례들을 삭제하고, 판례 없이 학설의 대립만이 존재하는 논점들 역시 삭제하면서 분량에 대한 부담을 줄였습니다.

Ⅱ. 최신판례 추가

최근 선고된 대법원 2022. 3. 17. 선고 2020다267620 판결까지 7개의 판례를 추가수록 하였습니다.

Ⅲ. 기출문제 추가

2022년 제11회 변호사시험 및 2022년 법전협 1차 모의시험 선택형 14문항을 본문에 반영하였습니다.

수험생의 부담을 줄이고자 지속적으로 분량을 줄이고 있습니다. 본 교재와 함께 "로이어스 민법 선택형 집중"과 "로이어스 민법 사례형 집중"으로 마무리 한다면 단기간에 정리가 가능 하리라 생각합니다.

2022. 7

PREFACE
머리말 (1판)

로이어스 친족상속법을 한정민(한번에 정리하는 민법) 시리즈에 맞추어 이하 한정가(한번에 정리하는 가족법)로 교재명을 변경하였습니다. 로이어스 친족상속법과 한정가의 본문 구성은 동일하지만, 로이어스 친족상속법 뒤에 부록으로 있던 선택형 문제를 제외시켰습니다. 따라서 제외된 선택형 문제는 로이어스 민법 선택형 기출 [1](2021)과 동일하므로, 강의에는 본 교재로 진행하게 되었습니다.

전판에 비해 이번 로이어스 친족상속법(제4판)이자, 한정가는 다음과 같이 반영되었습니다.

I. 개정민법 반영

제3판 출시 이후 두 차례 민법이 개정되었는데 개정 4개 조항 중 친족·상속법 관련 3개 조항 내용을 반영하였습니다.

성폭력, 성추행, 그 밖의 성적 침해를 당한 미성년자에 대한 보호 강화를 위해, 해당 미성년자가 성년이 될 때까지 손해배상청구권 소멸시효 정지규정 신설(제766조 제2항 신설, 2020. 10. 20.)과 친권자의 징계권 삭제에 따른 민법 3개 조항(제915조 삭제, 제924조의2 일부개정, 제945조 일부 개정 및 삭제, 2021. 1. 26.)을 반영하였습니다.

Ⅱ. 최신판례 추가

두 개의 전원합의체 판결('대법원 2020. 11. 19. 선고 2019다232918 전원합의체 판결', '대법원 2020. 6. 18. 선고 2015므0000 전원합의체 판결')을 비롯하여 '대법원 2021. 6. 10. 선고 2021므10898 판결'까지 11개의 판례를 추가하였습니다.

Ⅲ. 기출문제 추가

2021년 제10회 변호사시험 및 2021년 6월 제1차 법전협 모의시험까지 선택형 15문항을 본문에 반영하였습니다.

가족법은 사례 출제비중이 높아지면서, 미리 준비해 두지 않으면 곤란한 과목이 되었습니다. 복잡한 계산과정 부분도 있지만, 그 부분 이외에는 일주일 투자를 하면, 예상보다 어렵지 않을 것입니다. 무더운 더위에 모두 힘을 내시기 바랍니다.

2021. 7.

CONTENTS 목차

PART 01 가족법 총설

제1절 | 민법총칙과의 관계 ··· 2

제2절 | 가사소송사건과 가사비송사건 ··· 2
- Ⅰ. 서설 ··· 2
- Ⅱ. 가사소송사건의 절차 ··· 2
- Ⅲ. 가사비송사건의 절차 ··· 2

PART 02 친족법

제1장 친족법 총설 ··· 4
- Ⅰ. 서설 ··· 4
- Ⅱ. 친족 ··· 4
- Ⅲ. 가족 ··· 5
- Ⅳ. 자의 성과 본 ··· 6

제2장 혼인 ··· 6

제1절 | 약혼 ··· 6
- Ⅰ. 의의 ··· 6
- Ⅱ. 약혼의 요건 ··· 6
- Ⅲ. 약혼의 무효 ··· 7
- Ⅳ. 약혼의 효과 ··· 7
- Ⅴ. 약혼의 해제 ··· 8

제2절 | 혼인의 성립 ··· 9
- Ⅰ. 혼인의 성립요건 ··· 9
- Ⅱ. 동의가 필요한 혼인 ··· 10
- Ⅲ. 혼인장애사유 ··· 10

제3절 | 혼인의 무효와 취소 ··· 12
- Ⅰ. 혼인의 무효 ··· 12
- Ⅱ. 혼인의 취소 ··· 14

제4절 | 혼인의 효력 ··· 17
- Ⅰ. 혼인의 일반적 효력 ··· 17
- Ⅱ. 혼인의 재산상 효력 ··· 18

제5절 | 혼인의 해소 ··· 22
- Ⅰ. 배우자의 사망에 의한 혼인의 해소 ··· 22
- Ⅱ. 협의이혼 ··· 22
- Ⅲ. 재판상 이혼 ··· 24
- Ⅳ. 이혼의 일반적 효과 ··· 30
- Ⅴ. 이혼의 재산상 효과 ··· 33

제6절 | 사실혼 ··· 40
- Ⅰ. 서설 ··· 40
- Ⅱ. 사실혼의 요건 ··· 40
- Ⅲ. 혼인장애사유와 사실혼 ··· 40
- Ⅳ. 사실혼의 효과 ··· 41
- Ⅴ. 사실혼의 해소 ··· 42
- Ⅵ. 사실상 혼인관계존재확인청구 ··· 43

제3장 부모와 자 ··· 45

제1절 | 친생자 ··· 45

■ 제1관 혼인 중의 출생자 ··· 45
Ⅰ. 친생추정을 받는 혼생자 ··· 45
Ⅱ. 친생추정을 받지 않는 혼생자 ··· 48
Ⅲ. 준정에 의한 혼생자 ··· 48

■ 제2관 혼인 외의 출생자 ··· 48
Ⅰ. 서설 ··· 48
Ⅱ. 인지 ··· 49
Ⅲ. 친생자관계존부확인의 소 ··· 55

제2절 | 양자 ··· 57

■ 제1관 입양 ··· 57
Ⅰ. 입양의 요건 ··· 57
Ⅱ. 입양의 무효와 취소 ··· 61
Ⅲ. 입양의 효과 ··· 63

■ 제2관 파양 ··· 64
Ⅰ. 서설 ··· 64
Ⅱ. 협의상 파양 ··· 64
Ⅲ. 재판상 파양 ··· 65
Ⅳ. 파양의 효과 ··· 66

■ 제3관 친양자 ··· 66
Ⅰ. 서설 ··· 66
Ⅱ. 친양자 입양의 요건 ··· 66
Ⅲ. 친양자 입양의 무효와 취소 ··· 67
Ⅳ. 친양자 입양의 효과 ··· 68
Ⅴ. 친양자의 파양 ··· 68

제3절 | 친권 ··· 69
Ⅰ. 서설 ··· 69
Ⅱ. 친권자 ··· 69
Ⅲ. 친권의 내용 ··· 72
Ⅳ. 친권의 제한 ··· 76
Ⅴ. 친권의 소멸과 상실 · 회복 ··· 78

제4장 후견 ··· 81

제1절 | 미성년후견 ··· 81
Ⅰ. 서설 ··· 81
Ⅱ. 미성년후견의 개시 ··· 81
Ⅲ. 미성년후견인 ··· 81
Ⅳ. 미성년후견의 사무 ··· 83
Ⅴ. 미성년후견의 감독 ··· 84
Ⅵ. 미성년후견의 종료 ··· 86

제2절 | 성년후견제도 ··· 87

■ 제1관 성년후견 ··· 87
Ⅰ. 서설 ··· 87
Ⅱ. 성년후견의 개시 ··· 87
Ⅲ. 피성년후견인의 행위능력 ··· 87
Ⅳ. 성년후견인 ··· 88
Ⅴ. 성년후견의 사무 ··· 89
Ⅵ. 성년후견의 감독 ··· 90
Ⅶ. 성년후견의 종료 ··· 91

CONTENTS 목차

제2관 한정후견 ··· 92
  Ⅰ. 서설 ··· 92
  Ⅱ. 한정후견의 개시 ··· 92
  Ⅲ. 피한정후견인의 행위능력 ··· 92
  Ⅳ. 한정후견인 ··· 93
  Ⅴ. 한정후견의 사무 ··· 94
  Ⅵ 한정후견의 감독 ··· 95
  Ⅶ 한정후견의 종료 ··· 96

제3관 특정후견 ··· 96
  Ⅰ. 서설 ··· 96
  Ⅱ. 특정후견의 개시 ··· 96
  Ⅲ. 특정후견인의 선임 등 법원의 처분 ··· 96
  Ⅳ. 특정후견의 사무 ··· 97
  Ⅴ. 특정후견의 감독 ··· 98
  Ⅵ. 특정후견의 종료 ··· 98

제4관 후견계약 ··· 99
  Ⅰ. 서설 ··· 99
  Ⅱ. 후견계약의 성립과 효력발생 ··· 99
  Ⅲ. 후견계약과 법정후견의 관계 ··· 100
  Ⅳ. 후견계약의 효과 ··· 101
  Ⅴ. 후견계약의 종료 ··· 102

제5장 부양 ··· 103
  Ⅰ. 서설 ··· 103
  Ⅱ. 부양의 당사자 ··· 103

  Ⅲ. 부양의 정도와 방법(제977조 · 제978조) ··· 104
  Ⅳ. 부양청구권 ··· 104
  Ⅴ. 부양의무불이행에 대한 조치 ··· 105
  Ⅵ. 부양료의 구상 ··· 106

PART 03 상속법

제1장 상속 ··· 108
제1절 | 상속의 개시 ··· 108
  Ⅰ. 상속의 개시원인 ··· 108
  Ⅱ. 상속개시의 시기 ··· 108
  Ⅲ. 상속개시의 장소 ··· 108
  Ⅳ. 상속의 비용 ··· 109
  Ⅴ. 상속재산 ··· 109
  Ⅵ. 상속회복청구권 ··· 112

제2절 | 상속인 ··· 116
  Ⅰ. 서설 ··· 116
  Ⅱ. 상속능력 ··· 116
  Ⅲ. 상속인의 순위 ··· 117
  Ⅳ. 상속인의 결격 ··· 117
  Ⅴ. 대습상속 ··· 119

제3절 | 공동상속 ···120
Ⅰ. 서설 ···120
Ⅱ. 공동상속재산 ···120
Ⅲ. 상속분 ···122
Ⅳ. 상속재산의 분할 ···128

제4절 | 상속의 승인과 포기 ···133
Ⅰ. 서설 ···133
Ⅱ. 단순승인 ···135
Ⅲ. 한정승인 ···138
Ⅳ. 상속의 포기 ···141

제5절 | 재산의 분리 ···142
Ⅰ. 서설 ···142
Ⅱ. 재산분리의 청구 ···142
Ⅲ. 재산분리의 효과 ···143

제6절 | 상속인의 부존재 ···144
Ⅰ. 서설 ···144
Ⅱ. 상속재산의 관리와 청산 ···144
Ⅲ. 특별연고자에 대한 분여 ···145
Ⅳ. 상속재산의 국가귀속 ···145

제2장 유언 ···146

제1절 | 총설 ···146
Ⅰ. 서설 ···146
Ⅱ. 유언의 법적 성격 ···146
Ⅲ. 유언사항 ···146
Ⅳ. 유언능력 ···146

제2절 | 유언의 방식과 효력 ···147
Ⅰ. 유언의 요식성 ···147
Ⅱ. 유언의 증인 ···147
Ⅲ. 유언방식의 종류 ···147
Ⅳ. 유언의 철회 ···150
Ⅴ. 유언의 효력 ···151

제3절 | 유증 ···152
Ⅰ. 서설 ···152
Ⅱ. 포괄유증 ···153
Ⅲ. 특정유증 ···153
Ⅳ. 부담있는 유증 ···155

제4절 | 유언의 집행 ···156
Ⅰ. 서설 ···156
Ⅱ. 유언집행의 준비절차 ···156
Ⅲ. 유언집행자 ···157
Ⅳ. 유언집행의 비용 ···159

제3장 유류분 ···160
Ⅰ. 서설 ···160
Ⅱ. 유류분권리자 ···160
Ⅲ. 유류분의 산정 ···160
Ⅳ. 유류분반환청구권 ···163

12개년 변호사시험, 변호사모의시험 가족법 선택형 출제분포

구 분		변호사시험	모의시험	합 계
총 설		1	3	4
친족법	혼인	9	51	60
	부모와 자, 친족관계	3	19	22
	양자, 친권	4	16	20
	후견, 부양	8	8	16
상속법	상속	13	37	50
	유언	4	14	18
	유류분	7	20	27
합 계		49	168	217

12개년 변호사시험, 변호사모의시험 가족법 사례형 기출 쟁점

■ 변호사시험

시행년도	문 항		쟁 점
2012년 제1회	미출제		
2013년 제2회			
2014년 제3회	제2문의 3	[문2-1] (10점)	상속결격(낙태), 법정단순승인
		[문2-2] (10점)	상속재산분할협의, 면책적채무인수
2015년 제4회	미출제		
2016년 제5회			
2017년 제6회			
2018년 제7회	제2문의 2 문제1 (35점)		상속포기의 유효성, 상속재산분할합의의 효력 + (법정지상권의 쟁점 포함)
2019년 제8회	미출제		
2020년 제9회	제2문의 3 문제1,2,3 (30점)		상속재산분할협의
2021년 제10회	미출제		
2022년 제11회	제2문의 3	문제1	상속인 중 1인이 상속채무전부를 변제하기로 하는 상속재산분할협의의 효력
		문제2	가분채권 상속재산분할 가능성
2023년 제12회	제2문의3	문제2	부부간 일상가사대리권과 표현대리

■ 변호사모의시험

시행년도/회차	문 항		쟁 점
2014년 제3차	제2문의 3 (15점)		상속회복청구권
2015년 제1차	제2문의 2 문제4 (15점)		상속포기의 유효성, 상속재산분할합의의 효력(무효행위의 전환), 가분채무(금전채무)의 공동상속
2015년 제3차	제2문의 3 (20점)		유류분반환청구(유류분액 산정)
2016년 제2차	제2문의 2	문제1 (15점)	상속포기
		문제2 (10점)	상속포기가 사해행위가 되는지 여부
2018년 제1차	제1문의 1 문제2 (15점)		상속채권자와 고유채권자의 우열 (대판 2010.3.18. 2007다77781 전합)
2018년 제3차	제2문의 2 문제3 (15점)		상속재산분할협의, 면책적채무인수
2019년 제1차	제2문의 4 문제1 (20점)		유언과 공유관계
2019년 제2차	제1문의 6 문제2 (10점)		가분채권 상속재산분할 가능성
2020년 제1차	제2문의 1 문제1 (20점)		상속회복청구권
	제2문의 2 문제1,2 (20점)		이해상반행위와 무권대리 및 친권남용
2020년 제2차	제2문의 3 (20점)		한정승인자로부터 저당권을 설정받은 고유채권자와 상속채권자 사이의 우열관계
2021년 제3차	제2문의 5 (15점)		포괄적 유증과 상속회복청구권
2022년 제1차	제2문의 3 문제3 (20점)		피인지자의 가액지급청구권
2022년 제2차	제2문의 1 문제2		미성년자의 법률행위와 친권의 공동행사
2022년 제3차	제2문의 4		유언의 효력 / 유류분반환청구
2023년 제1차	제2문의 3 문제3		상속재산분할의 효력

본 페이지는 빈 페이지입니다.

PART 01 가족법 총설

제1절 민법총칙과의 관계

가족법상 권리는 소멸시효의 대상이 아니므로, 소멸시효에 관한 규정은 가족법에 적용되지 않고, 행위능력·법률행위에 관한 규정도 대체로 가족법상의 법률행위에는 적용되지 않는다.

> **[참고]** 가족법상 권리는 소멸시효의 대상이 아니다. 민법이 채권 및 소유권 이외의 재산권에 대해서만 소멸시효를 규정하고 있기 때문에(제162조), 제척기간에 의해 행사기간이 제한될 수 있을 뿐이다. 다만, 신분관계에 기한 권리이더라도 재산권으로서 구체화된 경우에는 소멸시효의 대상이 된다. 예컨대, 이혼에 따른 위자료청구권은 10년간 행사하지 아니하면 소멸시효가 완성한다. 한편, 상속재산의 승인·포기 및 유증의 승인의 취소권의 행사기간(제1024조 제2항, 제1075조 제2항)에 대해서 시효로 소멸한다고 규정하고 있으나, 이는 제146조의 특별규정이므로 제척기간으로 보아야 한다는 견해가 있다.

제2절 가사소송사건과 가사비송사건

Ⅰ 서설

가사소송법은 가사소송사건을 가류, 나류, 다류로, 가사비송사건을 라류와 마류로 분류하고, 이들 사건에 대한 심리와 재판은 가정법원의 전속관할로 한다. 한편 가사소송사건 중 나류, 다류 사건과 가사비송사건 중 마류 사건은 조정을 거쳐야 한다(조정전치주의).

Ⅱ 가사소송사건의 절차

① 가사소송절차에 관하여는 가사소송법에 특별한 규정이 있는 경우를 제외하고는 「민사소송법」에 따른다. 다만, 가류 및 나류 가사소송사건에 대해서는 「민사소송법」의 규정 중 소송의 신속이나 절차의 공평성을 위한 규정으로 증거제출기간을 제한하는 제147조 제2항, 실기한 공격·방어방법을 각하할 수 있도록 하는 제149조 등은 가사소송절차에 적용하지 않는다.
② 가사소송절차에는 신분관계의 형성 또는 확인을 사적 자치에만 맡겨둘 수 없기 때문에 「민사소송법」의 규정 중 자백간주에 관한 제150조 제1항과 자백한 사실을 불요증사실로 하는 제288조는 적용하지 않는다.
③ 처분권주의가 제한되는 가사소송사건에도 원고의 소취하의 자유는 인정된다.

Ⅲ 가사비송사건의 절차

① 비송사건절차법의 준용 : 가사비송절차에 관하여는 가사소송법에 특별한 규정이 없으면 「비송사건절차법」 제1편을 준용한다. 다만, 「비송사건절차법」 중 검사의 의견진술과 참여에 관한 제15조는 준용하지 않는다.
② 가정법원은 직권으로 사실의 탐지와 필요하다고 인정하는 증거의 조사를 하여야 한다(직권탐지 : 가사소송법 제34조, 비송사건절차법 제11조).

본 페이지는 빈 페이지입니다.

PART 02 친족법

제1장 친족법 총설

I 서설

민법은 '제4편 친족', '제1장 총칙'에서 친족의 정의와 범위, 촌수의 계산 등을 규정하고 있고, 제2장에서 가족의 범위, 자(子)의 성(姓)과 본(本)에 관하여 규정하고 있다.

[판례] 성전환자에게 미성년 자녀가 있는 경우 성별 정정이 허용되는지 여부(대결 2022.11.24. 2020스616 전원합의체)

인간은 누구나 자신의 성정체성에 따른 인격을 형성하고 삶을 영위할 권리가 있다. 성전환자도 자신의 성정체성을 바탕으로 인격과 개성을 실현하고 우리 사회의 동등한 구성원으로서 타인과 함께 행복을 추구하며 살아갈 수 있어야 한다. 이러한 권리를 온전히 행사하기 위해서 성전환자는 자신의 성정체성에 따른 성을 진정한 성으로 법적으로 확인받을 권리를 가진다. 이는 인간으로서의 존엄과 가치에서 유래하는 근본적인 권리로서 행복추구권의 본질을 이루므로 최대한 보장되어야 한다.

한편 미성년 자녀를 둔 성전환자도 부모로서 자녀를 보호하고 교양하며(민법 제913조), 친권을 행사할 때에도 자녀의 복리를 우선해야 할 의무가 있으므로(민법 제912조), 미성년 자녀가 있는 성전환자의 성별정정 허가 여부를 판단할 때에는 성전환자의 기본권의 보호와 미성년 자녀의 보호 및 복리와의 조화를 이룰 수 있도록 법익의 균형을 위한 여러 사정들을 종합적으로 고려하여 실질적으로 판단하여야 한다. 따라서 위와 같은 사정들을 고려하여 실질적으로 판단하지 아니한 채 단지 성전환자에게 미성년 자녀가 있다는 사정만을 이유로 성별정정을 불허하여서는 아니 된다. 그 이유는 다음과 같다.

[기존 판례] 성전환수술에 의하여 출생 시의 성과 다른 반대의 성으로 성전환이 이미 이루어졌고, 정신과 등 의학적 측면에서도 이미 전환된 성으로 인식되고 있다면, 전환된 성으로 개인적 행동과 사회적 활동을 하는 데에까지 법이 관여할 방법은 없다. 그러나 성전환자가 혼인 중에 있거나 미성년자인 자녀가 있는 경우에는, 가족관계등록부에 기재된 성별을 정정하여, 배우자나 미성년자인 자녀의 법적 지위와 그에 대한 사회적 인식에 곤란을 초래하는 것까지 허용할 수는 없으므로, <u>현재 혼인 중에 있거나 미성년자인 자녀를 둔 성전환자의 성별정정은 허용되지 않는다</u>(대결 2011.9.2. 2009스117 전원합의체).

II 친족

1. 친족의 유형

(1) 배우자

① 혼인은 법률혼을 말하므로, 사실혼의 배우자는 해당하지 않는다.
② 사실혼 부부는 부부공동생활을 영위하므로, 법률혼의 규정 중 이를 전제로 하는 것은 준용 또는 유추적용된다.

(2) 혈족

(가) 자연혈족

① 자기의 직계존속과 직계비속을 직계혈족이라고 하고 자기의 형제자매[1]와 형제자매의 직계비속, 직계존속의 형제자매 및 그 형제자매의 직계비속을 방계혈족이라 한다(제768조).
② **자연혈족관계의 발생** : 친자관계는 출생에 의해 발생한다. 다만, 생부와 혼인 외의 子의 부자관계는 인지에 의해 발생하되, 그 효과는 출생시에 소급한다.
③ **자연혈족관계의 종료** : 혈족의 사망으로 소멸한다. 혼인 외의 子와의 부자관계는 인지의 취소 및 인지에 대한 이의에 의해서도 소멸한다.

(나) 법정혈족

① 입양 등의 경우에 있어서 법률이 혈연관계가 없는 사람들에게 자연혈족과 동일한 친족관계를 인정한 경우를 법정혈족이라고 한다.
② ㉠ 양친자관계는 입양으로 발생하고, 사망 또는 입양의 취소 및 파양에 의해 소멸한다. ㉡ 양친의 혈족과 양자의 직계비속 사이에도 친족관계가 발생한다. 그러나 양친자간의 친족관계는 양친의 혈족과 양자의 직계비속 사이에서만 발생하므로, 양자의 친생부모와 양친 사이에는 혈족관계가 발생하지 않는다.

(3) 인척

① ㉠ 혈족의 배우자, ㉡ 배우자의 혈족, ㉢ 배우자의 혈족의 배우자를 인척으로 한다(제769조).
② ㉠ 인척관계는 혼인에 의해 발생하지만, 사실혼에 의해서는 인척관계가 발생하지 않는다. ㉡ 혼인 이후에 출생이 있는 경우에도 인척관계가 발생한다. ㉢ 인척관계는 혼인의 취소, 이혼, 부부 일방의 사망 후 생존 배우자의 재혼 등에 의해 종료한다(제775조).

2. 친족의 범위

① 배우자는 혈족이 아니므로 촌수를 계산할 수 없다.
② 종질(4촌의 子)은 5촌 혈족이므로 친족에 포함되나, 배우자의 종질은 5촌 인척이므로 친족에 포함되지 않는다.

III 가족

① 민법은 가족의 범위에 대해 배우자 및 강한 정서적 유대를 가진 직계혈족·형제자매를 가족으로 하고 있으며, 그 이외의 직계혈족의 배우자 등은 생계를 같이 하는 경우에 한하여 가족으로 하고 있다.
② 형제자매의 경우 생계를 같이 하는지 여부를 묻지 않고 가족이 되지만, 생계를 같이 하는 경우에 한하여 부양의무가 있다(제974조 제3호).
③ 며느리·사위(직계혈족의 배우자), 계모(직계혈족의 배우자), 장인·장모(배우자의 직계혈족), 처제(배우자의 형제자매) 등도 생계를 같이 하는 경우에는 가족에 포함된다. 계모(직계혈족의 배우자)는 생계를 같이 하는 경우에 한하여 가족이 되지만, 생계를 같이 하는지 여부를 묻지 않고 부양의무가 있다(제974조 제1호).

---

[1] 혈족의 범위를 정한 민법 제768조에서 말하는 '형제자매'라 함은 부계 및 모계의 형제자매를 모두 포함하므로 이복형제는 '친족'에서 제외되는 것은 아니다(대판 2007.11.29. 2007도7062).

Ⅳ 자의 성과 본

1. 성과 본의 결정

자(子)는 부(父)의 성(姓)과 본(本)을 따르는데, 부모가 혼인신고시 모(母)의 성과 본을 따르기로 협의한 경우에는 모의 성과 본을 따른다. 혼인신고시에 협의해야 하고, 혼인하여 자가 출생한 이후에 모의 성과 본을 따르기로 협의할 수 있는 것이 아니다. 또한, 부가 외국인인 경우에는 혼인시의 부모의 협의가 없더라도 자는 모의 성과 본을 따를 수 있다.

2. 성과 본의 변경

[판례] 민법 제781조 제6항에 정한 '자의 복리를 위하여 자의 성과 본을 변경할 필요가 있을 때'에 해당하는지 여부는 자의 나이와 성숙도를 감안하여 자 또는 친권자·양육자의 의사를 고려하되, 먼저 자의 성·본 변경이 이루어지지 아니할 경우에 내부적으로 가족 사이의 정서적 통합에 방해가 되고 대외적으로 가족 구성원에 관련된 편견이나 오해 등으로 학교생활이나 사회생활에서 겪게 되는 불이익의 정도를 심리하고, 다음으로 성·본 변경이 이루어질 경우에 초래되는 정체성의 혼란이나 자와 성·본을 함께 하고 있는 친부나 형제자매 등과의 유대 관계의 단절 및 부양의 중단 등으로 인하여 겪게 되는 불이익의 정도를 심리한 다음, 자의 입장에서 위 두 가지 불이익의 정도를 비교형량하여 자의 행복과 이익에 도움이 되는 쪽으로 판단하여야 한다. 이와 같이 자의 주관적·개인적인 선호의 정도를 넘어 자의 복리를 위하여 성·본의 변경이 필요하다고 판단되고, 범죄를 기도 또는 은폐하거나 법령에 따른 각종 제한을 회피하려는 불순한 의도나 목적이 개입되어 있는 등 성·본 변경권의 남용으로 볼 수 있는 경우가 아니라면, 원칙적으로 성·본 변경을 허가함이 상당하다(대결 2009.12.11. 2009스23).

제2장 혼인

제1절 약혼

Ⅰ 의의

장래에 혼인을 하려는 당사자 사이의 약정을 약혼이라고 한다. 약혼은 혼인의 예약으로 사실혼과 구별된다.

Ⅱ 약혼의 요건

1. 혼인적령에 달한 자

18세가 된 사람은 부모나 미성년후견인의 동의를 받아 약혼할 수 있다(제801조).

2. 합의

① 약혼은 특별한 형식을 거칠 필요 없이 장차 혼인을 체결하려는 당사자 사이에 합의가 있으면 성립하는 데 비하여, 사실혼은 주관적으로는 혼인의 의사가 있고, 또 객관적으로는 사회통념상 가족질서의 면에서 부부공동생활을 인정할 만한 실체가 있는 경우에 성립한다(대판 1998.12.8. 98므961).

② 약혼식 또는 약혼예물의 교환 등 약혼의 형식에는 제한이 없다. 판례는 일반적으로 결혼식(또는 혼례식)이라 함은 특별한 사정이 없는 한 혼인할 것을 전제로 한 남녀의 결합이 결혼으로서 사회적으로 공인되기 위하여 거치는 관습적인 의식이라고 할 것이므로, 당사자가 결혼식을 올린 후 신혼여행까지 다녀온 경우라면 단순히 장래에 결혼할 것을 약속한 정도인 약혼의 단계는 이미 지났다고 할 수 있으나, 이어 부부공동생활을 하기에까지 이르지 못하였다면 사실혼으로서도 아직 완성되지 않았다고 할 것이다(대판 1998.12.8. 98므961)라고 판시한 바 있다.

③ 조건·기한부 약혼 : 친족법상의 신분행위는 조건·기한에 친하지 않은 법률행위이지만, 약혼에는 선량한 풍속이나 사회질서에 반하지 않는 한 조건·기한을 붙일 수 있다. 예컨대, 취업하는 것을 조건으로 하는 조건부 약혼이나 1년 후 혼인하기로 하는 시기부 약혼은 유효하다고 볼 수 있다. 그러나 혼인에는 조건이나 기한을 붙일 수 없다.

> [판례] ① 법률상 妻가 있는 남자가 다른 여자와 혼인식을 거행하고 장래 혼인신고하기로 하여 혼인예약을 맺는다는 것은 일부일처제도에 비추어 공서양속에 위반되는 무효의 계약이다(대판 1955.10.13. 4288민상245).
> ② 부첩관계를 맺음에 있어서 妻의 사망 또는 이혼이 있을 경우에 첩과 혼인신고를 하여 입적하게 한다는 부수적 약정도 공서양속에 위반한 무효한 행위이다(대판 1955.7.14. 4288민상156).

Ⅲ 약혼의 무효

① 혼인장애사유가 있는 약혼
② 배우자 있는 자의 약혼
③ 이중약혼

Ⅳ 약혼의 효과

① 혼인체결의무 : 약혼의 양 당사자는 혼인관계를 성립시킬 의무를 지며, 이 의무를 위반하면 손해배상의무가 발생하는데, 당사자의 의사에 반하는 혼인은 무효이므로 강제로 이행을 청구할 수 없다.

② 제3자의 불법행위 : 제3자가 약혼의 이행에 의한 혼인의 성립을 방해한 경우에는 불법행위책임을 지게 된다.

> [판례] ① 제3자가 약혼 중의 여자를 간음하여 남자로 하여금 혼인을 할 수 없게 하였다면 약혼으로 인한 남자의 권리를 침해한 것이라고 할 것이고, 이는 불법행위를 구성한다(대판 1961.10.19. 4293민상531).
> ② 제3자가 혼인예약의 효력존속 중 예약자 일방이 타의 일방과 혼인예약을 파기하는 행위를 방조하였을 경우에는 혼인예약을 파기한 혼인예약자와 공동불법행위자로서 연대하여 손해를 배상할 책임이 있다(대판 1963.11.7. 63다587).
> ③ 약혼해제로 인한 손해배상청구에 있어 약혼을 부당히 파기한 약혼당사자 뿐만 아니라 약혼 당사자의 부모된 자가 부당파기에 가담한 경우에는 그들도 포함하여 가사심판법 소정의 절차에 따라 손해배상을 청구할 수 있고, 약혼을 부당히 파기당한 자 뿐만 아니라 당연히 정신적 고통을 받게 되는 동인의 부모 또한 같은 법 소정의 절차에 따라 손해배상을 청구할 수 있다(대판 1975.1.14. 74므11).

③ 약혼에 의해 친족관계나 상속관계가 생기는 것은 아니며, 약혼 중에 子를 출생하였더라도 출생한 子는 혼인 외의 출생자가 된다. 그러나 그 후 부모가 혼인하면 그때부터 혼인 중의 출생자가 된다.

Ⅴ 약혼의 해제

1. 약혼해제의 사유

① 약혼은 강제이행을 청구할 수 없으므로, 약혼당사자는 약혼을 자유로이 해제할 수 있다. 그러나 정당한 사유 없이 약혼을 해제한 경우에는 손해배상책임을 져야 하는바, 민법은 정당한 약혼해제의 사유를 제804조에 열거하고 있다.

② 제804조 제8호의 '그 밖에 중대한 사유가 있는 경우'란, 제1호 내지 제7호와 같은 정도의 중대성을 갖는 경우로서 행복한 결혼생활을 기대하기 어렵게 된 경우가 그에 해당한다. 판례는 임신불능 또는 빈곤한 환경은 약혼해제 사유가 될 수 없으나(대판 1960.8.18. 4292민상995), 학력과 직장에서의 직종·직급 등을 속인 것은 '그 밖에 중대한 사유가 있는 경우'에 해당하여 그로 인한 약혼의 해제는 적법하다고 하였다(대판 1995.12.8. 94므1676).

2. 약혼해제의 방법

약혼의 해제는 상대방에 대한 의사표시로 예물반환 등 특별한 형식을 요하지 않는다.

3. 약혼해제의 효과

(1) 약혼의 실효

약혼의 해제가 있으면 처음부터 그러한 약혼이 없었던 것과 같이 된다.

(2) 손해배상

약혼해제로 인한 손해배상청구는 다류 가사소송사건으로 조정을 거쳐야 한다.

(3) 예물의 반환

(가) 약혼예물의 법적 성격

약혼에 따른 예물의 교부는 혼인의 불성립을 해제조건으로 하는 해제조건부증여이다(통설, 판례). 따라서 약혼이 해제된 경우 해제조건의 성취에 따라 증여의 효력은 소멸하고, 각 당사자는 약혼예물의 반환을 청구할 수 있다.

(나) 약혼이 해제되어 혼인이 불성립한 경우 약혼예물반환청구

① 일방의 귀책사유 : 판례는 "약혼예물의 수수는 혼인불성립을 해제조건으로 하는 증여와 유사한 성질이기는 하나 약혼의 해제에 관하여 과실이 있는 유책자로서는 그가 제공한 약혼예물은 이를 적극적으로 반환을 청구할 권리가 없다(대판 1976.12.28. 76므41)"고 하였다.

② 쌍방의 귀책사유 : 쌍방에게 귀책사유가 있는 경우에 대해서는, 학설은 과실상계의 원리를 가미하여 반환의 범위를 정해야 한다고 한다. 약혼에 따라 혼인이 성립한 후에는 혼인이 해소되더라도 원칙적으로 예물반환을 청구할 수 없다(대판 1996.5.14. 96다5506).

[판례] 약혼예물의 수수는 약혼의 성립을 증명하고 혼인이 성립한 경우 당사자 내지 양가의 정리를 두텁게 할 목적으로 수수되는 것으로 혼인의 불성립을 해제조건으로 하는 증여와 유사한 성질을 가지므로, 예물의 수령자측이 혼인 당초부터 성실히 혼인을 계속할 의사가 없고 그로 인하여 혼인의 파국을 초래하였다고 인정되는 등 특별한 사정이 있는 경우에는 신의칙 내지 형평의 원칙에 비추어 혼인 불성립의 경우에 준하여 예물반환의무를 인정함이 상당하나, 그러한 특별한 사정이 없는 한 일단 부부관계가 성립하고 그 혼인이 상당 기간 지속된 이상 후일 혼인이 해소되어도 그 반환을 구할 수는 없으므로, 비록 혼인 파탄의 원인이 며느리에게 있더라도 혼인이 상당 기간 계속된 이상 약혼예물의 소유권은 며느리에게 있다(대판 1996.5.14. 96다5506).

제2절 혼인의 성립

I 혼인의 성립요건

1. 실질적 요건 : 당사자간에 혼인의사의 합치

① 혼인의사에는 법률상 혼인관계를 형성하려는 의사가 포함되어야 한다. 판례는 "당사자 사이에 비록 혼인의 계출 자체에 관하여 의사의 합치가 있어 일응 법률상의 부부라는 신분관계를 설정할 의사는 있었다고 인정되는 경우라도 그것이 단지 다른 목적을 달성하기 위한 방편에 불과한 것으로서 그들간에 참다운 부부관계의 설정을 바라는 효과의사가 없을 때에는 그 혼인은 민법 제815조 제1호의 규정에 따라 그 효력이 없다고 해석하여야 한다(대판 1996.11.22. 96도2049)"고 하여, 가장혼인을 무효라고 하고 있다.

② 혼인의 합의는 혼인신고서를 작성할 때는 물론이고 공무원에게 혼인을 신고할 때에도 존재하여야 한다(83므28). 혼인신고서를 제출하기 이전에 일방이 의사무능력상태가 되었거나 혼인의사를 철회하였다면 혼인신고서가 제출되어 수리되었더라도 혼인의사의 합치는 없는 것이 된다(대판 1996.6.28. 94므1089).

  [판례] ① 일단 의사의 합치 아래 유효하게 신고서를 작성하였더라도 그 제출 전에 일방이 타방에 대하여 또는 그 제출을 타인에게 의뢰하였다면 그 사람에게 혼인의사를 철회한 경우나 호적공무원에게 혼인의사를 철회하였으니 그 수리를 하지 말도록 말한 경우에는 혼인의 의사합치가 없다고 할 것이므로 그 신고서가 제출되었더라도 그 혼인은 무효이다(대판 1983.12.27. 83므28).
  ② 혼례식을 거행하고 사실혼관계에 있었으나 일방이 뇌졸중으로 혼수상태에 빠져 있는 사이에 혼인신고가 이루어졌다면 특별한 사정이 없는 한 위 신고에 의한 혼인은 무효이다(대판 1996.6.28. 94므1089).
  ③ 혼인신고 당시에는 피해자가 피고인과의 동거관계를 청산하고 피고인을 만나주지 아니하는 등으로 피하여 왔다면 당초에는 피해자와 사실혼관계에 있었고 또 피해자에게 혼인의 의사가 있었다하더라도 위 혼인신고 당시에는 그 혼인의사가 철회되었다고 보아야 할 것이므로 피고인이 일방적으로 혼인신고서를 작성하여 혼인신고를 한 소위는 설사 혼인신고서 용지에 피해자 도장이 미리 찍혀 있었다 하더라도 사문서위조 기타 관계법조의 범죄에 해당한다 할 것이다(대판 1987.4.11. 87도399).

③ 혼인의사는 그 성질상 조건 또는 기한을 붙일 수 없기 때문에 조건부·기한부 혼인은 무효이다.

④ 혼인의 합의에 동거의 합의까지 포함되는 것인지 문제가 된다. 이에 관하여 판례는 "청구인과 근 30년간 부첩관계를 맺고 그 사이에서 2남 2녀를 출산한 피청구인이 청구인의 본처가 사망하자 청구인에게 혼인신고를 요구하여, 청구인이 이를 승낙하고 혼인신고를 하도록 딸에게 교부한 인장을 피청구인이 사용하여 혼인신고서를 작성하여 이 사건 혼인신고를 한 것이라면, 설사 당사자 사이에 이후 동거하기로 하는 합의가 따로 없이 혼인신고 후에도 계속 별거하면서 왕래하려는 의사만 있었더라도 혼인의 실질적 합의가 없었다고는 할 수 없다(대판 1990.12.26. 90므293)"고 하여 반드시 동거의 합의를 요하지 않는다고 판시하였다.

2. 형식적 요건 : 신고

① 제812조 제1항에 '효력이 생긴다'고 하고 있으나, 신고는 단순한 효력발생요건이 아니라, 그에 의해 부부관계 및 친족관계를 형성하게 하는 창설적인 것이며 혼인의 성립을 위해 요구되는 성립요건이라는 것이 통설·판례(대판 1959.2.19. 4290민상749)이다.

② 제812조 제2항은 혼인의 신고는 당사자 쌍방과 성년자인 증인 2인의 연서한 서면으로 하도록 하고 있지만, 가족관계등록법은 말로도 신고할 수 있도록 하고 있다.

③ 외국에 있는 본국민 사이의 혼인은 그 외국에 주재하는 대사·공사 또는 영사에게 신고할 수 있으며, 신고를 수리한 대사·공사 또는 영사는 지체 없이 그 신고서류를 본국의 등록기준지를 관할하는 가족관계등록관서에 송부하여야 한다. 우리나라 사람들이 혼인 거행지인 외국의 법령에 따른 혼인신고를 마친 경우에도 그 혼인은 유효하고(대판 1991.12.10. 91므535), 그 이후에 당사자가 가족관계등록법에 따라 혼인신고를 한 경우 이는 창설적 신고가 아니라 이미 유효하게 성립한 혼인에 관한 보고적 신고가 된다(대판 1994.6.28. 94므413).
④ 혼인신고의 수리 : 혼인이 민법규정 기타 법령에 위반함이 없는 때에는 혼인신고를 수리하여야 한다(제813조).
⑤ 혼인은 가족관계등록 사무를 담당하는 공무원이 그 신고를 수리함으로써 유효하게 성립하는 것이므로, 가족관계등록부에 기록되는 것은 혼인 성립의 유효 요건이 아니다(대판 1991.12.10. 91므344).

II 동의가 필요한 혼인

① 미성년자가 혼인을 하는 경우에는 부모의 동의를 받아야 하며, 부모 중 한쪽이 동의권을 행사할 수 없을 때에는 다른 한쪽의 동의를 받아야 하고, 부모가 모두 동의권을 행사할 수 없을 때에는 미성년후견인의 동의를 받아야 한다(제808조 제1항). 친생부모와 양부모가 모두 있는 경우에는 양부모에게 동의권이 있다.
② 혼인에 대한 동의권은 친권자의 지위가 아니라 부모의 지위에서 인정되는 것이므로, 부모가 이혼하여 부모 중 일방이 친권자로 되었다고 하더라도 부모 모두 동의권을 가진다.
③ 계부·계모는 법률상 부모가 아니므로, 동의권이 없다.
④ 피성년후견인의 혼인에 대한 부모 또는 성년후견인의 동의 : 피성년후견인은 부모나 성년후견인의 동의를 받아 혼인할 수 있다(제808조 제2항).

III 혼인장애사유

1. 혼인적령

혼인을 하기 위해서는 남녀 모두 18세에 달하여야 한다(제807조, 만 18세 ⇨ 18세 ; 2022.12.27. 개정).

2. 근친혼의 금지

① 8촌 이내의 혈족(친양자의 입양 전의 혈족을 포함), ② 6촌 이내의 혈족의 배우자(예컨대, 형수였던 女와의 혼인), 배우자의 6촌 이내의 혈족(예컨대, 처제였던 女와의 혼인), 배우자의 4촌 이내의 혈족의 배우자(예컨대, 처남의 妻였던 女와의 혼인)인 인척이거나 이러한 인척이었던 자 사이 및 ③ 6촌 이내의 양부모계 혈족이었던 자와 4촌 이내의 양부모계의 인척이었던 자 사이에서는 혼인하지 못한다(제809조). 이 중 직계인척관계가 있거나 있었던 경우의 혼인, 양부모계의 직계혈족관계가 있었던 경우의 혼인은 무효이다(제815조 제3호·제4호). 그러나 8촌 이내의 혈족(친양자의 입양 전의 혈족을 포함) 사이의 혼인이 무효라는 제815조 제2호에 대해 헌법재판소는 8촌 이내의 혈족 사이는 혼인하지 못한다고 규정한 민법 제809조 제1항(금혼조항)은 위헌이 아니지만, 이에 위반한 혼인은 무효라고 규정한 제815조 제2호(무효조항)는 위헌이라고 하여 헌법불합치결정을 선고하고, 위 무효조항은 2024년 12월 31일을 시한으로 개정될 때까지 계속 적용된다고 하였다. 그 외의 경우는 취소사유임에 그친다(제816조 제1호).

[판례] 가. 8촌 이내의 혈족 사이에서는 혼인할 수 없도록 하는 민법 제809조 제1항(이하 '이 사건 금혼조항'이라 한다)이 혼인의 자유를 침해하는지 여부(소극)

이 사건 금혼조항은 근친혼으로 인하여 가까운 혈족 사이의 상호관계 및 역할, 지위와 관련하여 발생할 수 있는 혼란을 방지하고 가족제도의 기능을 유지하기 위한 것으로서 정당한 입법목적 달성을 위한 적합한 수단에 해당한다. 이 사건 금혼조항은, 촌수를 불문하고 부계혈족 간의 혼인을 금지한 구 민법상 동성동본금혼 조항에 대한 헌법재판소의 헌법불합치 결정의 취지를 존중하는 한편, 우리 사회에서 통용되는 친족의 범위 및 양성평등에 기초한 가족관계 형성에 관한 인식과 합의에 기초하여 혼인이 금지되는 근친의 범위를 한정한 것이므로 그 합리성이 인정되며, 입법목적 달성에 불필요하거나 과도한 제한을 가하는 것이라고는 볼 수 없으므로 침해의 최소성에 반한다고 할 수 없다. 나아가 이 사건 금혼조항으로 인하여 법률상의 배우자 선택이 제한되는 범위는 친족관계 내에서도 8촌 이내의 혈족으로, 넓다고 보기 어렵다. 그에 비하여 8촌 이내 혈족 사이의 혼인을 금지함으로써 가족질서를 보호하고 유지한다는 공익은 매우 중요하므로 이 사건 금혼조항은 법익균형성에 위반되지 아니한다. 그렇다면 이 사건 금혼조항은 과잉금지원칙에 위배하여 혼인의 자유를 침해하지 않는다.

나. 이 사건 금혼조항을 위반한 혼인을 무효로 하는 민법 제815조 제2호(이하 '이 사건 무효조항'이라 한다)가 혼인의 자유를 침해하는지 여부(적극)

이 사건 무효조항은 이 사건 금혼조항의 실효성을 보장하기 위한 것으로서 정당한 입법목적 달성을 위한 적합한 수단에 해당한다. 다만, 이미 근친혼이 이루어져 당사자 사이에 부부간의 권리와 의무의 이행이 이루어지고 있고, 자녀를 출산하거나 가족 내 신뢰와 협력에 대한 기대가 발생하였다고 볼 사정이 있는 때에 일률적으로 그 효력을 소급하여 상실시킨다면, 이는 가족제도의 기능 유지라는 본래의 입법목적에 반하는 결과를 초래할 가능성이 있다. 이 사건 무효조항의 입법목적은 근친혼이 가까운 혈족 사이의 신분관계 등에 현저한 혼란을 초래하고 가족제도의 기능을 심각하게 훼손하는 경우에 한정하여 무효로 하더라도 충분히 달성 가능하고, 위와 같은 경우에 해당하는지 여부가 명백하지 않다면 혼인의 취소를 통해 장래를 향하여 혼인을 해소할 수 있도록 규정함으로써 가족의 기능을 보호하는 것이 가능하므로, 이 사건 무효조항은 입법목적 달성에 필요한 범위를 넘는 과도한 제한으로서 침해의 최소성을 충족하지 못한다. 나아가 이 사건 무효조항을 통하여 달성되는 공익은 결코 적지 아니하나, 이 사건 무효조항으로 인하여 제한되는 사익 역시 중대함을 고려하면, 이 사건 무효조항은 법익균형성을 충족하지 못한다. 그렇다면 이 사건 무효조항은 과잉금지원칙에 위배하여 혼인의 자유를 침해한다.

다. 이 사건 무효조항에 대하여 2024. 12. 31.을 시한으로 입법자가 개정할 때까지 계속 적용을 명하는 헌법불합치 결정을 선고한다. 다만 당해 사건에서는 이 사건 무효조항이 개정될 때를 기다려 개정된 신법을 적용하여야 할 것이다(헌재결 2022.10.27. 2018헌바115).

3. 중혼의 금지

① 배우자있는 자는 다시 혼인하지 못한다(제810조). 배우자있는 자가 다시 혼인하는 경우를 중혼(重婚)이라고 한다. 여기서의 혼인은 법률혼을 의미한다(따라서 중혼이 되기 위해서는 혼인신고가 두 번 이상 있어야 한다). 시·읍·면 장의 부주의로 중혼에 해당하는 혼인신고가 수리된 경우, 배우자 있는 자가 이중으로 가족관계등록부를 만들어 타인과 다시 혼인한 경우, 사기·강박에 의한 협의이혼 후 재혼하였는데 협의이혼이 제838조에 의해 취소된 경우, 이혼취소심판이 진행 중 타인과 혼인하였는데 이혼취소심판이 승소로 확정된 경우(대판 1984.3.27. 84므9), 이혼심판승소 확정 후 타인과 혼인했는데 이혼심판이 재심에 의해 취소된 경우 등이 중혼이 될 수 있다(대판 1985.9.10. 85므35).

② 중혼이 당연무효가 되는 것은 아니며, 당사자 등이 취소할 수 있는 취소사유 있는 혼인이 된다(제818조).

제3절 혼인의 무효와 취소

I 혼인의 무효

1. 혼인무효의 원인

(1) 당사자간에 혼인의 합의가 없는 때

판례는 혼인무효 사유는 당사자간에 사회관념상 부부라고 인정되는 정신적·육체적 결합을 생기게 할 의사를 갖고 있지 않은 경우를 가리킨다고 한다(대판 1996.11.22. 96도2049 ; 실질적 의사설).

> [판례] ① 청구인과 피청구인 사이에 출생한 子가 혼인 외의 子로 알려질 것을 염려하여 오로지 호적상 청구인과 피청구인이 부부가 되는 것만을 가장하기 위한 방법으로 혼인신고를 한 것이라면 이는 당사자간에 혼인할 의사가 없는 것에 해당한다(대판 1975.5.27. 74므23).
>
> ② 단순히 피청구인으로 하여금 초등학교의 교사직으로부터 면직당하지 않게 할 수단으로 호적부상 부부가 되는 것을 가장하기 위하여 이루어졌을 뿐 당사자 사이에 혼인의 합의, 즉 정신적·육체적 결합을 생기게 할 의사로서 신고된 것이 아니면 청구인과 피청구인간의 혼인관계는 무효이다(대판 1980.1.29. 79므62).
>
> ③ 외국인 乙이 甲과의 사이에 참다운 부부관계를 설정하려는 의사 없이 단지 한국에 입국하여 취업하기 위한 방편으로 혼인신고에 이른 경우, 설령 乙이 한국에 입국한 후 한 달 동안 甲과 계속 혼인생활을 해왔다고 하더라도 이는 乙이 진정한 혼인의사 없이 위와 같은 다른 목적의 달성을 위해 일시적으로 혼인생활의 외관을 만들어 낸 것이라고 보일 뿐이므로, 甲과 乙 사이에는 혼인의사의 합치가 없어 그 혼인은 민법 제815조 제1호에 의해 무효이다(대판 2010.6.10. 2010므574).
>
> ④ 피고인들이 중국 국적의 조선족 여자들과 참다운 부부관계를 설정할 의사 없이 단지 그들의 국내 취업을 위한 입국을 가능하게 할 목적으로 형식상 혼인하기로 한 것이라면, 피고인들과 조선족 여자들 사이에는 혼인의 계출에 관하여는 의사의 합치가 있었으나 참다운 부부관계의 설정을 바라는 효과의사는 없었다고 인정되므로 피고인들의 혼인은 우리나라의 법에 의하여 혼인으로서의 실질적 성립요건을 갖추지 못하여 그 효력이 없고, 따라서 피고인들이 중국에서 중국방식에 따라 혼인식을 거행하였다고 하더라도 우리나라의 법에 비추어 그 효력이 없는 혼인의 신고를 한 이상 피고인들의 행위는 공정증서원본부실기재 및 동행사죄의 죄책을 면할 수 없다(대판 1996.11.22. 96도2049).
>
> ⑤ 결혼식을 올린 다음 동거까지 하였으나 성격의 불일치 등으로 계속 부부싸움을 하던 끝에 사실혼관계를 해소하기로 합의하고 별거하는 상황하에서 당사자 일방이 상대방의 승낙없이 자기 마음대로 혼인신고를 하였다면 그 혼인은 무효이다(대판 1983.9.27. 83므22).

(2) 당사자가 8촌이내의 혈족인 때

(3) 당사자간에 직계인척관계가 있거나 있었던 때

(4) 당사자간에 양부모계의 직계혈족관계가 있었던 때

2. 혼인무효의 성격

(1) 당연무효

혼인에 무효원인이 있으면 그 혼인은 당연무효라는 것이 다수설·판례(대결 2009.10.8. 2009스64)이다[2]. 혼인무효판결을 받지 않았더라도 가족관계등록법 제105조에 따라 가정법원의 허가를 받아 가족관계등록부를 정정할 수 있으며(2009스64), 상속회복청구 등 다른 소송에서 선결문제로서 혼인의 무효를 주장할 수 있다.

(2) 혼인무효확인의 소

혼인무효확인의 소는 가사소송법상 가류 사건으로 혼인무효를 당연무효라고 보는 다수설의 입장에서는 확인의 소라고 보게 된다. 한편 당사자, 법정대리인 또는 4촌 이내의 친족은 언제든지 혼인무효의 소를 제기할 수 있다.
① 혼인무효는 가류 가사사건이므로 조정을 거칠 것을 요하지 않는다.
② 혼인무효확인의 소의 상대방은 부부 일방이 제기하는 경우에는 상대방이고, 제3자가 제기하는 경우에는 부부인데, 부부 중 어느 한쪽이 사망한 경우에는 생존자를 상대방으로 한다. 상대방이 될 자가 사망한 경우에는 검사가 상대방으로 된다.
③ 혼인무효의 청구를 인용한 확정판결은 제3자에게도 그 효력이 있다.

> [판례] ① 청구인과 피청구인 사이의 혼인관계가 이미 협의이혼신고에 의하여 해소되었다면 청구인이 주장하는 위 혼인관계의 무효확인은 과거의 법률관계의 확인으로서 그것이 청구인의 현재 법률관계에 영향을 미친다고 볼 자료가 없는 이 사건에 있어서 단순히 여자인 청구인이 혼인하였다가 이혼한 것처럼 호적상 기재되어 있어 불명예스럽다는 사유만으로는 확인의 이익이 없다(대판 1984.2.28. 82므67).
> ② 과거 일정기간 동안의 혼인관계의 존부의 문제라 해도 혼인무효의 효과는 기왕에 소급하는 것이고 그것이 적출자의 추정, 재혼의 금지 등 당사자의 신분법상의 관계 또는 연금관계법에 기한 유족연금의 수급자격, 재산상속권 등 재산법사의 관계에 있어 현재의 법률상태에 직접적인 중대한 영향을 미치는 경우에는 그 무효확인을 구할 정당한 법률상의 이익이 있다(대판 1978.7.11. 78므7)[3].

3. 무효인 혼인의 법률관계

(1) 당사자에 대한 효과

혼인이 무효인 경우 처음부터 부부가 아니었던 것이 된다. 당사자는 재산분할을 청구할 수 없고, 제3자는 부부연대책임이나 일상가사대리책임을 물을 수 없다. 당사자 일방은 과실있는 상대방에 대하여 혼인의 무효로 인한 손해배상 및 위자료를 청구할 수 있다.

---

[2] 이에 대하여, 혼인무효사유가 있더라도 그 혼인은 혼인무효판결에 의해 비로소 소급적으로 효력을 상실하며, 혼인무효확인의 소는 형성의 소라는 견해가 있다. 이에 외하면, 혼인무효판결을 받지 않고는 다른 소송에서 선결문제로서 혼인의 무효를 주장할 수 없다고 보게 된다.
[3] 확인의 소는 과거의 법률관계나 장래의 법률관계에 대해서는 제기할 수 없는 것이 원칙이다. 다만, 과거의 법률관계에 대한 확인청구라고 하더라도 그 진의가 현재의 법률관계를 확인하고자 하는 경우나 과거의 포괄적 법률관계의 확인이 관련 분쟁의 해결에 유효적절한 수단이 되는 경우에는 그에 대한 확인의 소도 허용된다. 혼인의 해소 이후에도 과거의 혼인관계의 무효확인은 포괄적 법률관계의 확인으로서 현재의 관련 분쟁의 해결에 유효적절한 수단이 될 수 있으므로 그에 대한 확인의 소가 허용될 수 있는 것이다.

(2) 子에 대한 효과

혼인이 무효이면 그 출생자는 혼인 외의 子가 된다.[4] 다만, 혼인신고가 위법하여 무효인 경우에도 무효인 혼인 중 출생한 子를 가족관계등록부에 출생신고하여 등재하였다면 그 子에 대한 인지의 효력이 인정된다(71다1983). 출생자에 대한 친권과 양육문제는 이혼의 경우에 준하여 해결할 수 있고, 재판에 의해 혼인무효가 확인되는 경우 가정법원은 부모에게 미성년자인 자녀의 친권자 및 양육과 면접교섭권에 관하여 미리 협의하도록 권고하여야 한다.

(3) 무효인 혼인의 추인

① 제815조 제3호 내지 제4호의 무효사유에 의해 혼인이 무효로 되는 경우에는 추인에 의해 유효로 될 여지가 없으나, 혼인의사의 합치가 없었던 경우에는 추인에 의해 유효한 혼인으로 될 수 있다. 판례는 무효인 혼인의 추인에 대해서 제139조는 적용되지 않지만, 추인에 의해 혼인신고 시부터 유효했던 혼인으로 다루어질 수 있다(99므1633 등)고 한다.

② 신분관계에 있어 무효행위의 추인 : 판례는 민법 제139조 본문이 무효인 법률행위는 추인하여도 그 효력이 생기지 않는다고 규정하고 있음에도 불구하고 입양 등의 신분행위에 관하여 이 규정을 적용하지 아니하고 추인에 의하여 소급적 효력을 인정하는 것은 무효인 신분행위 후 그 내용에 맞는 신분관계가 실질적으로 형성되어 쌍방 당사자가 이의없이 그 신분관계를 계속하여 왔다면, 그 신고가 부적법하다는 이유로 이미 형성되어 있는 신분관계의 효력을 부인하는 것은 당사자의 의사에 반하고 그 이익을 해칠 뿐만 아니라, 그 실질적 신분관계의 외형과 호적의 기재를 믿은 제3자의 이익도 침해할 우려가 있기 때문에 추인에 의하여 소급적으로 신분행위의 효력을 인정함으로써 신분관계의 형성이라는 신분관계의 본질적 요소를 보호하는 것이 타당하다는 데에 그 근거가 있다(99므1633 등)고 하여 추인에 의하여 소급적 효력을 인정하였다.

③ 이에 반해, 당사자간에 무효인 신고행위에 상응하는 신분관계가 실질적으로 형성되어 있지도 아니하고, 또 앞으로도 그럴 가망이 없는 경우에는 무효의 신분행위에 대한 추인의 의사표시만으로 그 무효행위의 효력이 인정되지 않는다(91므30).

II 혼인의 취소

1. 혼인취소의 원인

(1) 혼인적령에 달하지 못한 때

① 혼인하기 위해서는 18세에 달하여야 하며(제807조, 만 18세 ⇨ 18세), 부모의 동의가 있어도 혼인할 수 없다.
② 그에 위반한 때에는 당사자 또는 그 법정대리인이 법원에 그 취소를 청구할 수 있다(제816조 제1호·제817조).

(2) 미성년자·피성년후견인이 부모 또는 후견인의 동의없이 혼인한 때

18세에 달한 미성년자와 피성년후견인이 그 대상으로 피한정후견인은 그러한 제한을 받지 않는다. 다만, 당사자가 19세가 된 후 또는 성년후견종료의 심판이 있은 후 3개월이 지나거나 혼인 중에 임신한 경우에는 그 취소를 청구하지 못한다(제819조). 나이위반 혼인의 경우 포태는 취소권의 소멸사유가 아니다.

---

[4] 혼인무효와는 달리 혼인취소의 경우에는 소급효가 없으므로 혼인이 취소되었더라도 혼인 중의 子의 신분 및 상속관계가 유지된다.

(3) 근친혼에 해당하는 때

① 6촌 이내의 혈족의 배우자(예컨대, 형수였던 女와의 혼인), 배우자의 6촌 이내의 혈족(예컨대, 처제였던 女와의 혼인), 배우자의 4촌 이내의 혈족의 배우자(예컨대, 처남의 妻였던 女와의 혼인)인 인척이거나 이러한 인척이었던 자 사이 및 6촌 이내의 양부모계 혈족이었던 자와 4촌 이내의 양부모계의 인척이었던 자 사이에서의 혼인은 당사자, 그 직계존속 또는 4촌 이내의 방계혈족이다.
② 동성동본의 경우라도 무효혼에 해당하지 않는 한 혼인할 수 있다(95헌가6). 따라서 동성동본 간의 혼인은 취소 사유가 아니다.
③ 6촌 이내의 양부모계 혈족이었던 자와 4촌 이내의 양부모계의 인척이었던 자 사이의 혼인은 취소할 수 있다. 다만 양부모계의 직계혈족관계가 있었던 자 사이의 혼인은 무효이다(제815조 제4호).
④ 다만, 근친혼이라고 하더라도 그 당사자간에 혼인 중 포태(출산한 경우가 아니라)한 때에는 그 취소를 청구하지 못한다(제820조).

(4) 중혼에 해당하는 때

배우자있는 자는 다시 혼인하지 못하며, 배우자있는 자가 다시 혼인한 중혼은 당사자 및 그 배우자, 직계혈족, 4촌 이내의 방계혈족 또는 검사가 그 취소를 청구할 수 있다(제818조). 여기서 직계혈족에 직계비속이 포함됨은 당연하다. 중혼은 후혼의 취소사유에 불과하므로 취소가 없다면 전혼과 후혼이 모두 유효하다(제816조 제1호, 제810조). 중혼이라고 하더라도 당연무효가 아니라 후혼의 취소사유일 뿐이므로, 중혼은 일단 성립한다. 따라서 중혼자는 양배우자에 대하여 모두 상속권이 있다.

> [판례] ① 甲男이 妻 乙女를 상대로 한 이혼심판을 청구하여 승소 확정되자 다시 丙女와 결혼하여 혼인신고를 하였으나 그후 위 이혼심판은 乙女의 허위주소신고에 기한 부적법 공시송달을 이유로 한 재심청구에 의하여 그 취소심판이 확정되었다면 甲男과 丙女 사이의 혼인은 민법 제810조가 금하는 중혼에 해당하고, 乙女가 실제로는 혼인생활을 계속할 의사가 없다든가, 위 이혼심판을 믿고 혼인한 선의의 제3자인 丙女나 그 자녀들의 이익이 크게 침해된다는 등의 사유만으로는 중혼의 취소를 구하는 심판청구가 권리남용이라고 할 수 없다(대판 1991.5.28. 89므211).
> ② 중혼자가 사망한 후에라도 그 사망에 의하여 중혼으로 인하여 형성된 신분관계가 소멸하는 것은 아니므로 전혼의 배우자는 생존한 중혼의 일방당사자를 상대로 중혼의 취소를 구할 이익이 있다(대판 1991.12.10, 91므535).

(5) 혼인 당시 당사자 일방에 악질 등 중대한 사유가 있음을 알지 못한 때

상대방이 그 사유가 있음을 안 날로부터 6월 이내에 법원에 취소를 청구할 수 있다(제816조 제2호·제822조).

> [판례] 혼인은 남녀가 일생의 공동생활을 목적으로 하여 도덕 및 풍속상 정당시되는 결합을 이루는 법률상, 사회생활상 중요한 의미를 가지는 신분상의 계약으로서 본질은 양성 간의 애정과 신뢰에 바탕을 둔 인격적 결합에 있다고 할 것이고, <u>특별한 사정이 없는 한 임신가능 여부는 민법 제816조 제2호의 부부생활을 계속할 수 없는 악질 기타 중대한 사유에 해당한다고 볼 수 없다. 그리고 '혼인을 계속하기 어려운 중대한 사유'에 관한 민법 제840조 제6호의 이혼사유와는 다른 문언내용 등에 비추어 민법 제816조 제2호의 '부부생활을 계속할 수 없는 중대한 사유'는 엄격히 제한하여 해석함으로써 그 인정에 신중을 기하여야 한다</u>(대판 2015.2.26. 2014므4734).

(6) 사기 또는 강박으로 인하여 혼인의 의사표시를 한 때

① 사기를 안 날 또는 강박을 면한 날로부터 3월 이내에 법원에 취소를 청구할 수 있다(제816조 제3호·제823조).
② 사기 또는 강박을 이유로 혼인의 의사표시를 취소하는 경우에 총칙상 제110조 제2항은 적용되지 않는다.

[판례] [1] 혼인의 당사자 일방 또는 제3자가 출산의 경력을 고지하지 아니한 경우에 그것이 상대방의 혼인의 의사결정에 영향을 미칠 수 있었을 것이라는 사정만을 들어 일률적으로 고지의무를 인정하고 제3호 혼인취소사유에 해당한다고 하여서는 아니 되고, 출산의 경위와 출산한 자녀의 생존 여부 및 그에 대한 양육책임이나 부양책임의 존부, 실제 양육이나 교류가 이루어졌는지 여부와 시기 및 정도, 법률상 또는 사실상으로 양육자가 변경될 가능성이 있는지, 출산 경력을 고지하지 않은 것이 적극적으로 이루어졌는지 아니면 소극적인 것에 불과하였는지 등을 면밀하게 살펴봄으로써 출산의 경력이나 경위가 알려질 경우 당사자의 명예 또는 사생활 비밀의 본질적 부분이 침해될 우려가 있는지, 사회통념상 당사자나 제3자에게 그에 대한 고지를 기대할 수 있는지와 이를 고지하지 아니한 것이 신의성실 의무에 비추어 비난받을 정도라고 할 수 있는지까지 심리한 다음, 그러한 사정들을 종합적으로 고려하여 신중하게 고지의무의 인정 여부와 위반 여부를 판단함으로써 당사자 일방의 명예 또는 사생활 비밀의 보장과 상대방 당사자의 혼인 의사결정의 자유 사이에 균형과 조화를 도모하여야 한다.

[2] 당사자가 성장과정에서 본인의 의사와 무관하게 아동성폭력범죄 등의 피해를 당해 임신을 하고 출산까지 하였으나 이후 자녀와의 관계가 단절되고 상당한 기간 동안 양육이나 교류 등이 전혀 이루어지지 않은 경우라면, 출산의 경력이나 경위는 개인의 내밀한 영역에 속하는 것으로서 당사자의 명예 또는 사생활 비밀의 본질적 부분에 해당하고, 나아가 사회통념상 당사자나 제3자에게 그에 대한 고지를 기대할 수 있다거나 이를 고지하지 아니한 것이 신의성실 의무에 비추어 비난받을 정도라고 단정할 수도 없으므로, 단순히 출산의 경력을 고지하지 않았다고 하여 그것이 곧바로 민법 제816조 제3호에서 정한 혼인취소사유에 해당한다고 보아서는 아니 된다. 그리고 이는 국제결혼의 경우에도 마찬가지이다(대판 2016.2.18. 2015므654, 661).

2. 혼인취소의 소

혼인취소의 소는 형성의 소이며, 혼인취소판결을 받지 않고는 다른 소송에서 선결문제로서 혼인의 취소를 주장할 수 없다.

① 혼인취소의 소는 나류 가사사건이므로(가사소송법 제2조 제1항) 혼인을 취소하려는 자는 먼저 가정법원에 조정을 신청하여야 한다(가사소송법 제50조).
② 혼인취소의 소의 상대방은 부부의 일방이 제기하는 경우에는 상대방이고, 제3자가 제기하는 경우에는 부부인데, 부부 중 어느 한쪽이 사망한 경우에는 그 생존자를 상대방으로 한다(가사소송법 제24조 제1·2항). 상대방이 될 자가 사망한 경우에는 검사가 상대방으로 된다(가사소송법 제24조 제3항).
③ 혼인취소의 청구를 인용한 확정판결은 제3자에게도 그 효력이 있다(가사소송법 제21조 제1항).

3. 혼인취소의 효과

① **부부·인척관계의 소멸** : 혼인의 취소로 인해 부부관계가 해소되며, 인척관계는 종료한다(제775조).
② **불소급** : 혼인의 취소의 효력은 소급하지 않는다(제824조)[5]. 따라서 ㉠ 혼인에 의하여 출생한 子는 혼인 중의 출생자의 신분을 잃지 않고, 혼인 중에 포태한 자도 친생추정을 받는다. ㉡ 미성년자의 혼인이 성년도달 전에 취소되었더라도 성년의제는 그대로 유지된다(통설). ㉢ 혼인 중에 부부 일방이 사망하여 상대방이 배우자로서 망인의 재산을 상속받은 후에 그 혼인이 취소된 경우, 상속관계가 소급하여 무효라거나 또는 그 상속재산이 부당이득이 되지 않는다는 것이 판례의 입장(95다48308)이다[6].
③ **손해배상** : 당사자 일방은 과실있는 상대방에 대하여 혼인의 취소로 인한 손해배상 및 위자료를 청구할 수 있다(제825조·제806조).
④ **재산분할** : 혼인취소 시의 재산분할에 관하여 민법에는 명문의 규정은 없으나, 이혼에서의 재산분할청구에 관한 제839조의2를 유추적용할 수 있다고 해석된다(통설).
⑤ **子에 대한 친권과 양육** : 친권자는 가정법원이 직권으로 정한다(제909조 제5항). 이혼에서의 子의 양육책임에 관한 제837조 및 면접교섭권에 관한 제837조의2도 혼인의 취소의 경우에 준용된다(제824조의2).

---

5) 이혼취소의 경우에는 소급효가 인정된다.
6) 배우자 일방이 사망한 후에 혼인이 취소된 경우에는 사망한 때에 혼인이 소멸하는 것으로 보아야 하기 때문에 상속권을 잃는다는 견해도 있다.

제4절 혼인의 효력

I 혼인의 일반적 효력

1. 친족관계의 발생
부부는 배우자로서 서로 친족이 되고, 상대방의 4촌 이내의 혈족 및 4촌 이내의 혈족의 배우자와 인척이 된다.

2. 부부간의 의무의 발생

(1) 동거의무(제826조)

① 동거의무불이행에 따른 이혼사유 : 동거의무의 불이행은 악의의 유기 또는 혼인을 계속하기 어려운 중대한 사유에 해당하여 이혼사유가 될 뿐이다.

② 동거의무불이행에 따른 강제집행 및 손해배상청구 : 동거의무는 그 성질상 (간접강제를 포함하여) 강제집행은 할 수 없다. 그러나 동거의무의 불이행을 이유로 손해배상을 청구할 수 있는지의 여부는 강제집행의 가부와 필연적인 관계에 있는 것은 아니다.

[판례] "부부의 일방이 상대방에 대하여 동거에 관한 심판을 청구할 결과로 그 심판절차에서 동거의무의 이행을 위한 구체적인 조치에 관하여 조정이 성립한 경우에 그 조치의 실현을 위하여 서로 협력할 법적 의무의 본질적 부분을 상대방이 유책하게 위반하였다면, 부부의 일방은 바로 그 의무의 불이행을 들어 그로 인하여 통상 발생하는 비재산적 손해의 배상을 청구할 수 있고, 그에 반드시 이혼의 청구가 전제되어야 할 필요는 없다. 비록 부부의 동거의무는 인격존중의 귀중한 이념이나 부부관계의 본질 등에 비추어 일반적으로 그 실현에 관하여 간접강제를 포함하여 강제집행을 행하여서는 안 된다고 하더라도, 또 위와 같은 손해배상이 현실적으로 동거의 강제로 이끄는 측면이 있다고 하더라도, 동거의무 또는 그를 위한 협력의무의 불이행으로 말미암아 상대방에게 발생한 손해에 대하여 그 배상을 행하는 것은 동거 자체를 강제하는 것과는 목적 및 내용을 달리하는 것으로서, 후자가 허용되지 않는다고 하여 전자도 금지된다고는 할 수 없다. 오히려 부부의 동거의무도 엄연히 법적인 의무이고 보면, 그 위반에 대하여는 법적인 제재가 따라야 할 것인데, 그 제재의 내용을 혼인관계의 소멸이라는 과격한 효과를 가지는 이혼에 한정하는 것이 부부관계의 양상이 훨씬 다양하고 복잡하게 된 오늘날의 사정에 언제나 적절하다고 단정할 수 없고, 특히 제반 사정 아래서는 1회적인 위자료의 지급을 명하는 것이 인격을 해친다거나 부부관계의 본질상 허용되지 않는다고 말할 수 없다(대판 2009.7.23, 2009다32454)."

(2) 부양의무

① 부부 사이의 부양의무는 1차적 부양의무로, 무조건적 부양이다.

② 부양의무의 불이행이 있을 때에는 상대방은 부양청구의 심판을 할 수 있으며(가사소송법 제2조 제1항 마류 제1호), 부양의무의 이행명령이 있음에도 이행하지 않는 경우에는 강제집행을 할 수 있다(가사소송법 제64조·제61조 제1항·제68조 제1항). 또한, 부양의무의 위반은 악의의 유기 또는 혼인을 계속하기 어려운 중대한 사유에 해당하여(제840조 제2호·제6호) 이혼사유가 될 수 있다.

③ 판례는 부모 중 어느 한 쪽만이 자녀를 양육하였던 경우에 과거의 양육비의 분담청구를 긍정하는 것(92스21)과는 달리, 부부간의 부양에 대해서는 부양료청구 이전의 과거의 부양료에 대한 청구를 부정한다. 판례는 "민법 제826조 제1항에 규정된 부부간의 상호부양의무는 부부의 일방에게 부양을 받을 필요가 생겼을 때 당연히 발생하는 것이기는 하지만, 과거의 부양료에 관하여는 부양을 받을 자가 부양의무자에게 부양의무의 이행을 청구하였음에도 불구하고 부양의무자가 부양의무를 이행하지 아니함으로써 이행지체에 빠진 이후의 것에 대하여만 부양료의 지급을 청구할 수 있을 뿐, 부양의무자가 부양의무의 이행을 청구받기 이전의 부양료의 지급은 청구할 수 없다고 보는 것이 부양의무의 성질이나 형평의 관념에 합치된다(2005스50)"고 하였다.

(3) 협조의무(제826조 제1항)

협조의무는 그 성질상 강제집행을 할 수 없다. 다만, 협조의무를 게을리 한 경우에는 혼인을 계속하기 어려운 중대한 사유에 해당하여, 이혼사유가 될 수 있다.

(4) 정조의무

명문의 규정은 없으나, 가족법상 계약의 본질적 효과로 정조의무가 인정되는 것은 당연하다. 당사자 일방이 정조의무에 위반한 경우에는 이혼사유가 되고, 손해배상책임도 진다. 부정행위의 상대방도 배우자 있음을 알고 정을 통한 경우에는 공동불법행위자로서 손해배상책임을 지지만, 정조의무를 위반한 부정행위자가 자녀들에 대해서도 불법행위책임을 지는 것은 아니다(2004다899).

3. 성년의제

(1) 의의

미성년자라 하더라도 혼인을 한 경우에는 혼인으로 인해 형성되는 가정을 부모로부터 독립시키고자 하는 것이다. 그러나 성년의제가 되는 혼인은 법률혼을 의미하며, 사실혼에 대해서는 성년의제는 인정되지 않는다.

(2) 성년의제의 효과

① 혼인한 미성년자는 성년자와 같은 행위능력을 갖게 된다. 미성년자에 대한 친권은 소멸하고, 후견은 종료하며, 미성년자는 자기의 子에 대하여 친권을 행사할 수 있다(제910조). 또한 소송능력도 인정된다(민사소송법 제55조).
② 성년의제의 효과는 사법관계에 한하여 인정된다. 따라서 혼인한 미성년자도 「공직선거법」, 「근로기준법」, 「청소년보호법」 등에서는 미성년자로 다루어진다.

(3) 혼인의 해소·취소와 성년의제

성년에 도달하기 전에 이혼한 경우에도 성년의제의 효과는 소멸하지 않는다. 마찬가지로, 혼인이 취소된 경우나 배우자 일방이 사망하여 혼인이 해소된 경우에도 성년의제의 효과는 소멸하지 않는다.

II 혼인의 재산상 효력

부부는 혼인에 의해 공동생활체를 형성하게 되는 바, 부부간의 재산관계를 명확히 하여 공동생활체를 평화롭게 유지하도록 하고, 제3자와의 거래관계에서도 법적 안정성을 도모할 필요가 있다. 이에 민법은 부부재산계약과 법정재산제에 의해 이원적으로 규율된다.

1. 부부재산계약

(1) 의의

당사자의 혼인 후 재산적 법률관계에 대한 혼인 이전의 합의를 말한다.

(2) 요건

부부재산계약은 혼인하려는 당사자가 혼인성립 이전에 혼인 후의 재산적 법률관계에 대하여 약정함으로써 성립한다.

(3) 내용과 효과

① 부부재산계약의 내용은 부부가 자유로이 정할 수 있으며, 그 내용이 부부간의 부양의무 면제 등 사회질서나 가족제도의 본질에 반하지 않는 한 그에 따른 효력이 인정된다.

② **부부재산계약의 효력발생과 실효** : 부부재산계약은 혼인 중의 재산관계만을 규율하므로 혼인신고의 수리 시에 그 효력이 발생하며, 혼인해소 시에 실효한다.
③ **계약의 내부적 효력** : 부부재산계약에서 재산의 귀속에 관한 약정이 있으면 특유재산과 귀속불명재산에 대한 제830조는 적용되지 않는다. 재산의 관리・사용・수익에 관한 약정이 있는 경우에는 제831조의 적용도 배제된다. 생활비용의 부담에 관한 제833조의 적용도 배제할 수 있다.
④ **계약의 외부적 효력(승계인・제3자에 대한 관계)** : 부부재산계약으로서 부부의 승계인 또는 제3자에게 대항하기 위해서는 혼인성립 전에 등기할 것을 요한다(제829조 제4항). 즉, 등기는 부부재산계약의 성립요건은 아니지만 제3자에게 대항하기 위한 대항요건이다.

(4) 변경

(가) 변경금지의 원칙

부부재산계약은 혼인신고 후에는 원칙적으로 변경할 수 없지만, 정당한 사유가 있는 때에는 법원의 허가를 얻어 변경할 수 있다(제829조 제2항).

(나) 관리인의 변경

① 부부의 일방이 다른 일방의 재산을 관리하는 경우에 부적당한 관리로 인하여 그 재산을 위태하게 한 때에는 다른 일방은 자기가 관리할 것을 법원에 청구할 수 있고 그 재산이 부부의 공유인 때에는 그 분할을 청구할 수 있다(제829조 제3항).
② 관리자를 변경하거나 공유재산을 분할하였을 때에는 그 등기를 하지 아니하면 이로써 부부의 승계인 또는 제3자에게 대항하지 못한다(제829조 제5항).

2. 법정재산제

민법은 부부별산제(제830조, 제831조), 일상가사에 관한 규정(제832조), 생활비용의 부담(제833조) 등을 두고 있다.

(1) 부부별산제

(가) 의의

현행 민법은 부부별산제를 기본원칙으로 하고 있다. 부부별산제는 개인주의적 법리를 바탕으로 재산의 독립성을 인정하고, 부부평등을 실현하려는 제도이다.

(나) 특유재산과 공유재산의 구별

① **특유재산** : 부부의 일방이 혼인전부터 가진 고유재산과 혼인 중 자기의 명의로 취득한 재산은 그 특유재산으로 하는데(제830조 제1항), 여기서, '특유재산'은 부부 일방의 개인소유재산이라는 의미이며, '특유재산으로 한다'는 것은 특유재산으로 추정한다는 의미이다. 부부는 그 특유재산을 각자 관리・사용・수익하기 때문에(제831조) 부부의 다른 일방은 특유재산에 대해서는 권리를 주장하지 못하며, 이혼 시에도 원칙적으로 재산분할의 대상이 되지 않는다.
② **공유재산** : 부부의 누구에게 속한 것인지 분명하지 아니한 재산은 부부의 공유로 추정한다(제830조 제2항).

(다) 특유재산 추정의 번복

① 일반적으로 금전적 대가 지급, 공동채무 부담 등 '유형적 기여'가 있어야 특유재산의 추정을 번복할 사유가 된다고 하며, 단순히 협력이 있었다거나 결혼생활에 내조의 공이 있었다는 것만으로는 이에 해당하지 않는다(85다카1337).

[판례] 부부의 일방이 혼인 중 단독 명의로 취득한 부동산은 그 명의자의 '특유재산으로 추정' 되므로, 다른 일방이 그 실질적인 소유자로서 편의상 명의신탁한 것이라고 인정받기 위하여는 자신이 실질적으로 당해 재산의 대가를 부담하여 취득하였음을 증명하여야 하고, 단지 그 부동산을 취득함에 있어서 자신의 협력이 있었다거나 혼인생활에 있어서 내조의 공이 있었다는 것만으로는 위 추정이 번복되지 아니한다.

[비교판례] 민법 제839조의2에 규정된 재산분할 제도는 부부가 혼인 중에 취득한 실질적인 공동재산을 청산 분배하는 것을 주된 목적으로 하는 것이므로 부부가 협의에 의하여 이혼할 때 쌍방의 협력으로 이룩한 재산이 있는 한, 처가 가사노동을 분담하는 등으로 내조를 함으로써 부의 재산의 유지 또는 증가에 기여하였다면 쌍방의 협력으로 이룩된 재산은 재산분할의 대상이 된다(대결 1993.5.11. 93스6).[7]

② 부부의 일방이 혼인 중에 자기명의로 취득한 재산은 그 명의자의 특유재산으로 추정되지만, 실질적으로 다른 일방 또는 쌍방이 그 재산의 대가를 부담하여 취득한 것이 증명된 때에는 특유재산의 추정은 번복되어 다른 일방의 소유이거나 쌍방의 공유라고 보아야 한다(95다25695). 예컨대, 부부의 일방이 혼인 중 그의 명의로 부동산을 취득하였는데, 그 부동산이 부부 각자가 대금의 절반 정도씩을 부담하여 매수하였다는 실질적 사유가 입증되었다면 특유재산의 추정은 번복되고 그 부동산을 부부의 공유로 인정할 수 있다(94다42778).

[판례] ① 부부 중 일방의 명의로 된 농지나 예금 등 재산은 그의 특유재산으로 추정되는 바, 그 취득에 상대방 배우자가 대가나 채무를 부담하였다거나 적극적인 재산증식의 노력이 있었다는 등의 실질적인 사유에 관한 아무런 입증이 없는 이상 상대방 배우자가 가정주부로서 남편의 약국 경영을 도왔다는 것만으로는 그 추정을 번복하기에 부족하다(대판 1998.6.12. 97누7707).

② 부동산매입자금의 원천이 남편의 수입에 있다고 하더라도 妻가 남편과 18년간의 결혼생활을 하면서 여러 차례 부동산을 매입하였다가 이익을 남기고 처분하는 등의 방법으로 증식한 재산으로써 그 부동산을 매입하게 된 것이라면 그 부동산의 취득은 부부쌍방의 자금과 증식노력으로 이루어진 것으로서 부부의 공유재산이라고 볼 여지가 있다(대판 1990.10.23. 90다카5624).

(2) 생활비용의 공동부담

① 공동생활에 필요한 비용이란, 의식주의 비용뿐만 아니라 자녀의 양육비나 교육비를 포함한다.
② 부담부분은 부부가 협의하여 정하여야 하지만, 협의가 되지 않을 때에는 가정법원의 조정·심판에 의해 정하게 된다(가사소송법 제2항 제1항 마류 제1호).

(3) 일상가사에 대한 대리권과 연대책임

(가) 일상가사대리권

1) 의의

① 부부는 일상의 가사에 관하여 서로 대리권이 있다(제827조 제1항).
② 일상가사대리권의 법적 성격 : 일상가사대리권은 법정대리권이라는 것이 다수설이다.

2) 일상가사의 범위

① 일상가사란, 일용품의 구입 등 가정생활상 상시 행해지는 행위를 말한다(4289민상523).
② 일상의 가사에 관한 법률행위의 구체적인 범위는 부부공동체의 사회적 지위·직업·재산·수입능력 등 현실적 생활상태 뿐만 아니라 그 부부의 생활 장소인 지역사회의 관습 등에 의하여 정하여지나(97다31229), 당해

---

[7] 혼인관계를 유지하면서 특유재산의 추정을 번복하기 위한 요건과 이혼을 하면서 재산분할을 청구하기 위한 요건에 차이를 두고 있다.

구체적인 법률행위가 일상의 가사에 관한 법률행위인지 여부를 판단함에 있어서는 그 법률행위를 한 부부공동체의 내부사정이나 그 행위의 개별적인 목적만을 중시할 것이 아니라 법률행위의 객관적인 종류나 성질 등도 충분히 고려하여 판단하여야 한다(2000다8267).

[판례] '일상가사'를 부정한 판례

부동산의 처분(대판 1957.2.23. 4289민상523), 남편 소유의 부동산을 매각하는 것과 같은 처분행위(대판 1966.7.19. 66다863), 妻가 자가용 차를 구입하기 위하여 타인으로부터 금전을 차용하는 행위(대판 1985.3.26. 84다카1621), 妻가 별거하여 외국에 체류 중인 夫의 재산을 처분한 행위(대판 1993.9.28. 93다16369), 교회에의 건축헌금, 가게 인수자금 또는 대규모 주택 및 아파트 구입자금 등의 명목으로 금원을 차용한 행위(대판 1997.11.28. 97다31229), 거액의 주택이나 아파트 구입비용 명목으로 차용한 행위(대판 1997.11.28. 97다31229).

③ **비상가사대리권** : 비상가사대리권을 인정할 수 있다는 견해가 있으나 판례는 "부부의 경우에도 일상의 가사가 아닌 법률행위를 배우자를 대리하여 행함에 있어서는 별도로 대리권을 수여하는 수권행위가 필요한 것이지, 부부의 일방이 의식불명의 상태에 있어 사회통념상 대리관계를 인정할 필요가 있다는 사정만으로 그 배우자가 당연히 채무의 부담행위를 포함한 모든 법률행위에 관하여 대리권을 가진다고 볼 것은 아니다(99다37856)"라고 하여 부정하는 입장이다.

3) 일상가사대리에 의한 책임

① 대리의 일반원리에 따른다면, 일상가사에 관한 대리행위의 효과는 타방 배우자에게 귀속된다. 그런데 민법은 부부의 일방이 일상의 가사에 관하여 제3자와 법률행위를 한때에는 다른 일방은 이로 인한 채무에 대하여 연대책임을 지도록 하고 있어(제832조), 일상가사대리에 의해 부담하는 일상가사에 대한 채무에 대해서도 부부가 연대채무를 지게 된다.

② 일상가사대리에 의해 부담하는 채무에 대해서는 부부가 연대하여 책임을 지므로, 일상가사대리에 있어서는 현명주의가 완화되어 적용된다고 해석된다. 대리인은 대리행위를 함에 있어서 그 행위가 본인을 위한 것임을 표시하여야 하는 것이 원칙이지만(제114조 제1항), 부부가 연대책임을 지므로 굳이 본인을 표시하여야 한다고 할 필요가 없는 것이다.

4) 일상가사대리권의 제한

일상가사대리권은 제한할 수 있으나, 일상가사대리권을 제한하는 경우에도 선의의 제3자에게 대항하지 못한다(제827조 제2항).

(나) 일상가사채무에 대한 연대책임

① 부부의 일방이 일상의 가사에 관하여 제3자와 법률행위를 한 때에는 다른 일방은 이로 인한 채무에 대하여 연대책임이 있다(제832조 본문).

② 일상가사에 대한 연대책임은 부부재산계약에 의해서도 배제할 수 없다. 일상가사채무에 대한 연대책임은 부부공동생활의 원만한 유지뿐만 아니라 부부와 거래하는 제3자 보호를 위한 규정이기 때문이다. 다만, 이미 제3자에 대하여 다른 일방의 책임없음을 명시한 때에는 연대책임을 지지 않는다(제832조 단서).

③ 사실혼 부부 사이에도 일상가사대리권을 인정하고 있지만, 내연의 처인 경우에는 원칙적으로 이를 부정한다(81다524).

제5절 혼인의 해소

I 배우자의 사망에 의한 혼인의 해소

II 협의이혼

협의이혼은 하나의 계약이므로 부부는 협의하에 이혼할 수 있다. 다만, 민법은 당사자의 신중한 의사결정을 위하여 협의이혼을 위해서는 일정한 절차를 거치도록 하고 있다(제836조의2).

1. 협의이혼의 성립요건

협의이혼을 위해서는 실질적 요건으로서 ① 당사자간에 이혼의사가 합치가 있어야 하며, 형식적 요건으로서 ② 협의이혼의 신고가 있어야 한다.

(1) 이혼의사의 합치

(가) 형식적 의사설과 실질적 의사설

① 이혼의사에는 법률상 혼인관계를 해소하려는 의사가 포함되어야 함에는 의문이 없으나, 혼인의 실체를 해소하려는 의사를 요하는지 문제된다. 실질적 의사설에 의하면 가장이혼을 무효라고 보게 되나, 형식적 의사설에 의하면 혼인의 실체를 해소하려는 의사를 요하지 않기 때문에 가장이혼도 유효하다고 보게 된다.

② 판례는 종래에는 가장이혼을 무효라고 보았으나(66다2542), 이후 "협의이혼에 있어서 이혼의사는 법률상 부부관계를 해소하려는 의사를 말하므로 일시적으로나마 법률상 부부관계를 해소하려는 당사자간의 합의하에 협의이혼 신고가 된 이상 협의이혼에 다른 목적이 있더라도 양자간에 이혼의사가 없다고는 말할 수 없고, 따라서 이와 같은 협의이혼은 무효로 되지 아니한다(93므171)"고 하여, 가장이혼도 유효한 이혼이라고 하고 있다(형식적 의사설).

(나) 이혼의사의 존재시기

부부가 이혼하기로 협의하고 가정법원의 협의이혼의사 확인을 받았다고 하더라도 협의이혼의 효력이 생기기 전에는 부부의 일방이 언제든지 협의이혼의사를 철회할 수 있으며, 협의이혼신고서가 수리되기 전에 협의이혼의사의 철회신고서가 제출되면 협의이혼신고서는 수리할 수 없고, 설사 공무원이 착오로 협의이혼의사 철회신고서가 제출된 사실을 간과하여 그 후에 제출된 협의이혼신고서를 수리하였다고 하더라도 협의상 이혼의 효력은 생기지 않는다(93도2869).

(2) 협의이혼의 신고

① 협의이혼은 가정법원의 확인을 받아 가족관계등록법의 정한 바에 의하여 신고함으로써 효력이 생긴다(제836조 제1항). 혼인신고와는 달리, 가정법원의 이혼의사 확인을 받아서 이혼신고를 하여야 한다. 협의이혼을 위해서는 이혼신고가 있어야 하므로, 협의이혼확인이 있었다는 것만으로는 이혼의 효력이 생기지 않는다(83므11).

② 신고는 협의이혼을 하고자 하는 사람이 가정법원으로부터 확인서등본을 교부 또는 송달받은 날부터 3개월 이내에 그 등본을 첨부하여 행하여야 한다(가족관계등록법 제75조 제2항). 민법은 이혼신고는 당사자 쌍방과 성년자 증인 2인의 연서한 서면으로 하도록 하고 있으나(제836조 제2항), 가족관계등록법은 협의이혼신고서에 가정법원의 이혼의사확인서 등본을 첨부한 경우에는 증인 2인의 연서가 있는 것으로 간주하고 있다(동법 제76조).

2. 협의이혼의 절차

① **이혼에 관한 안내와 상담** : 안내를 받는 것은 의무사항이지만, 상담을 받는 것은 권고사항이다(제836조의2 제1항).
② **이혼숙려기간** : 가정법원에 이혼의사확인을 신청한 당사자는 가정법원의 안내를 받은 날부터 양육하여야 할 子(포태 중인 子 포함)가 있는 경우에는 3개월, 그 외의 경우에는 1개월이 지난 후에 이혼의사를 확인 받을 수 있다(제836조의2 제2항).
성급한 감정적 이혼을 방지하기 위해 일정한 기간을 두고 이혼의사의 확인을 받도록 하는 것으로, 이 기간을 이혼숙려기간이라고 한다. 가정법원은 이혼을 하여야 할 급박한 사정이 있는 경우에는 이혼숙려기간을 단축 또는 면제할 수 있다(제836조의2 제3항).
③ **양육자·친권자 결정에 관한 협의서 또는 심판정본의 제출** : 양육하여야 할 子가 있는 경우 당사자가 제출하지만(제836조의2 제4항), 이혼에 있어서 재산분할에 관한 협의서나 그에 관한 심판정본의 제출은 요구되지 않는다.
④ **양육비부담조서의 작성** : 가정법원이 작성하여야 한다(제836조의2 제5항 1문). 양육비부담조서는 양육비의 지급을 위한 집행권원이 된다(제836조의2 제5항 2문·가사소송법 제41조).

3. 협의이혼의 무효와 취소

(1) 협의이혼의 무효

① **협의이혼무효의 사유** : 이혼신고가 수리되었으나 당사자 사이에 이혼의 합의가 없었던 경우, 당사자 일방 또는 쌍방이 모르는 사이에 제3자가 이혼신고를 한 경우(4289민상235), 의사능력이 없는 심신상실의 상태에서 이혼신고를 한 경우 등에는 협의이혼은 무효이다.
② **당연무효** : 협의이혼의 무효는 당연무효라는 것이 다수설이다. 따라서 이혼무효확인의 판결을 받지 않고도 다른 소송에서 선결문제로서 이혼의 무효를 주장할 수 있다.
③ **이혼무효확인의 소** : 가사소송법은 이혼의 무효에 대한 심리와 재판을 가류 사건으로 규정하고 있고(가사소송법 제2조 제1항 가류 제2호), 조정을 거칠 것을 요하지 않는다(가사소송법 제50조). 다수설의 입장에서는 협의이혼의 무효는 당연무효이므로 이혼무효확인의 소는 확인의 소이다.

(2) 협의이혼의 취소

① 사기 또는 강박으로 인하여 이혼신고를 하였더라도 그것이 당연히 무효가 되는 것은 아니지만, 사기 또는 강박으로 인하여 이혼의 의사표시를 한 자는 사기를 안 날 또는 강박을 면한 날로부터 3월 이내에 그 취소를 가정법원에 청구할 수 있다(제838조·제839조·제823조). 이혼의 취소는 가사소송법상 나류 사건이므로(가사소송법 제2조 제1항 나류 제3호), 이혼을 취소하려는 자는 먼저 조정을 신청하여야 한다(가사소송법 제50조 제1항).
② 가정법원의 협의이혼의사 확인절차를 거쳤다고 하더라도 이혼의 의사표시가 사기·강박에 의해 이루어졌다면 이혼을 취소할 수 있으며, 가정법원의 이혼의사의 확인에 의해 그 하자가 치유되지 않는다(86므86).
③ **협의이혼취소의 소** : 이혼취소의 소는 형성의 소이며, 혼인의 취소 경우(제824조)와는 달리 그 취소의 효과는 소급한다(통설). 따라서 사기·강박에 의한 협의이혼 이후 그 취소 이전에 재혼한 경우 그 재혼은 이혼의 취소로 중혼이 된다.

III 재판상 이혼

1. 의의

재판상 이혼이란, 혼인을 계속하기 어려운 일정한 사유가 있을 때에 부부일방의 청구에 의하여 가정법원의 심판으로 혼인을 해소하는 것을 말한다. 재판상 이혼의 사유는 제840조가 규정하고 있다.

2. 재판상 이혼의 사유 및 제척기간 등

(1) 재판상 이혼의 사유

(가) 배우자의 부정한 행위

제840조 제1호 소정의 배우자의 부정한 행위라 함은 간통을 포함하여 보다 넓은 개념으로서 간통에까지는 이르지 아니하나 부부의 정조의무에 충실하지 않는 일체의 부정한 행위가 이에 포함된다(88므7). 부정한 행위인지의 여부는 구체적 사안에 따라 그 정도와 상황을 참작하여 이를 평가하여야 한다(87므5).

> [판례] ① 민법 제840조 제1호 소정 배우자에 부정한 행위가 있었을 때의 부정한 행위라고 함은 객관적으로 그것이 부정한 행위에 해당한다고 볼만한 사실이 있어야 하고 또 이것이 내심의 자유로운 의사에 의하여 행하여졌다는 두 가지의 요소를 필요로 하는 것으로서, 비록 객관적으로는 부정한 행위라고 볼 수 있는 사실이 있다고 하더라도 그것이 자유로운 의사에 의하여 이루어지지 않은 경우는 여기에서 말하는 부정한 행위라고 할 수는 없다(대판 1976.12.14. 76므10).
> ② 妻가 캬바레에 춤을 추러 갔다가 그 곳에서 다른 남자를 만나 알게 되어 친하게 되고 그 남자와 기차를 타고 대천에서 서울에 있는 피청구인의 집까지 동행한 사실만으로는 부정한 행위를 한 것으로 단정할 수 없다(대판 1990.7.24. 89므1115).
> ③ 고령이고 중풍으로 정교능력이 없어 실제로 정교를 갖지는 못하였다 하더라도 배우자 아닌 자와 동거한 행위는 배우자로서의 정조의무에 충실치 못한 것으로서 '부정한 행위'에 해당한다(대판 1992.11.10. 92므68).
> ④ 수사기관과 법정에서 간통사실을 자백하였으나 결과적으로 증거불충분으로 무죄가 선고된 경우, 간통을 한 것으로 단정할 수는 없더라도 부부간의 정조의무를 저버린 부정한 행위를 하였다고 인정할 수 있다(대판 1993.4.9. 92므938).

(나) 악의의 유기

제840조 제2호 소정의 배우자가 악의로 다른 일방을 유기한 때라 함은 배우자가 정당한 이유 없이 서로 동거·부양·협조하여야 할 부부로서의 의무를 포기하고 다른 일방을 버린 경우를 뜻한다(96므1434). 합의에 의한 일시적 별거는 '악의의 유기'에 해당하지 않는다.

> [판례] ① 청구인과 피청구인이 혼인신고를 한 후 약 20일 동안 동거하다가 피청구인이 농사일이 힘들고 청구인의 건강이 나쁘다는 이유로 집을 나가 돌아오고 있지 않다면 이는 민법 제840조 제2호의 '배우자가 악의로 다른 일방을 유기한 때'에 해당한다(대판 1986.10.28. 86므83 등).
> ② 남편이 불교에 적대적이고 정신이상의 증세가 있는 妻를 두고 가출하여 비구승이 됨으로써 혼인관계가 파탄에 빠진 것은 악의의 유기에서 비롯된 것이다(대판 1990.11.9. 90므583).
> ③ 가정불화가 심화되어 妻 및 자녀들의 냉대가 극심하여지자 가장으로서 이를 피하여 일시 집을 나와 별거하고 가정불화가 심히 악화된 기간 이래 생활비를 지급하지 아니한 것뿐이고 달리 부부생활을 폐지하기 위하여 가출한 것이 아니라면 악의의 유기에 해당하지 않는다(대판 1986.6.24. 85므6).
> ④ 청구인과 그의 어머니가, 피청구인이 혼인 전부터 여호와의 증인이라는 종교를 신봉하는 것을 알고 그 신앙을 양해하여 혼인하게 된 것인데, 혼인 후 피청구인이 제사에 참여하지 아니하고 일요일마다 멀리 떨어진 곳에 있는 교회에 나가는 것에 불만을 품고 신앙을 바꿀 것을 요구하였으나 피청구인이 이에 응하지 아니하자 청구인이 어머니의 마음을 상하게 한다는 이유로 여러 차례 폭행을 가하고, 마침내 이를 견디지 못한 피청구인이 가출함으로써 가정생활이 파탄에 빠진 것이라면, 피청구인이 청구인을 악의로 유기한 것이라고 할 수 없다(대판 1990.8.10. 90므408).

(다) 배우자 또는 그 직계존속에 의한 심히 부당한 대우

제840조 제3호의 이혼사유인 '배우자 또는 그 직계존속으로부터 심히 부당한 대우를 받았을 때'라고 함은 혼인 당사자의 일방이 배우자 또는 그 직계존속으로부터 혼인관계의 지속을 강요하는 것이 가혹하다고 여겨질 정도의 폭행이나 학대 또는 중대한 모욕을 받았을 경우를 말한다(99므180).

[판례] ① 남편이 혼인 초부터 妻가 아기를 낳을 수 없다는 트집을 잡아 학대를 하고 이혼을 요구하여 왔고 이에 응하지 아니하면 자살하겠다고 하면서 실제로 두 차례에 걸쳐 자살한다고 농약을 마시는 소동을 벌였던 경우에는 배우자로부터 심히 부당한 대우를 받은 경우에 해당한다(대판 1990.11.27. 90므484).

② 남편이 妻의 춤바람과 남녀관계를 추궁한데 대하여 남편이 심한 의처증의 증세를 나타내는 정신병자가 아님에도 妻가 남편을 정신병자로 몰아 정신병원이나 요양원등에 강제로 보내기 위해 납치를 기도하고, 수업 중인 학생들 앞에서 수갑을 채우는 등으로 폭행과 모욕 등 부당한 대우를 하여 혼인 생활을 계속하기 어려운 지경에 이르렀다면 이는 민법 제840조 제3호 소정의 이혼사유에 해당한다(대판 1985.11.26. 85므51).

③ 가정불화의 와중에서 서로 격한 감정에서 오고간 몇 차례의 폭행 및 모욕적인 언사는 그것이 비교적 경미한 것이라면 이는 민법 제840조 제3호 소정의 심히 부당한 대우를 받았을 때에 해당하지 않는다(대판 1986.6.24. 85므6).

④ 피청구인이 청구인의 친정에서 청구인을 구타하여 10일 간의 치료를 요하는 상해를 입힌 것이 무정자증으로 생식 불능이라는 검사결과로 인하여 충격을 받아 약간 신경질적이 된 피청구인을 포용하지 못하고 오히려 피청구인의 성적기능, 경제상태에 대한 불만을 이유로 이혼을 선언하고 친정으로 돌아 가버린 청구인을 찾아가 귀가를 종용하였으나 불응하므로 일시 격한 감정으로 구타하여 일어난 결과라면 이 같은 사유만으로는 민법 제840조 제3호 소정의 배우자로부터 심히 부당한 대우를 받은 경우에 해당한다고 볼 수 없다(대판 1982.11.23. 82므36).

⑤ 妻가 남편에게 여러 차례 욕을 하고 직장으로 남편을 찾아가 행패를 부리거나 직장으로 전화를 하여 비방한 것이 남편이 전에 제기하였던 이혼심판청구가 기각된 후에도 다른 여자와 가까이 지내면서 妻와의 재화합을 위한 노력을 전혀 하지 않고 있는 데에 그 원인이 있었다면 위와 같은 妻의 행위만으로는 妻가 남편을 부당하게 대우하였거나 妻의 책임있는 사유로 혼인생활이 회복하기 어려울 정도로 파탄되었다고 볼 수 없다(대판 1989.10.13. 89므785).

⑥ 남편의 흉기휴대 협박, 상해 등 폭력 행사를 이유로 이혼청구를 하였으나 자신의 행동을 개선하지 않고 지속적으로 이혼을 요구하는 등 상당 부분 그 폭력을 유발한 책임이 있다는 사정만으로는 이혼청구를 배척할 사유가 될 수 없다(대판 2021.3.25. 2020므14763).

(라) 직계존속에 대한 심히 부당한 대우

제840조 제4호의 '자기의 직계존속이 배우자로부터 심히 부당한 대우를 받았을 때'란, 혼인 당사자의 일방이 타방이 직계존속에게 폭행이니 학대 또는 중내한 모욕을 가하여 신뢰를 기초로 한 혼인관계를 지속하는 것이 곤란한 경우를 말한다.

(마) 3년 이상의 생사불명

3년 이상 생사불명이면서 현재도 생사불명일 것을 요한다. 생사불명의 원인이나 귀책사유의 유무는 묻지 않는다.

(바) 기타 혼인을 계속하기 어려운 중대한 사유

① 제840조 제6호 소정의 이혼사유인 '혼인을 계속하기 어려운 중대한 사유가 있을 때'라 함은 부부간의 애정과 신뢰가 바탕이 되어야 할 혼인의 본질에 상응하는 부부공동생활관계가 회복할 수 없을 정도로 파탄되고 그 혼인생활의 계속을 강제하는 것이 일방 배우자에게 참을 수 없는 고통이 되는 경우를 말한다(99므1886).

② 판례는 부부 중에 성기능의 장애가 있거나 부부간의 성적인 접촉이 부존재하더라도 부부가 합심하여 전문적인 치료와 조력을 받으면 정상적인 성생활로 돌아갈 가능성이 있는 경우에는 그러한 사정은 일시적이거나 단기간에 그치는 것이므로 그 정도의 성적 결함만으로는 '혼인을 계속하기 어려운 중대한 사유'가 될 수 없으나, 그러한 정도를 넘어서서 정당한 이유 없이 성교를 거부하거나 성적 기능의 불완전으로 정상적인 성생활이

불가능하거나 그 밖의 사정으로 부부 상호간의 성적 욕구의 정상적인 충족을 저해하는 사실이 존재하고 있다면, 부부간의 성관계는 혼인의 본질적인 요소임을 감안할 때 이는 '혼인을 계속하기 어려운 중대한 사유'가 될 수 있다고 한다(2010므1140).

③ **정신질환과 제840조 제6호의 '혼인을 계속하기 어려운 중대한 사유'** : 혼인생활 중에 일방이 우울증 증세를 보였으나 그 동안 병원의 치료를 받아 현재 일상생활을 하는 데 별다른 지장이 없고 상대방과의 혼인생활을 계속할 것을 바라고 있다면 부부 사이에 혼인을 계속할 수 없는 중대한 사유가 있다고 할 수 없으나(95므861), 혼인 중 妻에게 발생한 조울증이 장기간 지속되어 회복이 거의 불가능한 정신질환으로 이환되어 그 증상이 가벼운 정도에 그치는 경우가 아니고, 그 질환이 단순히 애정과 정성으로 간호되거나 예후가 예측될 수 있는 것이 아닌 경우, 남편에게 계속하여 배우자로서의 의무에 따라 한정없는 정신적·경제적 희생을 감내한 채 妻와의 혼인관계를 지속하고 살아가라고 하기에는 지나치게 가혹하므로 제840조 제6호의 재판상 이혼사유가 있다고 하였다(96므608).

④ **과도한 신앙생활과 재판상 이혼** : 판례는 "신앙의 자유는 부부라고 하더라도 이를 침해할 수 없는 것이지만, 부부 사이에는 서로 협력하여 원만한 부부생활을 유지하여야 할 의무가 있으므로 그 신앙의 자유에는 일정한 한계가 있다 할 것인 바, 처가 신앙생활에만 전념하면서 가사와 육아를 소홀히 한 탓에 혼인이 파탄에 이르게 되었다면 그 파탄의 주된 책임은 처에게 있다(96므851)"고 한다. 다만, 신앙생활과 가정생활이 양립할 수 없는 객관적 상황이 아님에도 상대방 배우자가 부당하게 양자택일을 강요하기 때문에 부득이 신앙생활을 택하여 혼인관계가 파탄에 이르렀다면 그 파탄의 주된 책임은 양자택일을 강요한 상대방에게 있다고 할 것이므로 상대방 배우자의 이혼청구는 허용되지 않는다(81므26)고 한다.

[판례] 민법 제840조는 '혼인을 계속하기 어려운 중대한 사유가 있을 때'를 이혼사유로 삼고 있으며, 부부간의 애정과 신뢰가 바탕이 되어야 할 혼인의 본질에 해당하는 부부공동생활 관계가 회복할 수 없을 정도로 파탄되고 혼인생활의 계속을 강제하는 것이 일방 배우자에게 참을 수 없는 고통이 되는 경우에는 위 이혼사유에 해당할 수 있다. 이에 비추어 보면 부부가 장기간 별거하는 등의 사유로 실질적으로 부부공동생활이 파탄되어 실체가 더 이상 존재하지 아니하게 되고 객관적으로 회복할 수 없는 정도에 이른 경우에는 혼인의 본질에 해당하는 부부공동생활이 유지되고 있다고 볼 수 없다. 따라서 비록 부부가 아직 이혼하지 아니하였지만 이처럼 실질적으로 부부공동생활이 파탄되어 회복할 수 없을 정도의 상태에 이르렀다면, 제3자가 부부의 일방과 성적인 행위를 하더라도 이를 두고 부부공동생활을 침해하거나 유지를 방해하는 행위라고 할 수 없고 또한 그로 인하여 배우자의 부부공동생활에 관한 권리가 침해되는 손해가 생긴다고 할 수도 없으므로 불법행위가 성립한다고 보기 어렵다. 그리고 이러한 법률관계는 재판상 이혼청구가 계속 중에 있다거나 재판상 이혼이 청구되지 않은 상태라고 하여 달리 볼 것은 아니다(대판 2014.11.20. 2011므2997 전원합의체).

[판례] 유책배우자의 이혼청구

1. 문제점

혼인생활이 파탄에 이른 경우, 그 파탄에 책임이 있는 자의 이혼청구를 긍정할 것인지가 문제된다. 유책배우자의 이혼청구를 전면적으로 인정하는 것은 신의칙에 반하며, 이른바 '축출이혼'을 긍정하는 결과가 된다. 반면, 이를 전적으로 부정하는 것은 당사자의 자유의사에 기해 영위되어야 할 혼인생활을 강제하는 것이 되어 행복추구권을 침해하는 결과가 될 수 있다.

2. 유책배우자의 이혼청구의 허용 여부

① 혼인파탄에 있어 유책성은 혼인파탄의 원인이 된 사실에 기초하여 평가할 일이며 혼인관계가 완전히 파탄된 뒤에 있은 일을 가지고 따질 것은 아니다(2003므1890).

② 이혼에 관하여 파탄주의를 채택하고 있는 여러 나라의 이혼법제는 우리나라와 달리 재판상 이혼만을 인정하고 있을 뿐 협의상 이혼을 인정하지 아니하고 있다. 우리나라에서는 유책배우자라 하더라도 상대방 배우자와 협의를 통하여 이혼을 할 수 있는 길이 열려 있다. 이는 유책배우자라도 진솔한 마음과 충분한 보상으로 상대방을 설득함으로써 이혼할 수 있는 방도가 있음을 뜻하므로, 유책배우자의 행복추구권을 위하여 재판상 이혼원인에 있어서까지 파탄주의를 도입하여야 할 필연적인 이유가 있는 것은 아니라고 하면서 유책배우자의 이혼청구를 허용하지 아니하는 것은 혼인제도가 요구하는 도덕성에 배치되고 신의성실의 원칙에 반하는 결과를 방지하려는 데 있으므로,

혼인제도가 추구하는 이상과 신의성실의 원칙에 비추어 보더라도 책임이 반드시 이혼청구를 배척해야 할 정도로 남아 있지 아니한 경우에는 그러한 배우자의 이혼청구는 혼인과 가족제도를 형해화할 우려가 없고 사회의 도덕관·윤리관에도 반하지 아니하므로 허용될 수 있으며 혼인생활의 파탄에 대한 유책성이 이혼청구를 배척해야 할 정도로 남아 있지 아니한 특별한 사정이 있는 경우에는 예외적으로 유책배우자의 이혼청구를 허용할 수 있다고 하였다(2013므568, 2020므11818).

③ 판례는 당사자 사이에 혼인을 계속하기 어려운 중대한 사유가 발생한 경우에도 그 원인을 준 유책당사자의 청구에 의한 이혼은 허용될 수 없다고 한다(85므79). 예컨대, 판례는 甲과 乙의 혼인관계가 파탄에 이르게 된 데에는 다른 여자와 부정한 관계를 맺고 이혼을 요구하며 일방적으로 집을 나가 생활비를 지급하지 않은 채 妻 乙과 아들 丙을 유기한 甲에게 주된 책임이 있다면, 혼인관계가 사실상 실질적으로 파탄되어 재결합의 가능성이 없다는 이유로 유책배우자인 甲의 이혼청구를 인용할 수 없다고 하였다(2009므844). 다만 유책배우자의 상대방도 그 파탄 이후 혼인을 계속할 의사가 없음이 객관적으로 명백하고 오기나 보복적 감정에서 이혼에 응하지 않고 있을 뿐이라는 등 특별한 사정이 있는 경우에는 예외적으로 유책배우자의 이혼청구권이 인정된다(95므731).

④ 한편, 판례는 이미 다른 사유로 혼인이 파탄에 이른 이후에 유책행위를 한 배우자의 이혼청구도 긍정하는 입장이다. 상대배우자의 허영, 냉대, 혼인생활거부 등의 귀책사유로 인하여 혼인의 파경에 이른 뒤 유책배우자가 다른 여자와 부정한 관계를 맺는 등 쌍방의 책임으로 파경이 심화되었고, 상대배우자가 내심으로는 혼인을 계속할 의사가 없으면서도 표면상으로만 이혼에 불응하고 있다면 유책배우자의 이혼청구를 인용할 수 있다고 하였다(86므87). 판례는 피고가 제1심 조사기일과 원심 조정기일에서 원고가 이혼에 따른 위자료나 금전청산에 관하여 피고가 제시하는 금액과 동의하면 이혼하겠다고 진술하였다고 하더라도 이러한 사정만으로 피고가 혼인을 계속할 의사가 없음이 객관적으로 명백한데도 오기나 보복적 감정에서 유책배우자인 원고의 이혼청구에 응하지 아니하는 것이라고 단정할 수 없으며(99므1213), 유책배우자의 이혼청구에 대하여 상대방이 그 주장사실을 다 투면서 오히려 다른 사실을 내세워 반소로 이혼청구를 한다 하더라도 그러한 사정만으로 곧바로 상대방은 혼인을 계속할 의사가 없으면서도 오기나 보복적 감정에서 유책배우자의 이혼청구에 응하지 아니하는 것이라고 단정할 수 없다고 하였다(98므15). 또한 유책배우자 甲과 상대방 乙 사이에 甲이 乙에게 매달 생활비를 지급하되 乙은 甲이 다른 여자와 살더라도 이의를 제기하지 않기로 합의서를 작성한 경우, 그 합의서는 甲이 乙을 거부하기 때문에 같이 살 수는 없더라도 이혼은 할 수 없다는 乙의 의사를 강력히 나타낸 것에 불과하고, 그 합의서의 존재를 들어 乙이 실제로는 혼인을 계속할 의사가 없으면서도 오로지 오기나 보복적 감정에서 표면적으로만 이혼에 불응하는 것으로 보기는 어렵다(96므998).

⑤ 또한 판례는 유책배우자의 이혼청구가 허용될 수 있는 예외로, 과거에 일방 배우자가 이혼소송을 제기하였다가 유책배우자라는 이유에서 기각 판결이 확정되었더라도 그 후로 상대방 배우자 또한 종전 소송에서 문제되었던 일방 배우자의 유책성에 대한 비난을 계속하고 일방 배우자의 전면적인 양보만을 요구하거나 민·형사소송 등 혼인관계의 회복과 양립하기 어려운 사정이 남아 있음에도 이를 정리하지 않은 채 장기간의 별거가 고착화된 경우, 이미 혼인관계가 와해되었고 회복될 가능성이 없으며 상대방 배우자에 대한 보상과 설득으로 협의에 의하여 이혼을 하는 방법도 불가능해진 상태까지 이르렀다면 종전 이혼소송의 변론종결 당시 현저하였던 일방배우자의 유책성이 상당히 희석되었다고 볼 수 있고, 이는 현재 이혼소송의 사실심 변론종결시를 기준으로 판단하여야 한다(2022.6.16. 2021므14258)고 하여, 예외적으로 유책배우자의 이혼청구를 허용할 수 있다고 하면서, 다만 이 경우 일방 배우자의 유책성을 상쇄할 정도로 상대방 배우자 및 자녀에 대한 보호와 배려가 이루어졌어야 함은 위에서 본 바와 같으므로, 특히 상대방 배우자가 경제적·사회적으로 매우 취약한 지위에 있어 보호의 필요성이 큰 경우나 각종 사회보장급여 기타 공법상 급여, 연금이나 사적인 보험 등에 의한 혜택이 법률상 배우자의 지위가 유지됨을 전제로 하는 경우에는 유책배우자의 이혼청구를 허용함에 신중을 기하여야 한다. 그러므로 이혼에 불응하는 상대방 배우자가 혼인의 계속과 양립하기 어려워 보이는 언행을 하더라도, 그 이혼거절의사가 이혼 후 자신 및 미성년 자녀의 정신적·사회적·경제적 상태와 생활보장에 대한 우려에서 기인한 것으로 볼 여지가 있는 때에는 혼인계속의사가 없다고 섣불리 단정하여서는 안 된다고 하여 유책배우자의 이혼청구를 받아들일 수 있는 예외적 사유를 확장하면서 '혼인계속의사'의 판단을 상대방 배우자의 주장에 의존하지 말고 혼인유지에 협조할 의무를 이행할 의사가 있는지를 객관적으로 판단하여야 한다.

3. 쌍방에게 책임이 있는 경우의 이혼청구의 허용 여부

판례는 쌍방에게 혼인파탄에 대해 책임이 있는 경우에는 이혼을 청구한 당사자의 책임이 상대방의 책임보다 더 무겁다고 인정되지 아니하는 한 그 이혼청구는 인용되어야 한다고 한다(92므549). 또한, 혼인의 파탄상태가 부부 어느 일방의 귀책사유로 인한 것이라 보기 어려운 경우도 제840조 제6호의 이혼사유에 해당하고(69므13), 그러한 경우에도 청구인에게 전적으로 또는 주된 책임을 물어야 할 사유로 그 파탄의 원인이 조성된 경우가 아닌 이상 이혼청구는 허용되어야 한다고 하였다(87므9).

(2) 제척기간 등

① 제척기간 : 제840조에 의한 재판상 이혼의 청구에는 제1호와 제6호를 이혼원인으로 하는 청구에 대해서만 제척기간의 규정이 있다. 즉, 배우자의 부정한 행위 및 기타 혼인을 계속하기 어려운 중대한 사유를 이혼원인으로 하는 경우에는 다른 일방이 이를 안 날로부터 6월, 그 사유가 있는 날로부터 2년을 경과한 때에는 이혼을 청구하지 못한다(제841조·제842조).
② 제842조의 제척기관에 관한 규정은 제840조 제3호의 사유에 기한 이혼청구에 유추적용될 수 없다는 것이 판례(92므1054)이다.
③ 피고가 부첩관계를 계속 유지함으로써 제840조 제2호에 해당하는 배우자가 악의로 다른 일방을 유기하는 것이 이혼청구 당시까지 존속되고 있는 경우에도 기간경과에 의하여 이혼청구권이 소멸할 여지가 없다(96므1434). 따라서 혼인을 계속하기 어려운 중대한 사유가 이혼심판청구 당시까지 계속하고 있는 경우에는 이혼청구권의 제척기간에 관한 제842조가 적용되지 않는다(86므90).
④ 재판상 이혼청구에 관한 제척기간은 위자료청구에 대해서는 적용되지 않는다(83므18).
⑤ 부정한 행위가 있었더라도 다른 일방이 사전동의나 사후용서를 한 때에는 이혼을 청구하지 못한다(제841조).

3. 재판상 이혼의 절차

(1) 조정에 의한 이혼

재판상 이혼은 가사소송법상 나류 사건이므로(가사소송법 제2조 제1항 나류 4호), 재판상 이혼을 청구하려는 자는 먼저 조정을 신청하여야 한다(가사소송법 제50조 제1항). 당사자 사이에 이혼에 합의하는 조정이 성립하여 조서에 적으면 재판상 화해와 동일한 효력이 인정되며(가사소송법 제59조 제2항), 혼인은 해소된다.

(2) 재판에 의한 이혼

조정신청에 대하여 조정을 하지 아니하기로 하는 결정이 있거나 조정이 성립되지 아니한 것으로 종결된 경우 또는 조정에 갈음하는 결정이 이의신청에 의하여 효력을 상실한 경우에는 조정신청을 한 때에 소가 제기된 것으로 본다(가사소송법 제60조). 가정법원의 심판에 의해 이혼판결이 확정되면 혼인은 해소된다.

① 재판상 이혼청구의 소송물

이혼소송에서 각 이혼사유에 따른 청구가 각각 별개의 소송물이 된다는 입장으로, 제840조의 각 이혼사유는 공격방어방법이 아니라 그 각 사유마다 독립된 이혼청구원인이 된다(62다812). 따라서 ⑤ 변론주의의 원칙상 법원은 원고가 주장한 이혼사유에 관하여서만 심판하여야 한다(62다812). ⓒ 이혼 사유를 변경하는 것은 청구의 변경이 되므로 「민사소송법」 제262조의 요건을 갖추어야 한다. ⓒ 수개의 이혼사유를 주장하는 경우 청구의 병합이 되며, 법원은 그 중 어느 하나를 받아들여 청구를 인용할 수 있다(99므1886). ② 어떤 이혼사유를 주장하여 제기한 이혼소송에서 청구가 기각되었더라도, 다른 이혼사유를 주장하면서 제기하는 이혼소송은 전소의 기판력에 저촉되지 않는다.

② 이혼소송 계속 중 당사자의 사망이 소송에 미치는 영향
　㉠ 재판상 이혼을 청구하여 그 소송계속 중 당사자 일방이 사망한 경우에 이혼소송에 대한 소송수계가 허용되는지에 대해 재판상의 이혼청구권은 부부의 일신전속적 권리이므로 이혼소송 계속 중 배우자의 일방이 사망한 때에는 상속인이 그 절차를 수계할 수 없음은 물론이고, 또 그러한 경우에 검사가 이를 수계할 수 있는 특별한 규정도 없으므로 이혼소송은 종료되고(94므246), 따라서 법원은 소송종료선언을 하여야 한다(94므246). 당사자의 사망을 간과하고 종국판결을 선고한 경우 그 판결은 당연무효이다(81므53).
　㉡ 이혼소송은 재산분할청구 및 위자료청구와 병합되어 제기되는 경우가 많은데, 당사자 일방이 사망한 경우에 재산분할청구 및 위자료청구는 어떻게 처리해야 하는 지도 문제된다. 이혼소송과 재산분할청구가 병합된 경우, 배우자 일방이 사망하면 이혼의 성립을 전제로 하여 이혼소송에 부대한 재산분할청구 역시 이를 유지할 이익이 상실되어 이혼소송의 종료와 동시에 종료된다(94므246). 재산분할청구권은 이혼의 성립에 의해 발생하는 권리인데, 이혼소송 및 재산분할청구 계속중에 당사자 일방이 사망하면 이혼이 성립할 수 없기 때문이다.8) 위자료청구에 대한 소송승계에 대해서 판례는 이혼청구와 위자료청구가 병합제기된 사건의 항소심 계속중 원고가 사망하여 그 부모가 소송수계신청을 한 사안에서, 당사자의 사망으로 이혼소송은 종료된다고 하면서도 "이혼위자료청구권의 양도 내지 승계의 가능여부에 관하여 민법 제806조 제3항은 약혼해제로 인한 손해배상청구권에 관하여 정신상 고통에 대한 손해배상청구권은 양도 또는 승계하지 못하지만 당사자간에 배상에 관한 계약이 성립되거나 소를 제기한 후에는 그러하지 아니하다고 규정하고 같은 법 제843조가 위 규정을 재판상 이혼의 경우에 준용하고 있으므로 이혼위자료청구권은 원칙적으로 일신전속적 권리로서 양도나 상속 등 승계가 되지 아니하나 이는 행사상 일신전속권이고 귀속상 일신전속권은 아니라 할 것인 바, 그 청구권자가 위자료의 지급을 구하는 소송을 제기함으로써 청구권을 행사할 의사기 외부적 객관적으로 명백하게 된 이상 양도나 상속 등 승계가 가능하다(92므143)"라고 하여 긍정하고 있다.

③ 이혼신고
　조정이 성립하거나 이혼심판이 확정되면 소를 제기한 자는 조정의 성립일 또는 재판의 확정일부터 1개월 이내에 이혼신고를 하여야 한다(가족관계등록법 제78조·제58조). 이때의 신고는 보조적 신고이다.9)

---

8) 다만 사실혼해소를 주장하면서 재산분할청구의 심판을 제기한 후 낭사자가 사망한 경우에는 소송수계를 긍정하여야 한다. 사실혼은 당사자 일방의 일방적 파기에 의해 해소되므로, 사실혼해소를 주장하였다면 사실혼이 해소되어 재산분할청구권은 이미 성립한 것이기 때문이다.
9) 이혼심판은 형성판결로서 그에 기한 이혼신고는 보고적 신고에 불과하고 피고인이 비록 사위의 방법에 의하여 이혼심판을 받았다 하더라도 그 확정판결이 재심청구에 의하여 취소되지 아니하는 이상 혼인해소의 효력에는 영향이 없다 할 것이므로 그 확정판결에 기한 이혼신고 및 이에 따른 호적부등재와 그 비치행위가 공정증서원본부실기재 및 그 행사죄를 구성한다고 할 수 없다(1983.8.23. 83도1430).

Ⅳ 이혼의 일반적 효과

1. 가족관계의 변동

이혼으로 부부관계는 종료하며, 혼인관계의 존속을 전제로 하는 권리·의무도 소멸한다. 인척관계도 종료하며(제775조), 당사자는 재혼할 수 있다. 다만, 배우자의 6촌 이내의 혈족이었던 자 또는 배우자의 4촌 이내의 혈족의 배우자였던 자와는 재혼할 수 없는데(제809조 제2항), 직계인척이었던 자와의 혼인은 무효가 되고(제815조 제3항), 그 외의 경우는 당사자, 그 직계존속 또는 4촌 이내의 방계혈족이 그 취소를 청구할 수 있다(제817조).

2. 子의 대한 효과

(1) 子의 신분관계

부모의 이혼은 子의 신분 즉 부모자녀관계는 영향을 미치지 못한다. 즉, 부모의 子에 대한 친족관계는 소멸하지 않는다. 혼인 중에 妻가 임신한 자녀는 이혼 후에 출생하더라도 夫의 자녀로 추정된다(제844조 제1항).

(2) 친권자의 지정

① 친권자 : ㉠ 부모가 이혼한 경우에는 부모의 협의로 친권자를 정하여야 하고, 협의할 수 없거나 협의가 이루어지지 아니하는 경우에는 가정법원은 직권으로 또는 당사자의 청구에 따라 친권자를 지정하여야 한다(제909조 제4항). ㉡ 협의이혼의 경우에는 절차상 가정법원이 직권으로 친권자를 지정할 수는 없지만, 부모의 협의가 子의 복리에 반하는 경우에는 가정법원은 보정을 명하거나 직권으로 친권자를 정한다(제909조 제4항·제5항). ㉢ 재판상 이혼의 경우에는 가정법원이 직권으로 친권자를 정한다(제909조 제5항).
② 친권자로 지정되지 못한 부모의 권리·의무 : 친권자로 지정되지 못한 부모는 부모로서의 지위에는 영향이 없지만, 법정대리인은 되지 못한다. 따라서 친권자로 지정되지 못한 부모도 약혼의 동의권(제801조), 혼인의 동의권(제808조), 입양에 대한 동의권(제871조) 등 신분행위에 있어서 동의권을 가지며, 子와의 상속관계나 부양의무도 그대로 유지된다.

(3) 양육에 관한 사항의 결정

(가) 양육사항의 결정방법

1) 양육자의 결정

① 부모의 협의에 의한 양육사항의 결정 : 이혼하는 부모는 그 子의 양육에 관한 사항을 협의에 의해 정하며(제837조 제1항), 그 협의에는 ㉠ 양육자의 결정, ㉡ 양육비용의 부담, ㉢ 면접교섭권의 행사 여부 및 그 방법 등이 포함되어야 한다(제837조 제2항). 양육은 보호, 교육, 징계10), 인도청구 등을 내용으로 한다(84므86).
② 가정법원에 의한 양육사항의 결정 : ㉠ 당사자가 양육에 관한 사항을 협의에 의해 결정하였더라도 부모의 협의가 子의 복리에 반하는 경우에는 가정법원은 보정을 명하거나 직권으로 그 子의 의사·나이와 부모의 재산상황, 그 밖의 사정을 참작하여 양육에 필요한 사항을 정한다(제837조 제3항).11) ㉡ 양육에 관한 사항의 협의가 이루어지지 아니하거나 협의할 수 없는 경우에도 가정법원이 직권으로 또는 당사자의 청구에 따라 양육에 관한 사항을 결정하며, 이 경우에도 가정법원은 子의 의사·나이와 부모의 재산상황, 그 밖의 사정을 참작하여야 한다(제837조 제4항).

---

10) (편집주) 개정법에서는 징계권을 규정한 민법 제915조가 삭제되었음에 유의
11) 판례는 수년간 별거해 온 甲과 乙이 이혼을 하는데 9세 남짓의 여아인 丙을 별거 이후 甲(父)이 양육했었던 경우에, 단지 어린 여아의 양육에는 어머니가 아버지보다 더 적합할 것이라는 일반적 고려만으로는 그와 같은 양육상태 변경의 정당성을 인정하기에 충분하지 않다고 한다(대판 2010.5.13. 2009므1458 등).

[판례] ① 이혼 과정에서 친권자 및 자녀의 양육책임에 관한 사항을 의무적으로 정하도록 한 민법 제837조 제1항, 제2항, 제4항 전문, 제843조, 제909조 제5항의 문언 내용 및 이혼 과정에서 자녀의 복리를 보장하기 위한 위 규정들의 취지와 아울러, 이혼 시 친권자 지정 및 양육에 관한 사항의 결정에 관한 민법 규정의 개정 경위와 변천 과정, 친권과 양육권의 관계 등을 종합하면, 재판상 이혼의 경우에 당사자의 청구가 없다 하더라도 법원은 직권으로 미성년자인 자녀에 대한 친권자 및 양육자를 정하여야 하며, 따라서 법원이 이혼 판결을 선고하면서 미성년자인 자녀에 대한 친권자 및 양육자를 정하지 아니하였다면 재판의 누락이 있다(대판 2015.6.23. 2013므2397).

② 재판상 이혼의 경우 부모 모두를 자녀의 공동양육자로 지정하는 것은 부모가 공동양육을 받아들일 준비가 되어 있고 양육에 대한 가치관에서 현저한 차이가 없는지, 부모가 서로 가까운 곳에 살고 있고 양육환경이 비슷하여 자녀에게 경제적·시간적 손실이 적고 환경 적응에 문제가 없는지, 자녀가 공동양육의 상황을 받아들일 이성적·정서적 대응능력을 갖추었는지 등을 종합적으로 고려하여 공동양육을 위한 여건이 갖추어졌다고 볼 수 있는 경우에만 가능하다고 보아야 한다(대판 2020.5.14. 2018므15534).

2) 친권자와 양육자

양육자와 친권자가 반드시 동일해야 하는 것이 아니다. 민법 제837조·제909조 제4항 등이 부부의 이혼 후 그 자의 친권자와 그 양육에 관한 사항을 각기 다른 조항에서 규정하고 있는 점 등에 비추어 보면, 이혼 후 부모와 자녀의 관계에 있어서 친권과 양육권이 항상 같은 사람에게 돌아가야 하는 것이 아니며, 이혼 후 子에 대한 양육권이 부모 중 어느 일방에, 친권이 다른 일방에 또는 부모에 공동으로 귀속되는 것으로 정하는 것은, 비록 신중한 판단이 필요하다고 하더라도, 일정한 기준을 충족하는 한 허용된다고 할 것이다(2011므4719).

3) 양육비

① **양육자와 양육비** : 부모가 이혼하면서 부모의 일방이 양육자로 정해진 경우에 子의 양육비를 누가 부담해야 하는지 문제가 될 수 있는데, 양육자가 양육비를 전부 부담해야 하는 것도 아니고 양육하지 않는 부모의 타방이 양육비를 전부 부담해야 하는 것도 아니다.[12]

② **양육비채권을 자동채권으로 하는 상계** : 판례는 양육비청구권은 당사자의 협의 또는 가정법원의 심판에 의하여 구체적인 청구권의 내용과 범위가 확정되기 전에는 '상대방에 대하여 양육비의 분담액을 구할 권리를 가진다'라는 추상적인 청구권에 불과하고 당사자의 협의나 가정법원이 당해 양육비의 범위 등을 재량적·형성적으로 정하는 심판에 의하여 비로소 구체적인 액수만큼의 지급청구권이 발생한다고 하면서, 당사자의 협의 또는 가정법원의 심판에 의하여 구체적인 청구권의 내용과 범위가 확정된 후의 양육비채권 중 이미 이행기에 도달한 후의 양육비채권은 완전한 재산권으로서 친족법상의 신분으로부터 독립하여 처분이 가능하고, 권리자의 의사에 따라 포기·양도 또는 상계의 자동채권으로 하는 것도 가능하다고 한다(2006므751).

③ **과거의 양육비 청구** : 양육비의 분담이 미리 정해진 경우에는 양육을 하는 부모의 일방은 부모의 타방에게 양육비를 청구할 수 있다. 또한, 양육비의 분담을 정하지 않았던 경우에도 양육자인 부모의 일방이 부모의 타방으로부터 양육비를 받지 않은 채 양육비를 전부 부담해왔다면 부모의 타방에게 기존에 지출한 과거의 양육비에 대하여 상당한 범위에서 그 상환을 청구할 수 있다고 해야 한다. 부모는 子에 대한 양육의무는 子의 출생과 동시에 발생하는 것이고, 이는 부모 쌍방이 함께 부담해야 하는 것이기 때문이다.

---

12) 재판상 이혼 시 친권자와 양육자로 지정된 부모의 일방은 상대방에게 양육비를 청구할 수 있고, 이 경우 가정법원으로서는 자녀의 양육비 중 양육자가 부담해야 할 양육비를 제외하고 상대방이 분담해야 할 적정 금액의 양육비만을 결정하는 것이 타당하다(대판 2020.5.14. 2019므15302).

(나) 양육에 관한 사항의 변경

가정법원은 子의 복리를 위하여 필요하다고 인정하는 경우에는 父·母·子 및 검사의 청구 또는 직권으로 子의 양육에 관한 사항을 변경하거나 다른 적당한 처분을 할 수 있다(제837조 제5항). 이는 당사자 사이의 협의가 재판상 화해에 의한 경우도 마찬가지이다(92스17).

[판례] 양육에 관한 사항의 변경을 규정하는 민법 제837조 제5항은 구 민법(2007. 12. 21. 법률 제8720호로 개정되기 전의 것) 제837조 제2항의 '언제든지'라는 문구를 삭제하는 대신 '자녀의 복리를 위하여 필요한 경우'라는 문구를 추가하였다. 이러한 개정과 동시에 부모가 이혼할 때 자녀의 양육사항의 협의가 이루어지지 않거나 협의할 수 없는 때 또는 그 협의가 자녀의 복리에 반하는 경우에는 가정법원이 직권으로 양육사항을 정하여야 한다는 취지의 규정이 신설되었다(민법 제837조 제3항; 제4항). 나아가 민법(2009. 5. 8. 법률 제9650호로 개정된 것) 제836조의2 제5항이 신설되어 가정법원이 부모가 협의한 양육비 부담에 관한 내용을 확인하여 양육비부담조서를 작성하면 그 조서에 집행력을 인정하는 제도가 도입되었다. 이러한 관련 조항의 내용과 법 개정의 취지를 종합하면, 개정된 현행 조항 아래에서도 가정법원이 재판 또는 당사자의 협의로 정해진 양육비 부담 내용이 제반 사정에 비추어 부당하게 되었다고 인정되는 때에는 그 내용을 변경할 수 있지만, 종전 양육비 부담이 '부당'한지 여부는 친자법을 지배하는 기본이념인 '자녀의 복리를 위하여 필요한지'를 기준으로 판단하여야 할 것이다.

특히 양육비의 감액은 일반적으로 자녀의 복리를 위하여 필요한 조치라고 보기 어려우므로, 가정법원이 양육비 감액을 구하는 심판청구를 심리할 때에는 양육비 감액이 자녀에게 미치는 영향을 우선적으로 고려하되 종전 양육비가 정해진 경위와 액수, 줄어드는 양육비 액수, 당초 결정된 양육비 부담 외에 혼인관계 해소에 수반하여 정해진 위자료, 재산분할 등 재산상 합의의 유무와 내용, 그러한 재산상 합의와 양육비 부담과의 관계, 쌍방 재산상태가 변경된 경우 그 변경이 당사자의 책임으로 돌릴 사정이 있는지 유무, 자녀의 수, 연령 및 교육 정도, 부모의 직업, 건강, 소득, 자금 능력, 신분관계의 변동, 물가의 동향 등 여러 사정을 종합적으로 참작하여 양육비 감액이 불가피하고 그러한 조치가 궁극적으로 자녀의 복리에 필요한 것인지에 따라 판단하여야 한다(대결 2019.1.31. 2018스566).

(다) 양육에 관한 사항의 결정과 부모의 다른 권리·의무와의 관계

양육에 관한 사항의 결정은 그 외의 부모의 권리·의무에 변경을 가져오지는 않는다(제837조 제6항).

(4) 면접교섭권

(가) 의의

면접교섭권이란, 양육자가 아닌 父 또는 母와 子가 직접 만나고 교류할 수 있는 권리를 말한다(제837조의2 제1항). 한편, 양육자 아닌 부모 일방의 직계존속은 그 부모 일방이 사망하였거나 질병, 외국거주, 그 밖에 불가피한 사정으로 자(子)를 면접교섭할 수 없는 경우 가정법원에 자(子)와의 면접교섭을 청구할 수 있다(제837조의2 제2항).

(나) 면접교섭권의 성격

① 자연법적·절대적·일신전속적 권리 : 면접교섭권은 부모와 子에게 주어진 고유의 자연법적 권리이며, 절대권이다. 또한, 면접교섭권은 일신전속권이므로 양도할 수 없으며, 영구적으로 포기할 수도 없다. 다만, 합의에 의해 면접교섭권의 행사를 일시적으로 정지할 수는 있다.

② 부모와 子의 권리 : 면접교섭권은 부모의 권리이자 子의 권리이다. 子도 양육자가 아닌 父 또는 母에 대한 면접교섭을 청구할 수 있다.

(다) 면접교섭권의 내용

면접교섭권은 양육자가 아닌 父 또는 母와 子가 직접 대면하고 교류하는 것을 내용으로 한다. 구체적인 내용은 사정에 따라 달라질 수 있으나 민법은 이혼 시의 子의 양육에 관한 사항의 협의에 면접교섭권의 행사방법을 정하도록 하고 있다(제837조 제2항 제3호).

(라) 면접교섭권의 제한

면접교섭이 오히려 子의 복리를 저해하는 경우가 있을 수도 있다. 가정법원은 子의 복리를 위하여 필요한 때에는 당사자의 청구 또는 직권에 의하여 면접교섭을 제한하거나 배제할 수 있다(제837조의2 제3항). 가사소송법은 면접교섭의 제한 또는 배제에 관한 사건을 마류 비송사건으로 정하고 있다(동법 제2조 제1항 마류 제3호).

(마) 면접교섭권의 침해에 대한 구제

친권자나 양육자가 정당한 이유없이 면접교섭을 허용하지 않는 경우에는 가정법원은 당사자의 신청에 의하여 일정한 기간 내에 그 의무를 이행할 것을 명할 수 있다(가사소송법 제64조 제1항). 면접교섭의 방해가 子의 복리를 현저하게 해하는 경우에는 양육권의 변경(제837조 제2항) 또는 친권상실(제924조)의 사유가 될 수 있다.

(바) 면접교섭권과 양육자 아닌 부모의 감독자책임

책임능력 있는 미성년자가 불법행위를 저지른 경우 '비양육친'은 원칙적으로 감독의무자책임을 부담하지 않는다. 즉, 미성년자의 친권자 및 양육자가 아닌 부모가 미성년자의 불법행위에 대하여 감독의무 위반으로 인한 손해배상책임을 지는지에 대해서는 이혼으로 인하여 부모 중 1명이 친권자 및 양육자로 지정된 경우 그렇지 않은 부모('비양육친')에게는 자녀에 대한 친권과 양육권이 없어 자녀의 보호·교양에 관한 민법 제913조 등 친권에 관한 규정이 적용될 수 없다. 비양육친은 자녀와 상호 면접교섭할 수 있는 권리가 있지만, 이러한 면접교섭제도는 제3자와의 관계에서 손해배상책임의 근거가 되는 감독의무를 부과하는 규정이라고 할 수 없다.

[판례] 이혼으로 인하여 부모 중 1명이 친권자 및 양육자로 지정된 경우 그렇지 않은 부모(이하 '비양육친'이라 한다)에게는 자녀에 대한 친권과 양육권이 없어 자녀의 보호·교양에 관한 민법 제913조 등 친권에 관한 규정이 적용될 수 없다. 비양육친은 자녀와 상호 면접교섭할 수 있는 권리가 있지만(민법 제837조의2 제1항), 이러한 면접교섭 제도는 이혼 후에도 자녀가 부모와 친밀한 관계를 유지하여 정서적으로 안정되고 원만한 인격발달을 이룰 수 있도록 함으로써 자녀의 복리를 실현하는 것을 목적으로 하고, 제3자와의 관계에서 손해배상책임의 근거가 되는 감독의무를 부과하는 규정이라고 할 수 없다. 비양육친은 이혼 후에도 자녀의 양육비용을 분담할 의무가 있지만, 이것만으로 비양육친이 일반적, 일상적으로 자녀를 지도하고 조언하는 등 보호·감독할 의무를 진다고 할 수 없다. 이처럼 비양육친이 미성년자의 부모라는 사정만으로 미성년 자녀에 대하여 감독의무를 부담한다고 볼 수 없다.

다만 비양육친도 부모로서 자녀와 면접교섭을 하거나 양육친과의 협의를 통하여 자녀 양육에 관여할 가능성이 있는 점을 고려하면, ① 자녀의 나이와 평소 행실, 불법행위의 성질과 태양, 비양육친과 자녀 사이의 면접교섭의 정도와 빈도, 양육 환경, 비양육친의 양육에 대한 개입 정도 등에 비추어 비양육친이 자녀에 대하여 실질적으로 일반적이고 일상적인 지도, 조언을 함으로써 공동 양육자에 준하여 자녀를 보호·감독하고 있었거나, ② 그러한 정도에는 이르지 않더라도 면접교섭 등을 통해 자녀의 불법행위를 구체적으로 예견할 수 있었던 상황에서 자녀가 불법행위를 하지 않도록 부모로서 직접 지도, 조언을 하거나 양육친에게 알리는 등의 조치를 취하지 않은 경우 등과 같이 비양육친의 감독의무를 인정할 수 있는 특별한 사정이 있는 경우에는 비양육친도 감독의무 위반으로 인한 손해배상책임을 질 수 있다(대판 2022.4.14. 2020다240021).

Ⅴ 이혼의 재산상 효과

1. 손해배상

① 이혼하는 당사자 일방은 과실있는 상대방에 대하여 그로 인한 손해의 배상을 청구할 수 있으며(제843조·제806조 제1항), 재산상 손해 외에 정신상 고통에 대하여도 손해배상의 책임이 있다(제843조·제806조 제2항). 민법은 재판상 이혼의 경우에만 손해배상청구권을 규정하고 있으나, 협의이혼의 경우에도 손해배상을 청구할 수 있다는 것이 통설·판례(76다2223)이다.

② **손해배상액의 결정** : 유책배우자에 대한 위자료 수액을 산정함에 있어서는, 유책행위에 이르게 된 경위와 정도, 혼인관계파탄의 원인과 책임, 배우자의 연령과 재산상태 등 변론에 나타나는 모든 사정을 참작하여 법원이 직권으로 정한다(2003므2251).

③ **공동불법행위책임** : 배우자 있는 부녀와 간통행위를 하고, 이로 인하여 그 부녀가 배우자와 별거하거나 이혼하는 등으로 혼인관계를 파탄에 이르게 한 경우, 그 부녀와 간통행위를 한 제3자(상간자)는 그 부녀의 배우자에 대하여 불법행위를 구성한다(2004다1899).

④ **손해배상청구권의 양도·상속** : 이혼위자료청구권은 행사상 일신전속권이고, 귀속상 일신전속권은 아니므로 그 청구권자가 위자료의 지급을 구하는 소송을 제기함으로써 청구권을 행사할 의사가 외부적·객관적으로 명백하게 된 경우에는 양도나 상속 등 승계가 가능하다(92므143).

2. 재산분할청구권

(1) 의의

재산분할청구권이란, 이혼 시에 부부 일방이 타방에 대하여 혼인 중 취득한 재산의 분할을 청구하는 권리를 말한다. 민법은 협의이혼에 대하여 재산분할청구권을 인정하면서(제839조의2 제1항), 이를 재판상 이혼에 대하여 준용하고 있다(제843조).

① 재산분할청구권은 신분관계를 기초로 하는 재산권이며, 법률의 규정에 의해 발생하는 법정채권이다. 혼인관계의 파탄에 대하여 책임이 있는 배우자에게도 재산분할청구권은 인정되며(93스6),[13] 혼인이 해소되기 전에 미리 포기할 수도 없다(2002므1787).

② 혼인이 무효인 경우에는 재산분할청구가 인정되지 않는다. 혼인이 무효였다면 처음부터 부부가 아니었던 것이기 때문이다.

③ 사실혼 해소의 경우에도 재산분할청구권 규정이 유추적용된다.

(2) 재산분할청구권의 법적 성격

재산분할청구권의 성격에 대해서는 부부공동재산의 청산이 주된 요소이나 이혼 후의 부양적 성질도 함께 가진다는 청산 및 부양설이 다수설인데, 판례 또한 이혼에 따른 재산분할은 혼인 중 쌍방의 협력으로 형성된 공동재산의 청산이라는 성격에 상대방에 대한 부양적 성격이 가미된 제도라고 하여(2000다25569), 청산 및 부양설의 입장을 취하고 있으며, 헌법재판소도 이혼 시의 재산분할제도는 본질적으로 혼인 중 쌍방의 협력으로 형성된 공동재산의 청산이라는 성격에, 경제적으로 곤궁한 상대방에 대한 부양적 성격이 보충적으로 가미된 제도라고 판시한 바 있다(96헌바14).

> [판례] ① 민법 제839조의2에 규정된 재산분할제도는 혼인 중에 부부 쌍방의 협력으로 이룩한 실질적인 공동재산을 청산·분배하는 것을 주된 목적으로 하는 것이고, 이혼으로 인한 재산분할청구권은 이혼이 성립한 때에 법적 효과로서 비로소 발생하는 것일 뿐만 아니라 협의 또는 심판에 따라 구체적 내용이 형성되기까지는 범위 및 내용이 불명확·불확정하기 때문에 구체적으로 권리가 발생하였다고 할 수 없으므로, 협의 또는 심판에 따라 구체화되지 않은 재산분할청구권을 혼인이 해소되기 전에 미리 포기하는 것은 성질상 허용되지 아니한다. 아직 이혼하지 않은 당사자가 장차 협의상 이혼할 것을 합의하는 과정에서 이를 전제로 재산분할청구권을 포기하는 서면을 작성한 경우, 부부 쌍방의 협력으로 형성된 공동재산 전부를 청산·분배하려는 의도로 재산분할의 대상이 되는 재산액, 이에 대한 쌍방의 기여도와 재산분할 방법 등에 관하여 협의한 결과 부부 일방이 재산분할청구권을 포기하기에 이르렀다는 등의 사정이 없는 한 성질상 허용되지 아니하는 '재산분할청구권의 사전포기'에 불과할 뿐이므로 쉽사리 '재산분할에 관한 협의'로서의 '포기약정'이라고 보아서는 아니 된다(대결 2016.1.25. 2015스451).

---

13) 동 결정에서 대법원은 혼인관계를 파탄시킨 사유는 재산분할의 액수와 방법을 정함에 있어서 참작할 사유는 될 수 있다는 취지로 설시하였다.

② 이혼으로 인한 재산분할청구권은 이혼을 한 당사자의 일방이 다른 일방에 대하여 재산분할을 청구할 수 있는 권리로서, 이혼이 성립한 때에 법적 효과로서 비로소 발생하며, 또한 협의 또는 심판에 의하여 구체적 내용이 형성되기 전까지는 범위 및 내용이 불명확·불확정하기 때문에 구체적으로 권리가 발생하였다고 할 수 없다. 따라서 당사자가 이혼이 성립하기 전에 이혼소송과 병합하여 재산분할의 청구를 한 경우에, 아직 발생하지 아니하였고 구체적 내용이 형성되지 아니한 재산분할청구권을 미리 양도하는 것은 성질상 허용되지 아니하며, 법원이 이혼과 동시에 재산분할로서 금전의 지급을 명하는 판결이 확정된 이후부터 채권 양도의 대상이 될 수 있다(대판 2017.9.21. 2015다61286).

(3) 재산분할의 대상

재산분할의 대상은 당사자 쌍방의 협력으로 이룩한 재산이다(제839조의2 제2항). 분할대상이 되는 재산은 적극재산이거나 소극재산이거나 그 액수가 대략적으로라도 확정되어야 한다(96므1397).

[판례] ① 이혼 당사자 각자가 보유한 적극재산에서 소극재산을 공제하는 등으로 재산상태를 따져 본 결과 재산분할 청구의 상대방이 그에게 귀속되어야 할 몫보다 더 많은 적극재산을 보유하고 있거나 소극재산의 부담이 더 적은 경우에는 적극재산을 분배하거나 소극재산을 분담하도록 하는 재산분할은 어느 것이나 가능하다고 보아야 하고, 후자의 경우라고 하여 당연히 재산분할 청구가 배척되어야 한다고 할 것은 아니다. 그러므로 소극재산의 총액이 적극재산의 총액을 초과하여 재산분할을 한 결과가 결국 채무의 분담을 정하는 것이 되는 경우에도 법원은 채무의 성질, 채권자와의 관계, 물적 담보의 존부 등 일체의 사정을 참작하여 이를 분담하게 하는 것이 적합하다고 인정되면 구체적인 분담의 방법 등을 정하여 재산분할 청구를 받아들일 수 있다 할 것이다. 그것이 부부가 혼인 중 형성한 재산관계를 이혼에 즈음하여 청산하는 것을 본질로 하는 재산분할 제도의 취지에 맞고, 당사자 사이의 실질적 공평에도 부합한다. 다만 재산분할 청구 사건에 있어서는 혼인 중에 이룩한 재산관계의 청산뿐 아니라 이혼 이후 당사자들의 생활보장에 대한 배려 등 부양적 요소들도 함께 고려할 대상이 되므로, 재산분할에 의하여 채무를 분담하게 되면 그로써 채무초과 상태가 되거나 기존의 채무초과 상태가 더욱 악화되는 것과 같은 경우에는 채무부담의 경위, 용처, 채무의 내용과 금액, 혼인생활의 과정, 당사자의 경제적 활동능력과 장래의 전망 등 제반 사정을 종합적으로 고려하여 채무를 분담하게 할지 여부 및 분담의 방법 등을 정할 것이고, 적극재산을 분할할 때처럼 재산형성에 대한 기여도 등을 중심으로 일률적인 비율을 정하여 당연히 분할 귀속되게 하여야 한다는 취지는 아니라는 점을 덧붙여 밝혀 둔다(대판 2013.6.20. 2010므4071 전원합의체).

② 이혼소송의 사실심변론종결 당시에 부부 중 일방이 공무원 퇴직연금을 실제로 수령하고 있는 경우에, 위 공무원 퇴직연금에는 사회보장적 급여로서의 성격 외에 임금의 후불적 성격이 불가분적으로 혼재되어 있으므로, 혼인기간 중의 근무에 대하여 상대방 배우자의 협력이 인정되는 이상 공무원 퇴직연금수급권 중 적어도 그 기간에 해당하는 부분은 부부 쌍방의 협력으로 이룩한 재산으로 볼 수 있다. 따라서 재산분할제도의 취지에 비추어 허용될 수 없는 경우가 아니라면, 이미 발생한 공무원 퇴직연금수급권도 부동산 등과 마찬가지로 재산분할의 대상에 포함될 수 있다고 봄이 상당하다. 그리고 구체적으로는 연금수급권자인 배우자가 매월 수령할 퇴직연금액 중 일정 비율에 해당하는 금액을 상대방 배우자에게 정기적으로 지급하는 방식의 재산분할도 가능하다(대판 2014.7.16. 2012므2888 전원합의체).

(가) 특유재산

부부 일방의 특유재산은 원칙적으로 분할의 대상이 되지 아니하나, 특유재산일지라도 다른 일방이 적극적으로 그 특유재산의 유지에 협력하여 그 감소를 방지하였거나 그 증식에 협력하였다고 인정되는 경우에는 분할의 대상이 될 수 있다(97므1486).

[판례] ① 재산분할의 대상이 된 夫 소유의 부동산 중 대지가 夫의 父 소유의 주택을 매각한 대금을 기초로 구입한 것이라고 하더라도, 이러한 사정만으로는 그 대지가 '부부 쌍방의 협력으로 이룩한 재산'임을 인정함에 아무런 장애가 될 수 없고, 가사 그것을 夫의 특유재산으로 본다고 하더라도 결혼 이후 夫가 이를 취득하고 유지함에 있어서 妻가 적극적이고 헌신적인 가사노동과 가사비용의 조달로 직접·간접적으로 기여하여 특유재산의 감소를 방지한 이상 재산분할의 대상이 된다(대판 1994.12.13. 94므598).

② 부부의 일방이 별거 후에 취득한 재산이라도 그것이 별거 전에 쌍방의 협력에 의하여 형성된 유형·무형의 자원에 기한 것이라면 재산분할의 대상이 된다(대판 1999.6.11. 96므1397).

③ 부부 중 일방이 상속받은 재산이거나 이미 처분한 상속재산을 기초로 형성된 부동산이더라도 이를 취득하고 유지함에 있어 상대방의 가사노동 등이 직·간접적으로 기여한 것이라면 재산분할의 대상이 되는 것이고, 이는 부부 중 일방이 제3자로부터 증여받은 재산도 마찬가지이다(대결 2009.6.9. 2008스111).

④ 아파트가 혼인 전에 취득한 남편의 고유재산이기는 하지만 혼인 후 妻가 가사와 육아에 종사하는 한편 피아노 교습을 하여 수입을 얻음으로써 위 아파트에 대한 융자금 채무를 일부 변제하고 혼인생활 중 수입으로 조성한 판시 금액을 시아버지에게 교부함으로써 결과적으로 남편이 혼인 전 위 아파트 매수와 관련하여 부담한 시아버지에 대한 차용금채무를 일부 변제하게 하는 등 적극적으로 위 아파트의 유지에 협력하여 감소를 방지하였거나 증식에 협력하였다면 재산분할의 대상이 된다(대판 1996.2.9. 94므635).

⑤ 비록 妻가 주로 마련한 자금과 노력으로 취득한 재산이라 할지라도 남편이 가사비용의 조달 등으로 직·간접으로 재산의 유지 및 증가에 기여하였다면 그와 같이 쌍방의 협력으로 이룩된 재산은 재산분할의 대상이 된다(대판 1997.12.26. 96므1076).

⑥ 妻가 보험수익자로서 수령할 보험금은 妻의 특유재산으로서 재산분할의 대상이 되지 않는다(대결 2002.8.28. 2002스36).

(나) 명의신탁재산

다른 사람 명의로 명의신탁된 재산이라도 실질적으로 부부 중 일방의 소유에 속하는 한 재산분할의 대상이 된다(92므1054). 다만, 법원이 명의신탁된 재산 자체의 분할을 명하는 판결을 할 수는 없는데, 명의수탁자는 소송당사자가 아니기 때문이다.

(다) 합유재산

합유재산이라는 이유만으로 이를 재산분할의 대상에서 제외할 수는 없고, 다만 부부의 일방이 제3자와 합유하고 있는 재산 또는 그 지분은 이를 임의로 처분하지 못하므로, 직접 당해 재산의 분할을 명할 수는 없으나 그 지분의 가액을 산정하여 이를 분할의 대상으로 삼거나 다른 재산의 분할에 참작하는 방법으로 재산분할의 대상에 포함하여야 한다(2009므2840).14)

(라) 퇴직금

① 퇴직금은 혼인 중에 제공한 근로에 대한 대가가 유예된 것이므로 부부의 혼인 중 재산의 일부가 되며, 부부 중 일방이 직장에서 일하다가 이혼 당시에 이미 퇴직금 등의 금원을 수령하여 소지하고 있는 경우에는 이를 청산의 대상으로 삼을 수 있고(94므1584), 이혼소송의 사실심변론종결당시에 부부 중 일방이 직장에서 일하다가 명예퇴직을 하고 통상의 퇴직금 이외에 별도로 명예퇴직금 명목의 돈을 이미 수령한 경우에도, 명예퇴직금이 정년까지 계속 근로로 받을 수 있는 수입의 상실이나 새로운 직업을 얻기 위한 비용지출 등에 대한 보상의 성격이 강하다고 하더라도 일정기간 근속을 요건으로 하고 상대방 배우자의 협력이 근속요건에 기여하였다면, 명예퇴직금 전부를 재산분할의 대상으로 삼을 수 있다(2009므2628).15)

② <u>이혼 당시 부부 일방이 아직 공무원으로 재직 중이어서 실제 퇴직급여 등을 수령하지 않았더라도 이혼소송의 사실심 변론종결 시에 이미 잠재적으로 존재하여 경제적 가치의 현실적 평가가 가능한 재산인 퇴직급여 및 퇴직수당 채권은 이에 대하여 상대방 배우자의 협력이 기여한 것으로 인정되는 한 재산분할의 대상에 포함시킬 수 있으며, 구체적으로는 이혼소송의 사실심 변론종결 시를 기준으로 그 시점에서 퇴직할 경우 수령할 수 있을 것으로 예상되는 퇴직급여 및 퇴직수당 상당액의 채권이 그 대상이 된다</u>(대판 2019.9.25. 2017므11917).

---

14) 합유재산 자체의 분할을 명할 수는 없다는 점을 주의해야 한다. 이는 조합이 존속하고 있는 동안에는 합유물을 분할할 수 없기 때문이다(제273조 제2항).

15) 법원은 상대방 배우자가 근속 요건에 기여한 정도, 이혼소송 사실심변론종결일부터 정년까지의 잔여기간 등을 민법 제839조의2 제2항이 정한 재산분할의 액수와 방법을 정하는 데 필요한 기타 사정으로 참작할 수 있다(동 판결).

(마) 채무

① 부부 일방이 혼인 중 제3자에게 부담한 채무는 일상가사에 관한 것 이외에는 원칙적으로 개인 채무로서 청산대상이 되지 않으나, 공동재산의 형성·유지에 수반하여 부담한 채무인 경우에는 청산의 대상이 된다(95므1192). 예컨대, 부동산에 대한 임대차보증금반환채무(96므1397)나 재산분할의 대상이 되는 분양권 매도대금을 형성하는 데 필수적으로 지출되는 비용인 양도소득세 및 주민세(2009므4297)는 청산의 대상이 된다.
② 채무로 인하여 취득한 특정 적극재산이 남아있지 않더라도 그 채무부담행위가 부부 공동의 이익을 위한 것으로 인정될 때에는 혼인 중의 공동재산의 형성·유지에 수반하는 것으로 보아 청산의 대상이 된다(2005다74900).
③ 부부 일방이 청산의 대상이 되는 채무를 부담하고 있어 총 재산가액에서 채무액을 공제하면 남는 금액이 없는 경우에는 상대방의 재산분할청구는 받아들여질 수 없다(2001므718).
④ 사실혼 관계에 있는 부부 일방이 혼인 중 공동재산의 형성에 수반하여 채무를 부담하였다가 사실혼이 종료된 후 그 채무를 변제됨과 동시에 새로운 대출금채무가 발생한 경우 변제된 채무는 특별한 사정이 없는 한 청산대상이 된다(2020므15841).

(4) 재산분할의 비율·액수 등의 결정(제839조의2 제2항)

재산분할은 ① 우선 이혼당사자의 협의에 의해 정하고, ② 협의가 되지 아니하거나 협의할 수 없는 때에는 당사자의 청구에 의하여 가정법원이 정한다.

(가) 재산분할의 협의

① 이혼당사자는 재산분할의 액수와 방법을 협의에 의해 정할 수 있다. 아직 이혼하지 않은 당사자가 장차 협의상 이혼할 것을 약정하면서 이를 전제로 하여 재산분할에 관한 협의를 하는 경우에 있어서는 장차 당사자 사이에 협의상 이혼이 이루어질 것을 조건으로 하여 조건부 의사표시가 행하여지는 것이며(2001다14061), 그 협의 후 당사자가 약정한 대로 협의상 이혼이 이루어진 경우에 그 협의의 효력이 발생한다(2000다58804).
② 재산분할의 협의와 재판상 이혼 : 협의이혼을 전제로 재산분할의 약정을 한 후 재판상 이혼이 이루어진 경우, 재판상 이혼 후 또는 재판상 이혼과 함께 재산분할을 원하는 당사자로서는, 이혼성립 후 새로운 협의가 이루어지지 아니하는 한, 이혼소송과 별도의 절차로 또는 이혼소송절차에 병합하여 가정법원에 재산분할에 관한 심판을 청구하여야 하는 것이지, 당초의 재산분할에 관한 협의의 효력이 유지됨을 전제로 하여 민사소송으로써 그 협의 내용 자체의 이행을 구할 수는 없다(95다23156).[16]
③ 강제이행·손해배상 및 해제 : 재산분할의 협의에 따른 약정을 이행하지 않은 경우에는 강제이행을 청구할 수 있고 이행지체에 대한 손해배상도 청구할 수 있다. 또한, 재산분할의 약정을 해제할 수도 있다.

(나) 가정법원의 심판에 의한 결정

① 재산분할에 관하여 협의가 되지 아니하거나 협의할 수 없는 때에는 가정법원은 당사자의 청구에 의하여 당사자의 쌍방의 협력으로 이룩한 재산의 액수 기타 사정[17]을 참작하여 분할의 액수와 방법을 정한다(제839조의2 제2항). 법원은 당사자 쌍방의 협력으로 이룩한 재산의 액수 기타의 사정을 참작하여 재산분할의 방법이나 그 비율 또는 액수를 정하게 된다(97므1486). 재산분할청구는 가사소송법상 마류 비송사건이다. 재산분할청구는 비송사건이지만, 이혼청구심판의 관할권이 있는 가정법원에 이혼청구와 병합하여 1개의 소로 제기할 수 있다(가사소송법 제14조 제1항, 제2항).[18]

---

16) 이에 따라 가정법원이 재산분할의 액수와 방법을 정함에 있어서는 그 협의의 내용과 협의가 이루어진 경위 등을 민법 제839조의2 제2항 소정 '기타 사정'의 하나로서 참작하게 될 것이다(동 판결).
17) 박사학위를 소지한 경제학교수로서의 재산취득능력은 민법 제839조의2 제2항 소정의 재산분할의 액수와 방법을 정하는 데 필요한 '기타 사정'으로 참작함으로써 충분하다(대판 1998.6.12. 98므213).
18) 반면, 부부간의 명의신탁해지를 원인으로 한 소유권이전등기청구나 부부 공유재산의 분할청구는 이혼 및 재산분할청구와는 병합할 수 없다(대판 2006.1.13. 2004므1378).

② 재산분할청구는 가사소송법상 마류 비송사건이므로 조정을 거쳐야 한다(가사소송법 제50조).
③ 재산분할청구는 비송사건이고, 비송사건절차는 직권탐지주의에 의하고 있으므로(비송사건절차법 제11조), 법원으로서는 당사자의 주장에 구애되지 아니하고 재산분할의 대상이 무엇인지 직권으로 사실조사를 하여 포함시키거나 제외시킬 수 있다(99므1596등). 다만 쌍방 당사자가 일부 재산에 관하여 분할방법에 관한 합의를 하였고, 그것이 그 일부 재산과 나머지 재산을 적절하게 분할하는 데 지장을 가져오는 것이 아니라면 법원으로서는 이를 최대한 존중하여 재산분할을 명하는 것이 타당하다(2021므10898).
④ **재산분할청구와 가집행** : 재산분할청구권은 이혼을 한 당사자의 일방이 다른 일방에 대하여 재산분할을 청구할 수 있는 권리로서 이혼이 성립한 때에 그 법적 효과로서 비로소 발생하는 것이므로, 당사자가 이혼이 성립하기 전에 이혼소송과 병합하여 재산분할의 청구를 하고, 법원이 이혼과 동시에 재산분할을 명하는 판결을 하는 경우에도 이혼판결은 확정되지 아니한 상태이므로, 그 시점에서 가집행을 허용할 수는 없다(98므1193).

(5) 재산분할의 방법 및 기준시기

① **재산분할비율** : 재산분할은 그 분할비율을 산정함으로써 행할 수 있다. 재산분할비율은 개별재산에 대한 기여도를 일컫는 것이 아니라, 기여도 기타 모든 사정을 고려하여 전체로서의 형성된 재산에 대하여 상대방 배우자로부터 분할받을 수 있는 비율을 일컫는 것이다(2001므718).
② **현물분할 또는 가격배상** : 재산분할사건은 가사비송사건으로서, 법원으로서는 당사자 쌍방의 일체의 사정을 참작하여 분할의 방법을 정할 수 있다(96므318 등). 당사자 일방의 단독소유인 재산을 쌍방의 공유로 하는 방법에 의한 분할도 가능하다(96므318 등).
③ **재산가액산정의 기준시** : 분할의 대상이 되는 재산과 그 액수는 협의이혼에 있어서는 협의이혼이 성립한 날(이혼신고일)을 기준으로 정하여야 하고(2005다74900),19) 재판상 이혼에 있어서는 이혼소송의 사실심변론종결일을 기준으로 하여 정하여야 한다(2000스13).
④ 재산분할액 산정의 기초가 되는 재산의 가액은 반드시 시가감정에 의하여 인정하여야 하는 것은 아니지만 객관성과 합리성이 있는 자료에 의하여 평가하여야 한다(96므1397).

> [판례] 재판상 이혼에 따른 재산분할을 할 때 분할의 대상이 되는 재산과 그 액수는 이혼소송의 사실심 변론종결일을 기준으로 하여 정하는 것이 원칙이다. 다만 혼인관계가 파탄된 이후 사실심 변론종결일 사이에 생긴 재산관계의 변동이 부부 중 일방에 의한 후발적 사정에 의한 것으로서 혼인 중 공동으로 형성한 재산관계와 무관하다는 등 특별한 사정이 있는 경우 그 변동된 재산은 재산분할 대상에서 제외하여야 하나, 부부의 일방이 혼인관계 파탄 이후에 취득한 재산이라도 그것이 혼인관계 파탄 이전에 쌍방의 협력에 의하여 형성된 유형·무형의 자원에 기한 것이라면 재산분할의 대상이 된다(대판 2019.10.31. 2019므12549, 12556).

(6) 재산분할의 효과

재산분할에 대한 합의 또는 가정법원의 심판이 있었다고 하더라도 그에 의해 재산권이 이전되는 것은 아니며, 이전등기 등 재산권 이전을 위한 요건을 갖추어야 한다.

---

19) 따라서 재산분할 협의를 한 후 협의이혼 성립일까지의 기간 동안 재산분할 대상인 재무의 일부가 변제된 경우 그 변제된 금액은 원칙적으로 채무액에서 공제되어야 한다. 그런데 채무자가 자금을 제3자로부터 증여받아 위 채무를 변제한 경우에는 전체적으로 감소된 채무액만큼 분할대상 재산액이 외형상 증가하지만 그 수증의 경위를 기여도를 산정함에 있어 침작하여야 하고, 채무자가 기존의 적극재산으로 위 채무를 변제하거나 채무자가 위 채무를 변제하기 위하여 새로운 채무를 부담하게 된 경우에는 어느 경우에도 전체 분할대상 재산액은 변동이 없다(동 판결).

(7) 재산분할청구권의 소멸

① 재산분할은 이혼한 날부터 2년 이내에 청구하여야 하는데(제839조의2 제3항), '이혼한 날'이란, 협의이혼에서는 이혼신고일, 재산상 이혼에서는 이혼판결 확정일, 혼인취소에서는 취소판결 확정일, 사실혼에서는 사실혼의 종료일을 말한다.
② 재산분할재판에서 분할대상인지 여부가 전혀 심리된 바 없는 재산이 재판확정 후 추가로 발견된 경우에는 이혼할 날부터 2년 이내에는 추가로 재산분할청구를 할 수 있다(2000므582, 2018스18 등). 즉, 추가 재산분할청구 역시 제척기간을 준수하여야 한다.
③ 재산분할청구권을 미리 포기하는 것은 허용되지 않지만(2002므1787), 사후에 포기하는 것은 가능하다.

(8) 재산분할청구권의 보전

(가) 채권자취소권

① 사해행위취소의 소는 취소원인을 안 날로부터 1년, 법률행위 있는 날로부터 5년 내에 제기하여야 한다(제839조의3 제2항, 제406조 제2항, 제843조).
② 재산분할이 일방배우자의 채권자에 대한 사해행위가 되는 경우 : 판례는 "이혼에 따른 재산분할은 혼인 중 쌍방의 협력으로 형성된 공동재산의 청산이라는 성격에 상대방에 대한 부양적 성격이 가미된 제도임에 비추어, 이미 채무초과 상태에 있는 채무자가 이혼을 하면서 배우자에게 재산분할로 일정한 재산을 양도함으로써 결과적으로 일반 채권자에 대한 공동담보를 감소시키는 결과로 되어도, 그 재산분할이 민법 제839조의2 제2항의 규정 취지에 따른 상당한 정도를 벗어나는 과대한 것이라고 인정할만한 특별한 사정이 없는 한, 사해행위로서 취소되어야 할 것은 아니고, 다만 상당한 정도를 벗어나는 초과부분에 대하여는 적법한 재산분할이라고 할 수 없기 때문에 이는 사해행위에 해당하여 취소의 대상으로 될 수 있을 것이나, 이 경우에도 취소되는 범위는 그 상당한 정도를 초과하는 부분에 한정하여야 하고, 위와 같이 상당한 정도를 벗어나는 과대한 재산분할이라고 볼 만한 특별한 사정이 있다는 점에 관한 입증책임은 채권자에게 있다(2000다25569)"고 하고 있다.

(나) 채권자대위권

재산분할청구권의 보전을 위해, 일방 배우자가 이를 피보전채권으로 하여 채권자대위권을 행사할 수 있는지가 문제되는데, 판례는 "이혼으로 인한 재산분할청구권은 협의 또는 심판에 의하여 그 구체적 내용이 형성되기까지는 그 범위 및 내용이 불명확·불확정하기 때문에 구체적으로 권리가 발생하였다고 할 수 없으므로 이를 보전하기 위하여 채권자대위권을 행사할 수 없다(98다58016)"고 하여 부정적인 입장이다.

(9) 재산분할청구권의 상속

재산분할청구권이 상속되는지 문제되는데, 이미 이혼이 성립하였고 분할심판청구 등에 의해 청구의 의사표시가 객관적으로 나타났다면 상속을 긍정할 수 있다. 다만, 재산분할청구 중에서 부양적 요소는 일신전속성을 가지므로 상속되지 않는다고 보아야 한다.

(10) 재산분할과 다른 제도와의 관계

(가) 재산분할과 위자료

재산분할은 청산 및 부양의 실질을 갖는다고 보아야 하는 반면 위자료는 귀책사유를 전제로 하는 손해배상이며, 그 행사요건이나 제척기간 및 시효기간이 서로 다르다. 절차상으로도 재산분할은 가사소송법 제2조 제1항의 마류 가사비송사건이나, 위자료청구는 가사소송법 제2조 제1항의 다류 가사소송사건이다.

(나) 재산분할과 子에 대한 부양의무

재산분할이 상대방에 대한 부양으로서의 성질을 가진다고 하더라도, 子에 대한 부양의무는 별개의 것이다. 판례는 이혼하는 부부의 자녀들이 이미 모두 성년에 달한 경우, 父가 자녀들에게 부양의무를 진다고 하더라도 이는 어디까지나 父와 자녀들 사이의 법률관계일 뿐, 이를 부부의 이혼으로 인하여 이혼 배우자에게 지급할 위자료나 재산분할의 액수를 정하는데 참작할 사정으로 볼 수는 없다고 하였다(2003므941).

제6절 사실혼

I 서설

① 사실혼이란, 혼인관계의 실질은 존재하나 법률상 혼인으로 인정되지 않는 부부관계를 말한다. 민법은 법률혼주의를 취하고 있으므로 혼인신고를 하여야만 혼인이 성립하는데(제812조), 혼인생활의 실체가 있음에도 혼인신고가 없음으로 인해 혼인으로 성립하지 못한 경우이므로 법률혼과 동일하게 다루어질 수 없다. 사실혼은 당사자 사이에 실질적인 부부생활에 대한 의사의 합치가 있다는 점에서 단순히 동거생활을 하는 동서(同棲)와 구별된다. 또한, 사회질서에 반하지 않는다는 점에서, 법률상 배우자 있는 남자가 다른 여자와 성적 관계를 계속하는 부첩관계와도 다르다.

② **사실혼의 법적 성격** : 사실혼의 법적 성격은 법률혼에 준하는 효과를 발생시키는 중혼관계라는 것이 통설·판례(68므37)이다. 혼인신고와 불가분적으로 관련된 것을 제외하고는, 법률혼과 다를 바 없다고 본다.

II 사실혼의 요건

1. 혼인의사의 합치

사실혼으로 인정되기 위해서는 혼인의사의 합치가 있어야 한다. 여기서의 혼인의사란, 실질적으로 부부로서의 공동생활관계를 유지하려는 의사를 말하며, 단순히 사통관계를 유지하려고 하는 경우는 그에 해당하지 않는다.

2. 혼인생활의 실체

사실혼으로 인정되기 위해서는 혼인을 하려는 당사자 사이의 합의만으로 성립하는 약혼과는 달리, 객관적으로 부부공동생활을 인정할 만한 실체가 있어야 한다(98므961). 따라서 주위의 이목을 피하여 간헐적인 정교관계를 맺어온 것뿐인 경우에는 그들 사이에 자식이 태어났다 하더라도 사실상의 혼인관계가 성립되었다고 볼 수 없다(84므45).

III 혼인장애사유와 사실혼

① 사실혼에는 혼인의사의 합치 및 혼인생활의 실체 외에 기타 법률혼에 요구되는 요건은 엄격하게는 요구되지 않는다.

② 판례도 법률상 혼인을 한 부부가 별거하고 있는 상태에서 그 다른 한 쪽이 제3자와 혼인의 의사로 실질적인 부부생활을 하고 있다고 하더라도, 특별한 사정이 없는 한 이를 사실혼으로 인정하여 법률혼에 준하는 보호를 할 수는 없다고 한다(2000다52943).

③ 중혼적 사실혼에 대해서는 특별한 사정이 없는 한 사실혼으로 인정하여 법률혼에 준하는 보호를 할 수는 없으며, 그러한 법리는 자동차종합보험의 부부운전자한정운전 특별약관에서 규정하는 '사실혼 관계에 있는 배우자'의 해석에도 준용된다(2009다84141).

Ⅳ 사실혼의 효과

1. 혼인신고를 전제로 한 효과의 배제

혼인의 효과 중 신고를 전제로 하는 것은 사실혼에 적용되지 않는다. ① 친족관계 및 인척관계가 발생하지 않고, ② 사실혼 배우자에게는 상속권이 인정되지 않는다. ③ 사실혼관계에 있는 자가 다시 혼인하더라도 중혼이 되지 않고, ④ 미성년자가 사실혼관계를 맺었다고 하더라도 성년의제의 효과는 생기지 않는다. ⑤ 사실혼관계에서의 子는 혼인 중의 출생자가 되지 못한다. 인지가 없는 한 父와는 법률상 친자관계는 발생하지 않으므로, 子는 母의 姓과 本을 따르게 되고 母가 단독으로 친권자가 된다.

2. 부부공동생활에 기한 효과

(1) 당사자간의 효과

사실혼 부부는 부부공동생활을 영위하므로, 법률혼의 규정 중 이를 전제로 하는 것은 준용 또는 유추적용된다. 동거·부양·협조의무(제826조)20), 정조의무, 일상가사대리권(제827조), 법정재산제(제830조·제831조)21), 일상가사채무에 대한 연대책임(제832조), 혼인생활비용(제833조) 등은 사실혼에도 유추적용된다.

> [판례] ① 사실혼관계에 있어서도 부부는 민법 제826조 제1항 소정의 동거하며 서로 부양하고 협조하여야 할 의무가 있으므로 혼인생활을 함에 있어 부부는 서로 협조하고 애정과 인내로써 상대방을 이해하며 보호하여 혼인생활의 유지를 위한 최선의 노력을 기울여야 하는 것인 바, 사실혼 배우자의 일방이 정당한 이유없이 서로 동거·부양·협조하여야 할 부부로서의 의무를 포기한 경우에는 그 배우자는 악의의 유기에 의하여 사실혼관계를 부당하게 파기한 것이 된다고 할 것이므로 상대방 배우자에게 재판상 이혼원인에 상당하는 귀책사유 있음이 밝혀지지 아니하는 한 원칙적으로 사실혼관계 부당파기로 인한 손해배상책임을 면할 수 없다(대판 1998.8.21. 97므544).
> ② 원고와 소외인이 동거를 하면서 사실상의 부부관계를 맺고 실질적인 가정을 이루어 대외적으로도 부부로 행세하여 왔다면, 원고와 위 소외인 사이에 일상가사에 관한 사항에 관하여 상호대리권이 있다고 보아야 한다(대판 1980.12.23. 80다2077).

(2) 제3자와의 관계

① 사실혼관계는 혼인관계에 준하여 제3자의 침해로부터 보호받는다.
② 민법은 생명침해의 경우에 대하여 피해자의 직계존속·직계비속 및 배우자의 손해배상청구권을 규정하고 있는데(제752조), 피해자의 사실혼 배우자도 피해자의 생명침해에 대한 손해배상청구권을 가진다고 해석된다. 판례도 제752조의 친족관계는 반드시 호적상의 관계만을 가리키는 것이 아니고 입적되지 아니하여도 사실상 그와 같은 관계가 있는 경우도 포함하는 것이라고 해석함이 상당하다고 하였다(66다493). 또한 생명 이외의 법익을 침해한 경우에도 피해자의 배우자는 제750조·제751조에 의하여 손해배상을 청구할 수 있다. 예컨대, 사실혼의 배우자는 다른 배우자가 제3자의 불법행위로 인하여 상해를 입은 경우에는 자기가 받은 정신적 고통에 대한 위자료를 청구할 권리가 있다(69다684).

---

20) 판례는 형법 제271조 제1항의 유기죄의 적용에 있어서도, 사실혼관계에 있는 자는 '노유·질병 기타 사정으로 인하여 부조를 요하는 자를 보호할 법률상 의무있는 자'에 해당한다고 한다(대판 2008.2.14. 2007도3952).
21) 사실혼관계에 있는 부부의 일방이 사실혼 중에 자기명의로 취득한 재산은 그 명의자의 특유재산으로 추정되나 실질적으로 다른 일방 또는 쌍방이 그 재산의 대가를 부담하여 취득한 것이 증명된 때에는 특유재산의 추정은 번복되어 그 다른 일방의 소유이거나 쌍방의 공유라고 보아야 할 것이다(대판 1994.12.22. 93다52068 등).

③ 사실혼의 子의 제752조에 대한 손해배상청구 : 사실혼의 子는 인지가 없는 한 父와 법률상 부자관계가 인정되지 않지만, 제752조의 친족관계를 사실상의 관계까지 포함하는 것이라고 한다면(66다493), 사실혼의 子의 제752조에 의한 손해배상청구도 인정될 수 있다. 판례도 인지되지 않은 사실혼의 子의 제752조에 의한 손해배상청구를 긍정하였다(75다413).

Ⅴ 사실혼의 해소

1. 사실혼 해소의 사유

사실혼은 당사자 일방의 사망, 사실혼 해소의 합의, 당사자 일방의 일방적 파기 등에 의해 해소된다.

2. 사실혼 해소의 효과

(1) 손해배상

① 당사자 일방의 일방적 파기에 의해 사실혼이 해소되는 경우, 재판상 이혼원인에 준하는 정당한 사유가 있는 경우에는 손해배상책임을 지지 않으나, 정당한 사유가 없는 경우에는 유책배우자는 상대방에 대하여 손해배상책임을 진다.
② 사실혼관계가 단기간에 해소된 경우에 대하여, 혼수구입비용 상당액은 손해배상으로 청구할 수 없다(2000므1257). 혼인생활에 사용하기 위하여 결혼 전후에 원고 자신의 비용으로 구입한 가재도구 등을 피고가 점유하고 있다고 하더라도 이는 여전히 원고의 소유에 속한다고 할 것이어서, 원고에게 어떠한 손해가 발생하였다고 할 수 없기 때문이다(2000므1257). 반면, 결혼 후 동거할 주택구입 명목으로 교부한 금원은 형평의 원칙상 원상회복으로서 전액 반환되어야 한다(2000므1257).

(2) 상속·재산분여

사실혼이 당사자 일방의 사망에 의해 해소된 경우, 사실혼의 배우자는 상속권을 갖지 못한다. 상속은 친족관계를 전제로 하는데, 혼인신고가 없으면 친족관계가 발생하지 않기 때문이다. 다만, 상속인이 없는 경우에는 특별연고자로서 상속재산의 전부 또는 일부의 분여를 청구할 수 있다(제1057조의2).

(3) 재산분할

부부재산의 청산의 의미를 갖는 재산분할에 관한 규정은 부부의 생활공동체라는 실질에 비추어 인정되는 것이므로 사실혼관계에도 준용 또는 유추적용 할 수 있다(94므1379).

(4) 子의 양육문제

당사자의 합의 또는 당사자 일방의 일방적 파기에 의해 사실혼이 해소되는 경우, 판례는 子에 대한 양육자 지정청구는 이혼이나 혼인의 무효 또는 취소의 판결을 하는 경우에 한하여 신청할 수 있으며, 사실혼관계나 일시적인 정교관계로 출생한 子의 생모는 그 子의 생부를 상대로 그와 같은 청구를 할 수 없다고 한다(79므3).

(5) 관련문제 : 사실혼관계에서의 일방적 혼인신고

판례는 사실혼관계에서의 일방적 혼인신고의 효력을 가급적 유지시키려는 태도이다. 판례는 "관례에 따라 결혼식을 하고 부부로서 상당기간 동거하며 그 사이에 자녀까지 출산하여 혼인의 실제는 갖추었으나 혼인신고만이 되어있지 않은 관계에서 당사자 일방의 부재중 혼인신고가 이루어진 경우, 특별한 사정이 있는 경우를 제외하고는 그 신고에 의하여 이루어진 혼인을 당연히 무효라고 할 수는 없다(79므77)"고 하였으며, "사실혼관계에 있는 당사자 일방이 혼인신고를 한 경우에도 상대방에게 혼인의사가 결여되었다고 인정되는 한 그 혼인은 무효라 할 것이나, 상대방의 혼인의사가 불분명한 경우에는 혼인의 관행과 신의성실의 원칙에 따라 사실혼관계를 형성시킨 상대방의 행위에 기초하여 그 혼인의사의 존재를 추정할 수 있으므로 이와 반대되는 사정, 즉 혼인의사를 명백히 철회하였다거나 당사자 사이에 사실혼관계를 해소하기로 합의하였다는 등의 사정이 인정되지 아니하는 경우에는 그 혼인을 무효라고 할 수 없다(99므1329)"고 하였다. 또한 판례는 "배우자 일방이 일방적으로 혼인신고를 하였더라도 그 사실을 알고 혼인생활을 계속한 경우, 상대방에게 혼인할 의사가 있었거나 무효인 혼인을 추인하였다고 인정할 수 있다(95므731)"고 하여, 일방적 혼인신고 후에 이를 알고도 부부공동생활이 계속된 경우에는 무효행위의 소급적 추인으로 이론구성하여 그 혼인을 유효한 것으로 평가하고 있다.

Ⅵ 사실상 혼인관계존재확인청구

1. 의의

① 사실상 혼인관계존재확인청구란, 사실혼 부부의 일방이 혼인신고에 협력하지 않는 경우에 타방이 가정법원에 그 존재확인을 구하는 것을 말한다.

② 사실상 혼인관계존재확인청구는 가사소송법상 나류 사건이므로, 조정을 거쳐야 한다(가사소송법 제50조 제1항). 조정을 하지 않기로 하는 결정이 있거나 조정이 성립되지 아니한 것으로 사건이 종결된 경우 또는 조정에 갈음하는 결정이 이의신청에 의해 효력을 잃은 경우에는 조정신청을 한 때에 소가 제기된 것으로 간주된다(가사소송법 제60조, 민사조정법 제36조).

2. 사실혼관계의 판단

사실상 혼인관계존재청구에서는 사실혼관계의 존부를 판단하게 된다. 그런데 과거에 사실혼관계가 존재했으나 사실심변론종결시에는 사실혼 관계가 파탄되어 존재하지 않는 경우에 확인청구를 인용할 것인지가 문제된다. 판례는 사실혼은 사실상의 관계를 기초로 하여 존재하는 것으로서 당사자 일방의 의사에 의하여 해소될 수 있으므로(75므28), 혼인신고의 이행을 위하여 이미 파탄된 과거의 사실혼관계의 존재확인을 구할 수 없고(97므18), 정당한 사유없이 사실혼이 해소된 때에는 유책자가 상대방에 대하여 손해배상의 책임을 지는 데 지나지 않는다는 입장이다(75므28).

3. 일방 당사자 사망 후의 사실상 혼인관계존재확인청구

판례는 "사실혼관계에 있던 당사자 일방이 사망하였더라도, 현재적 또는 잠재적 법적 분쟁을 일거에 해결하는 유효적절한 수단이 될 수 있는 한, 그 사실혼관계존부확인청구에는 확인의 이익이 인정되고, 이러한 경우 친생자관계존부확인 청구에 관한 민법 제865조와 인지청구에 관한 민법 제863조이 규정을 유추적용하여, 생존 당사자는 그 사망을 안 날로부터 1년 내에[22] 검사를 상대로 과거의 사실혼관계에 대한 존부확인청구를 할 수 있다(94므1447)"[23]고 하여, 일방당사자가 사망한 이후라고 하더라도 그것이 법적 분쟁을 일거에 해결하는 유효적절한 수단이 된다면 과거의 사실혼존재확인청구를 할 수 있다고 하고 있다.

그런데 판례는 "사실혼 배우자의 일방이 사망한 경우 생존하는 당사자가 혼인신고를 하기 위한 목적으로서는 사망자와의 과거의 사실혼관계존재확인을 구할 소의 이익이 있다고는 할 수 없고, 이러한 과거의 사실혼관계가 생존하는 당사자와 사망자와 제3자 사이의 현재적 또는 잠재적 분쟁의 전제가 되어 있어 그 존부확인청구가 이들 수많은 분쟁을 일거에 해결하는 유효·적절한 수단이라고 할 수 있는 경우에는 확인의 이익이 인정될 수 있는 것이지만, 그러한 유효·적절한 수단일 수 없는 경우에는 확인의 이익이 부정되어야 한다(95므694)"고 하여, 혼인신고만을 목적으로 하는 사망한 자와의 사이의 사실상 혼인관계존재확인청구를 부정하는 입장이다.

---

[22] 동 판결 이후 2005년 3월 민법개정에 의해 제864조와 제865조 제2항의 출소기간이 2년으로 연장되었으므로, 현재에 있어서는 검사를 상대로 하는 사망한 자와의 사실혼관계존재청구의 출소기간도 2년이라고 보게 될 것이다.
[23] 동 판결은 사실혼 배우자가 구 산업재해보상보험법에 의한 유족급여를 받기 위해 제기한 청구에 관한 것이었다.

4. 사실상 혼인관계존재확인청구에 따른 혼인신고

① 사실상 혼인관계존재확인의 재판이 확정된 경우에는 소를 제기한 사람은 재판의 확정일부터 1개월 이내에 재판서의 등본 및 확정증명서를 첨부하여 혼인신고를 하여야 한다(가족관계등록법 제72조).

② 혼인관계존재확인의 승소판결이 확정되면 법률혼이 성립하며, 가족관계등록법 제72조에 의한 혼인신고는 보고적 신고라는 것이 다수설이다. 그러나 판례는 "사실혼관계의 존재를 확인하는 심판이 확정되더라도 이로써 그 일방당사자가 호적법 제76조의2(현행 가족관계등록법 제72조)의 규정에 의하여 단독으로 혼인신고를 할 수 있는 길이 열리는 것일 뿐이고 그 심판확정으로 곧 그 당사자 간에 법률상의 혼인관계가 형성되는 것은 아니며, 신고혼인주의를 취하는 우리 법제 아래서는 혼인신고가 있어야만 비로소 법률상 혼인이 성립되는 것(91스6)"이라고 하여 혼인관계존재확인에 따른 혼인신고를 창설적 신고로 보고 있다.

제3장 부모와 자

제1절 친생자

제1관 혼인 중의 출생자

I 친생추정을 받는 혼생자

[판례] 혼인 종료 후 300일 내에 출생한 자녀가 전남편의 친생자가 아님이 명백하고, 전남편이 친생추정을 원하지도 않으며, 생부가 그 자를 인지하려는 경우에도, 그 자녀는 전남편의 친생자로 추정되어 가족관계등록부에 전남편의 친생자로 등록되고, 이는 엄격한 친생부인의 소를 통해서만 번복될 수 있다. 그 결과 심판대상조항은 이혼한 모와 전남편이 새로운 가정을 꾸리는데 부담이 되고, 자녀와 생부가 진실한 혈연관계를 회복하는 데 장애가 되고 있다.
이와 같이 민법 제정 이후의 사회적·법률적·의학적 사정변경을 전혀 반영하지 아니한 채, 이미 혼인관계가 해소된 이후에 자가 출생하고 생부가 출생한 자를 인지하려는 경우마저도, 아무런 예외 없이 그 자를 전남편의 친생자로 추정함으로써 친생부인의 소를 거치도록 하는 심판대상조항은 입법형성의 한계를 벗어나 모가 가정생활과 신분관계에서 누려야 할 인격권, 혼인과 가족생활에 관한 기본권을 침해한다(헌결 2015.4.30. 2013헌마623).

1. 의의

모자관계는 임신과 분만에 의해 확정할 수 있으나, 부자관계는 그렇지 못하므로 법률상 부자관계를 확실히 하기 위하여, 일정요건 하에 친생을 추정하고 있다.

2. 친생추정의 요건

① 제844조 제1항의 친생추정은 아내가 혼인 중에 임신한 경우에 적용되는 것이다.
② 제844조 제2항과 제3항의 출생일은 '가족관계등록부에 신고된 출생일'이 아니라 '실제 출생한 때'를 기준으로 한다(2011스160).
③ 제844조 제2항의 혼인성립의 날은 혼인신고의 날을 의미하며, 혼인관계종료의 날은 이혼신고 또는 이혼심판의 확정에 의해 이혼의 효력이 발생한 날을 의미한다.

3. 친생추정의 효과

① 제844조 제1항의 친생추정은 다른 반증을 허용하지 않는 강한 추정이다(96므1663). 이와 같은 추정을 번복하기 위하여는 친생부인의 소를 제기하여 그 확정판결을 받아야 하고, 이러한 친생부인의 소가 아닌 제865조 소정의 친생자관계부존재확인의 소에 의하여 그 친생자관계의 부존재확인을 구하는 것은 부적법하다(2000므292). 다만 개정법률에 따라 일정한 요건을 갖춘 경우 제854조의2에 따른 친생부인의 허가 청구를 통해 추정을 번복할 수 있다.
② 법률상 타인의 친생자로 추정되는 자에 대하여서는 친생부인의 소의 판결이 확정되기 전에는 아무도 인지를 할 수 없으며(67므34), 친생추정을 받는 자가 다른 사람을 상대로 인지청구를 할 수도 없다(99므1817).

[판례] [1] 친생자와 관련된 민법 규정, 특히 민법 제844조 제1항(이하 '친생추정 규정'이라 한다)의 문언과 체계, 민법이 혼인 중 출생한 자녀의 법적 지위에 관하여 친생추정 규정을 두고 있는 기본적인 입법 취지와 연혁, 헌법이 보장하고 있는 혼인과 가족제도 등에 비추어 보면, 아내가 혼인 중 남편이 아닌 제3자의 정자를 제공받아 인공수정으로 자녀를 출산한 경우에도 친생추정 규정을 적용하여 인공수정으로 출생한 자녀가 남편의 자녀로 추정된다고 보는 것이 타당하다.

[2] 정상적으로 혼인생활을 하고 있는 부부 사이에서 인공수정 자녀가 출생하는 경우 남편은 동의의 방법으로 자녀의 임신과 출산에 참여하게 되는데, 이것이 친생추정 규정이 적용되는 근거라고 할 수 있다. 남편이 인공수정에 동의하였다가 나중에 이를 번복하고 친생부인의 소를 제기하는 것은 허용되지 않는다. 나아가 인공수정 동의와 관련된 현행법상 제도의 미비, 인공수정이 이루어지는 의료 현실, 민법 제852조에서 친생자임을 승인한 자의 친생부인을 제한하고 있는 취지 등에 비추어 이러한 동의가 명백히 밝혀지지 않았던 사정이 있다고 해서 곧바로 친자관계가 부정된다거나 친생부인의 소를 제기할 수 있다고 볼 것은 아니다.

[3] 민법 제844조 제1항의 문언과 체계, 민법이 혼인 중 출생한 자녀의 법적 지위에 관하여 친생추정 규정을 두고 있는 기본적인 입법 취지와 연혁, 헌법이 보장하고 있는 혼인과 가족제도, 사생활의 비밀과 자유, 부부와 자녀의 법적 지위와 관련된 이익의 구체적인 비교 형량 등을 종합하면, 혼인 중 아내가 임신하여 출산한 자녀가 남편과 혈연관계가 없다는 점이 밝혀졌더라도 친생추정이 미치지 않는다고 볼 수 없다(대판 2019.10.23. 2016므2510 전원합의체).

4. 친생부인의 소

(1) 의의

① 친생부인의 소란, 친생추정을 받는 子에 대하여 그 추정을 번복하는 소송을 말한다(제846조). 친생부인의 소는 친생자의 추정을 소급적으로 소멸시키는 것을 목적으로 하는 형성의 소이다. 친생부인의 소에 의하지 않고서는 별소에서 그 선결문제로서 친생을 부인할 수 없다.

② 子가 사망한 경우에도 직계비속이 있으면 친생부인의 소를 제기할 수 있다(제849조).

(2) 소의 당사자

① 제소권자 : 친생부인의 소는 부부의 일방이 제기할 수 있다(제846조). 夫 뿐만 아니라 妻도 제기할 수 있으므로, 부정행위로 子를 출산한 생모도 夫를 상대로 친생부인의 소를 제기할 수 있다. 그러나 子는 친생부인의 소를 제기할 수 없다.

[판례] 민법 제846조에서의 '부부의 일방'은 제844조의 경우에 해당하는 '부부의 일방', 즉 제844조 제1항에서의 '부'와 '자를 혼인 중에 임신한 처'를 가리키고, 그렇다면 이 경우의 처는 '자의 생모'를 의미하며, 제847조 제1항에서의 '처'도 제846조에 규정된 '부부의 일방으로서의 처'를 의미한다고 해석되므로, 결국 친생부인의 소를 제기할 수 있는 처는 자의 생모를 의미한다. … <중략> …
위와 같은 민법 규정의 입법 취지, 개정 연혁과 체계 등에 비추어 보면, 민법 제846조, 제847조 제1항에서 정한 친생부인의 소의 원고적격이 있는 '부, 처'는 자의 생모에 한정되고, 여기에 친생부인이 주장되는 대상자의 법률상 부와 '재혼한 처'는 포함되지 않는다(대판 2014.12.11. 2013므4591).

② 상대방 : 친생부인의 소는 夫 또는 妻가 다른 일방 또는 子를 상대로 하여 제기하여야 한다(제847조 제1항). 상대방이 될 자가 모두 사망한 때에는 그 사망을 안 날부터 2년 내에 검사를 상대로 하여 제기할 수 있다(제847조 제2항). 子가 사망한 후에 그 직계비속이 있어 친생부인의 소를 제기하는 경우에는 母를 상대로 하며, 母가 없으면 검사를 상대로 한다(제849조).

(3) 소의 제기

① 친생부인의 소는 가사소송법상 나류 사건으로서 먼저 가정법원에 조정을 신청해야 한다(가사소송법 제50조 제1항). 다만, 조정이 성립되었다고 하여도 이는 본인이 임의로 처분할 수 없는 사항에 관한 것이므로 친생부인의 효력은 발생하지 않으며(67므34), 최종적으로 가정법원의 판결이 있어야 한다(가사소송법 제59조).

② **제소기간** : 친생부인의 소는 夫 또는 妻가 다른 일방 또는 子를 상대로 그 사유가 있음을 안 날부터 2년 내에 제기하여야 한다(제847조 제1항). 여기서 '그 사유가 있음을 안 날'이란 夫 또는 妻의 혈연관계에 의한 친자가 아님을 안 날을 의미한다. 상대방이 될 자가 모두 사망한 때에는 그 사망을 안 날부터 2년 내에 검사를 상대로 하여 제기할 수 있다. 부 또는 처가 피성년후견인에 후견인이 소를 제기하지 않은 경우에는 피성년후견인이 성년후견종료의 심판이 있은 날로부터 2년 내에 제기할 수 있다. 부가 처의 출생 전에 사망하거나 부 또는 처가 그 제소기간 내에 사망한 때에는 부 또는 처의 직계존속이나 직계비속에 한하여 그 사망을 안 날부터 2년 내에 제기할 수 있다(제851조).

[판례] 인지청구의 소와 친생자관계부존재확인의 소(이하 '인지청구 등의 소'라고 한다)에서 제소기간을 둔 것은 친생자관계를 진실에 부합시키고자 하는 사람의 이익과 친생자관계의 신속한 확정을 통하여 법적 안정을 찾고자 하는 사람의 이익을 조화시킨다는 의미가 있는데, 당사자가 사망함과 동시에 상속이 개시되어 신분과 재산에 대한 새로운 법률관계가 형성되는데, 오랜 시간이 지난 후에 인지청구 등의 소를 허용하게 되면 상속에 따라 형성된 법률관계를 불안정하게 할 우려가 있는 점, 친생자관계의 존부에 관하여 알게 된 때를 제소기간의 시점으로 삼을 경우에는 사실상 이해관계인이 주장하는 시기가 제소기간의 기산점이 되어 제소기간을 두는 취지를 살리기 어렵게 되는 점 등을 고려할 때, <u>인지청구 등의 소에서 제소기간의 기산점이 되는 '사망을 안 날'은 사망이라는 객관적 사실을 아는 것을 의미하고, 사망자와 친생자관계에 있다는 사실까지 알아야 하는 것은 아니라고 해석함이 타당하다</u>(대판 2015.2.12. 2014므4871).

③ **친생부인의 소의 제소기간 경과의 효과** : 친생추정을 받는 子에 대해서는 친생자관계부존재확인의 소를 제기할 수 없다(2000므292).

(4) 부인판결의 효력

① 친생자관계를 부인하는 판결이 확정되면 친생자관계는 소멸하며, 子는 혼인 외의 출생자가 된다. 친생부인판결의 효력은 제3자에게도 미친다(가사소송법 제21조 제1항).
② 친생부인의 판결이 확정된 경우에는 소를 제기한 자는 재판의 확정일로부터 1월 이내에 재판의 등본 및 그 확정증명서를 첨부하여 등록부의 정정을 신청하여야 한다(가족관계등록법 제107조).

(5) 부인권의 소멸

子의 출생 후에 친생자임을 승인한 자는 다시 친생부인의 소를 제기하지 못한다(제852조). 다만, 친생의 승인이 사기 또는 강박으로 인한 때에는 이를 취소할 수 있다(제854조).

5. 친생부인의 허가 청구

(1) 의의

「민법」 제844조 제2항 중 혼인관계종료의 날부터 300일 이내에 출생한 자는 혼인 중에 임신(胞胎)한 것으로 추정하는 부분에 대한 헌법재판소의 헌법불합치결정(2013헌마623)의 취지를 반영하여 혼인관계가 종료된 날부터 300일 이내에 출생한 자녀에 대하여 어머니와 어머니의 전(前) 남편은 친생부인의 허가 청구를 할 수 있도록 하여 간이한 방법으로 친생 추정을 배제할 수 있게 하였다.

(2) 내용

① **청구권자** : 어머니 또는 어머니의 전(前) 남편은 제844조 세3항의 경우에 가정법원에 친생부인의 허가를 청구할 수 있다. 다만, 혼인 중의 자녀로 출생신고가 된 경우에는 그러하지 아니하다(제854조의2 제1항).
② **허가 여부의 결정** : 가정법원은 혈액채취에 의한 혈액형 검사, 유전인자의 검사 등 과학적 방법에 따른 검사결과 또는 장기간의 별거 등 그 밖의 사정을 고려하여 허가 여부를 정한다(제854조의2 제2항).

③ 관할 : 가사비송사건 중 라류사건으로 해당 사건의 재판관할을 자녀의 주소지 가정법원으로 한다(제2조 제1항 제2호 가목 7)의2·7)의3 및 제44조 제1항 제3호의2).

(3) 효력

허가를 받은 경우에는 제844조 제1항 및 제3항의 추정이 미치지 아니한다.

6. 父를 정하는 소

① 재혼한 여자가 해산한 경우에 친생추정이 중복되는 경우가 있을 수 있다. 재혼한 여자가 해산한 경우에 제844조의 친생추정의 규정에 의하여 그 子의 父를 정할 수 없는 때에는 법원이 당사자의 청구에 의하여 이를 정한다(제845조).
② 父를 정하는 소는 가사소송법상 나류 사건이며, 조정을 거쳐 재판한다(가사소송법 제50조 제1항). 다만, 친생부인의 소와 마찬가지로, 조정이 성립되었다고 하더라도 이는 임의로 처분할 수 없는 사항에 관한 것이므로 父를 정하는 효력을 갖지 못하며, 최종적으로 가정법원의 판결이 있어야 한다(가사소송법 제59조 제2항).
③ 父를 정하는 소의 확정판결은 제3자에게도 효력을 미치므로(가사소송법 제21조) 판결이 확정된 후에는 친생부인의 소를 제기할 수 없다.
④ 父를 정하는 소에 대해서는 제소기간을 제한하는 규정이 없다.

II 친생추정을 받지 않는 혼생자

혼인성립의 날로부터 200일이 되기 이전에 출생한 子는 혼인 중의 출생자이기는 하지만 친생추정을 받지 못한다. 친생추정을 받지 않는 혼생자에 대해서는 제865조의 친생자관계존부확인의 소에 의하여 그 친자관계의 존부를 확인 할 수 있다.

III 준정에 의한 혼생자

준정이란, 법률상 혼인관계가 없는 부모 사이에 출생한 子가 그 부모의 혼인으로 인하여 혼인 중의 출생자의 신분을 취득하는 것을 말한다. 2005년 3월 개정민법에 의해 호주제가 폐지되었으므로 父의 인지를 받은 혼인 외의 子와 혼인 중의 子의 차별은 없어졌고, 준정제도의 존재의미도 사라졌다.

제2관 혼인 외의 출생자

I 서설

① 혼인 외의 출생자란, 혼인하지 않은 남녀 사이에 출생한 子를 말한다. 사실혼관계, 부첩관계, 사통관계 및 무효혼관계에서 출생한 子(제855조 제1항 2문 참조)가 혼인 외의 출생자가 된다. 혼인 중에 출생한 子라고 하더라도 친생부인의 소 또는 친생자관계부존재확인의 소에 의해 친생자관계가 부인된 경우에는 혼인 외의 출생자가 된다.
② 혼인의 취소는 소급효가 없으므로(제824조) 혼인이 취소되었더라도 혼인 중에 출생한 子는 혼인 외의 출생자가 되지 않는다.

③ 혼인 외의 출생자의 모자관계는 분만·해산에 의해 당연히 인정되지만(통설)(67다1791) 부자관계까지 인정되기 위해서는 인지가 있어야만 한다(84므73). 즉, 혼인 외의 출생자에 대해 父의 인지가 없다면 법적으로는 父가 없는 것이 된다. 따라서 父의 인지가 없다면 母의 姓과 本을 따르게 되고(제781조 제3항), 친족관계는 母의 혈족·인척 사이에서만 발생한다. 母를 알 수 없는 경우에는 법원의 허가를 받아 姓과 本을 창설한다(제781조 제4항).

II 인지

1. 서설

인지란, 혼인 외의 子와 그 父 또는 母 사이에 법률상 친자관계를 형성하는 것을 말한다.[25]

혼인 외의 子와 母간에는 母의 인지나 출생신고를 기다리지 않고 子의 출생으로 당연히 법률상의 친족관계가 생긴다고 해석되므로(67다1791), 父와 혼인 외의 子 사이에 법률상 친자관계를 형성하는 것이 주로 문제된다. 혼인 외의 子와 父와의 친생자관계는 인지에 의해서만 발생할 수 있다(84므73).

父와의 관계에서의 인지는 형성적 효력을 가지지만, 母와의 관계에서의 인지는 확인적 의미를 가지는 것에 불과하다(67다1791).

2. 임의인지

(1) 의의

임의인지란, 父 또는 母가 스스로 인지의 의사표시를 함으로써 법률상 친자관계를 형성하는 것을 말한다(제855조 제1항).

(2) 인지자

① 혼인 외의 출생자는 그 生父나 生母가 인지할 수 있다(제855조 제1항). 아버지가 피성년후견인인 경우에는 성년후견인의 동의를 받아 인지할 수 있다(제856조). 피한정후견인은 물론 미성년자도 의사능력만 있으면 후견인의 동의없이도 단독으로 인지할 수 있다.

② 인지상의 父 또는 母, 즉 인지자 자신의 의사에 의하여야 하고 그 이외 타인은 어떠한 방법으로도 인지할 수 없다(75다948).

(3) 피인지자

① 혼인 외의 출생자는 미성년자이거나 성년자이거나를 묻지 않고 인지될 수 있다. 임신 중인 子에 대해서도 인지할 수 있다(제858조). 그러나 사망한 자에 대해서는 인지할 수 없는 것이 원칙이다. 사망한 자를 인지할 수 있다고 한다면 재산상속만을 위해 인지하는 경우가 있을 수 있기 때문이다. 다만, 피인지자인 子가 사망한 후에도 그 직계비속이 있는 때에는 인지할 수 있다(제857조).

---

[25] 참고로 1960. 1. 1. 민법(1958. 2. 22. 법률 제471호로 제정된 것, 이하 '제정 민법'이라 한다) 시행 전에 친족·상속에 관해서는 우리나라의 관습(이하 '구 관습'이라 한다)에 따르도록 되어 있었다. 구 관습에서는 남편이 인지한 혼인 외의 출생자는 서자가 되고, 서자는 아버지의 배우자와 적모서자관계에 있었고, 이 관계도 관습상 유효한 친자관계로 인정되었다. 제정 민법 시행 이후에도 혼인 외의 자는 아버지의 배우자와 법정 친자관계에 있었으나(제774조), 1990. 1. 13. 법률 제4199호로 개정된 민법(이하 '개정 민법'이라 한다)에 따라 민법 제774조가 삭제되어 이러한 법정 친자관계는 그 시행일인 1991. 1. 1. 소멸하였다(개정 민법 부칙 제4조)(대판 2017.12.22. 2017다360, 377).

② 타인의 子에 대한 인지 : ㉠ 타인의 친생추정을 받는 子에 대해서는 그 父가 친생부인을 하지 않는 한 인지를 할 수 없다(67므34). ㉡ 친생추정을 받지 않더라도 타인의 친생자로 신고되어 있는 子는 친생자관계부존재확인의 소가 확정된 후가 아니면 인지할 수 없다. 가족관계등록부상의 父와 子 사이에 친생자관계가 존재하지 않는다는 것이 확정된 후가 아니면 인지신고가 수리되지 않는다.23) ㉢ 타인이 인지한 子는 인지에 대한 이의의 소를 제기하여 확정판결을 받은 후에 인지할 수 있다.

(4) 인지의 방식

(가) 인지신고

① 인지는 가족관계등록법의 정하는 바에 의하여 신고함으로써 그 효력이 생긴다(제859조 제1항).
② 유언으로 인지를 하는 경우에는 유언집행자가 신고하여야 한다(제859조 제2항). 父의 신고는 신고에 의해 인지의 효력을 발생하게 하는 창설적 신고이다. 반면, 유언에 의한 인지에서의 유언집행자의 신고는 보고적 신고이고, 인지의 효력은 유언의 효력이 생긴 시점에 발생한다는 것이 통설이다.

(나) 출생신고에 의한 인지

① 父가 혼인 외의 子에 대하여 친생자출생의 신고를 한 때에도 그 신고는 인지의 효력이 있다(가족관계등록법 제57조). 혼인신고가 위법하여 무효인 경우에도 무효인 혼인 중 출생한 子를 출생신고한 경우 그 子에 대한 인지의 효력이 있다(71다1983).
② 출생신고에 의한 인지의 경우에도 그 신고는 父에 의한 것이어야 한다24). 生母가 출생신고하여 호적에 父의 子로 등재되어 있더라도 부자관계는 발생하지 않는다(84므73). 父 사망 후 그의 妻가 그들간에 출생한 친생자인양 출생신고를 한 경우에도 인지로서의 효력이 없다(84다카1165).
③ 출생신고에 의한 인지와 친생자관계부존재확인의 소 : 출생신고가 인지로 인정되는 경우에는 그 신고가 인지신고가 아니라 출생신고인 이상 그와 같은 신고로 인한 친자관계의 외관을 배제하고자 하는 때에는 인지에 관련된 소송이 아니라 친생자관계부존재확인의 소를 제기하여야 한다(91므306).

(5) 인지의 무효와 취소

(가) 인지의 무효

① 친생자가 아닌 자에 대하여 인지신고를 한 경우(92다29399), 타인의 子로 친생추정을 받는 자를 인지한 경우(86므129)등에는 그 인지는 무효이다. 무효원인이 있는 인지는 당연무효이며, 인지무효의 소(가사소송법 제2조 제1항 가류 3호)를 제기할 수 있음은 물론, 별소에서 선결문제로 주장할 수도 있다.25)
② 친생자가 아닌 자에 대하여 한 인지신고는 당연무효이지만, 그 신고 당시 당사자 사이에 입양의 명백한 의사가 있고 기타 입양의 성립요건이 모두 구비된 경우라면 입양의 효력이 인정될 수 있다(92다29399).
③ 임의인지의 무효와 인지청구 : 인지가 무효라고 하여 피인지자가 인지자의 친생자가 아니라고 확정되는 것은 아니며, 피인지자는 다시 인지자에 대해 인지청구를 할 수도 있다.

---

23) 친생추정을 받지 않는 혼생자가 인지청구를 하는 경우에는 친생자관계부존재확인판결을 받을 것을 요하지 않는다. 인지청구의 소는 형성의 소이므로, 인지의 효력발생을 위한 신고여부는 문제되지 않는다.
24) 모자관계에서의 인지는 母에 의한 것이어야 한다.
25) 친생자가 아닌 자에 대하여 한 인지신고는 당연무효이며 이런 인지는 무효를 확정하기 위한 판결 기타의 절차에 의하지 아니하고도, 또 누구에 의하여도 그 무효를 주장할 수 있는 것이다(1992.10.23. 92다29399).

[판례] "생부의 인지 없이 생모에 의해 임의로 생부의 친생자로 출생신고되었다는 것을 이유로 한 인지무효확인의 확정심판은 생부 스스로 子를 그의 친생자로 인정하여 출생신고를 한 바 없는데도 생모에 의해 그러한 행위를 한 것처럼 호적상 기재가 되어 있으니 그 출생신고에 의한 임의인지가 무효임을 확인한다는 것이 심판대상임이 명백하고, 따라서 그 기판력 역시 생부의 출생신고에 의한 임의인지가 무효라는 점에 한하여 발생할 뿐이며, 나아가 생부와 子 사이에 친생자관계가 존재하는지의 여부에 대해서까지 그 확정심판의 효력이 미치는 것은 아니므로, 그 확정심판의 효력은 子와 생부 사이에 친생자관계가 존재함을 전제로 하여 재판상 인지를 구하는 청구에는 미치지 아니한다(대판 1999.10.8. 98므1698)."

④ **인지무효의 소**: 인지무효의 소는 당사자, 법정대리인 또는 4촌 이내의 친족이 제기할 수 있다(가사소송법 제28조·제23조). 인지무효의 소는 가류 가사소송사건이므로 조정을 거칠 것을 요하지 않는다(가사소송법 제50조). 인지무효의 소에 대해서는 제소기간을 제한하는 규정이 없다.

(나) 인지에 대한 이의

① 子 기타 이해관계인은 인지의 신고있음을 안 날로부터 1년 내에 인지에 대한 이의의 소를 제기할 수 있다(제862조)[26]. 父 또는 母가 사망한 때에는 그 사망을 안 날로부터 2년 내에 검사를 상대로 하여 인지에 대한 이의의 소를 제기할 수 있다(제864조).
② 인지무효의 소는 인지자 자신도 제기할 수 있는 데 대하여, 인지에 대한 이의의 소는 인지자는 제기할 수 없다.
③ 인지에 대한 이의의 소에 대해서는 제소기간의 제한이 있으나, 인지무효의 소에 대해서는 제소기간을 제한하는 규정이 없다.
④ 인지에 대한 이의의 소는 임의인지에 대해서만 제기할 수 있고, 강제인지에 대해서는 제기할 수 없다. 인지청구의 소가 확정된 경우에는 재심으로 다투어야 한다(80므109).
⑤ 인지에 대한 이의의 소는 나류 가사소송사건으로서, 인지무효의 소와는 달리 조정을 거쳐야한다(가사소송법 제50조 제1항). 다만, 조정이 성립되었다고 하더라도 이는 임의로 처분할 수 없는 사항에 관한 것이므로, 최종적으로 가정법원의 판결이 있어야 한다(가사소송법 제59조 제2항 단서).

(다) 인지의 취소

① 인지를 한 자는 일단 인지한 이상 인지를 취소할 수 없는 것이 원칙이다. 다만, 인지가 사기·강박 또는 중대한 착오로 행해진 경우에는 사기나 착오를 안 날 또는 강박을 면한 날로부터 6월내에 가정법원에 그 취소를 청구할 수 있다(제861조).
② 인지취소의 소는 가사소송법상 나류 사건이므로 조정을 거쳐야 한다(가사소송법 제50조 제1항). 다만, 조정이 성립되었다고 하더라도 이는 임의로 처분할 수 없는 사항에 관한 것이므로, 최종적으로 가정법원의 판결이 있어야 한다(가사소송법 제59조 제2항 단서 참조).
③ 인지취소의 효과는 소급한다. 즉, 인지가 취소되면 인지는 처음부터 없었던 것으로 되고 친자관계도 처음부터 없었던 것이 된다.

---

26) 인지에 대한 이의의 소는 인지의 무효를 주장하는 점에서 인지무효의 소와 본질적으로 다르지 않고, 제소권자, 출소기간, 조정을 요하는지의 여부에서 차이가 있을 뿐이다. 이에, 인지에 대한 이의의 소와 인지무효의 소를 일원화하자는 입법론이 있다.

3. 인지의 허가 청구

(1) 의의

「민법」 제844조 제2항 중 혼인관계종료의 날부터 300일 이내에 출생한 자는 혼인 중에 임신(胞胎)한 것으로 추정하는 부분에 대한 헌법재판소의 헌법불합치결정(2013헌마623)의 취지를 반영하여 혼인관계가 종료된 날부터 300일 이내에 출생한 자녀에 대하여 생부(生父)는 인지의 허가 청구를 할 수 있도록 하여 간이한 방법으로 친생 추정을 배제할 수 있게 하였다.

(2) 내용

① 청구권자 : 생부(生父)는 제844조 제3항의 경우에 가정법원에 인지의 허가를 청구할 수 있다. 다만, 혼인 중의 자녀로 출생신고가 된 경우에는 그러하지 아니하다(제855조의2 제1항).
② 허가 여부의 결정 : 가정법원은 혈액채취에 의한 혈액형 검사, 유전인자의 검사 등 과학적 방법에 따른 검사결과 또는 장기간의 별거 등 그 밖의 사정을 고려하여 허가 여부를 정한다(제855조의2 제2항).
③ 관할 : 가사비송사건 중 라류사건으로 해당 사건의 재판관할을 자녀의 주소지 가정법원으로 한다(제2조 제1항 제2호 가목 7)의2·7)의3 및 제44조 제1항 제3호의2).

(3) 효력

허가를 받은 생부가 「가족관계의 등록 등에 관한 법률」 제57조 제1항에 따른 신고를 하는 경우에는 제844조 제1항 및 제3항의 추정이 미치지 아니한다.

4. 강제인지(인지청구의 소)

(1) 의의

강제인지란, 父 또는 母가 임의로 인지하지 않는 경우에 子나 그 직계비속 또는 그 법정 대리인이 父 또는 母를 상대로 인지청구의 소를 제기하여 가정법원의 심판에 의해 강제로 하는 인지를 말한다(제863조).

① 인지청구권의 포기의 가부 : 인지청구권은 본인의 일신전속적인 신분관계상의 권리로서 포기할 수 없고 포기하였다 하더라도 그 효력이 발생할 수 없다(85므70).

> [판례] 母의 인지청구권의 포기는 본인인 子에게 효력이 미칠 수 없으며(대판 1982.3.9. 81므10), 비록 인지청구권을 포기하기로 하는 재판상 화해가 이루어졌더라도 그 화해는 효력이 없다(대판 1987.1.20. 85므70). 인지청구권의 포기가 허용되지 않는 이상 거기에 실효의 법리가 적용될 여지도 없다(대판 2001.11.27. 2001므1353). 혼인 외의 子가 친생자관계의 부존재를 확인하는 대가로 금원들을 지급받으면서 추가적인 금전적 청구를 포기하기로 합의하였다 하더라도 이러한 합의는 당사자가 임의로 처분할 수 없는 사항에 관한 처분을 전제로 한 것이므로, 이에 반하여 인지청구를 하고 그 확정판결에 따라 상속분상당가액지급청구를 하더라도 신의칙 위반으로 보기 어렵다(대판 2007.7.26. 2006므2757 등).

② 친생자관계부존재확인판결과 인지청구 : 혼인 외의 子에 대한 친생자관계부존재의 판결이 확정되었더라도 그 기판력은 인지청구에는 미치지 않으므로 친생자관계부존재의 확인을 받은 혼인 외의 子도 인지청구를 할 수 있다(82므46).
③ 임의인지무효확인판결과 인지청구 : 생부의 청구에 의해 임의인지무효확인의 심판이 확정되었다고 하더라도 생부와 子 사이에 친생자관계가 존재하는지의 여부에 대해서까지 그 확정심판의 효력이 미치는 것은 아니므로, 子는 생부를 상대로 인지청구를 할 수 있다(98므1698).

(2) 인지청구의 소의 성격

인지청구의 소는 형성의 소이다. 다만, 모자관계는 분만의 사실로써 명백한 것이므로 母에 대한 인지청구의 소는 확인의 소이다.

(3) 인지청구의 당사자

인지청구는 子와 그 직계비속 또는 그 법정대리인이 할 수 있으며, 청구의 상대방은 父 또는 母이다(제863조). 父 또는 母가 사망한 때에는 검사를 상대로 하여 인지청구의 소를 제기할 수 있다(제864조).

> [판례] 父 또는 母가 의사능력이 없는 경우에는 「민사소송법」제62조에 의해 특별대리인을 신청할 수 있다(대결 1984.5.30. 84스12). 父가 사망한 경우, 검사를 상대로 하여 인지청구를 하여야 하며, 생모가 혼인 외 출생자를 상대로 혼인 외 출생자와 사망한 父 사이의 친생자관계존재확인을 구하는 소를 제기하는 것은 허용되지 않는다(대판 1997.2.14. 96므738).

① **친생추정을 받는 子의 인지청구** : 친생추정을 받는 子는 친생부인의 소에 의해 그 친생추정이 깨지지 않고서는 다른 사람을 상대로 인지청구를 할 수 없다(99므1817).
② **친생추정을 받지 않는 子의 인지청구** : 친생추정을 받지 않는 혼생자는 친생자관계부존재확인판결을 받을 필요없이 바로 인지청구를 할 수 있다. 가족관계등록부에 타인들 사이의 친생자로 허위등재되어 있는 경우도 마찬가지이다(80므103).

(4) 인지청구의 제소기간

父 또는 母를 상대로 인지청구의 소를 제기하는 경우에는 제소기간의 제한이 없으나, 父 또는 母가 사망하여 검사를 상대로 제기하는 경우에는 그 사망을 안 날로부터 2년 내에 제기하여야 한다(제864조). 판례는 인지청구 등 자기의 신분행위를 할 수 있는 의사능력이 있는 자가 사망사실을 안 때로부터 제864조의 제소기간이 기산된다고 한다(77므7).

(5) 인지청구의 심판

① 인지청구의 소는 가사소송법상 나류 사건이므로 가정법원에 먼저 조정을 신청하여야 한다(가사소송법 제50조 제1항).
② **부자관계의 조사** : 인지청구의 재판에서 당사자의 입증이 충분하지 못할 때에는 법원은 직권으로 사실조사 및 필요한 증거조사를 하여야 한다(85므8).
③ 가정법원은 당사자 또는 관계인 사이의 혈족관계의 존부를 확정할 필요가 있는 경우에 다른 증거조사에 의하여 심증을 얻지 못한 때에는 검사를 받을 자의 건강과 인격의 존엄을 해하지 아니하는 범위안에서, 당사자 또는 관계인에게 혈액채취에 의한 혈액형의 검사 등 유전인자의 검사, 기타 상당하다고 인정되는 방법에 의한 검사를 받을 것을 명할 수 있다(가사소송법 제29조). 정당한 이유없이 그 명령에 위반한 때에는 과태료에 처할 수 있으며(가사소송법 제67조 제1항), 과태료의 제재를 받고도 정당한 이유없이 다시 수검명령을 위반한 때에는 가정법원은 결정으로 30일의 범위내에서 그 의무이행이 있을 때까지 위반자를 감치에 처할 수 있다(가사소송법 제67조 제2항).

> [판례] 친생자관계의 판단에 있어서, 유전자감정을 권유하거나 가사소송법상의 수검명령을 하고 이에 응하지 아니할 경우 과태료 또는 감치 등의 제재를 하여서라도 그와 같은 검사를 시도한 후, 그 심리 및 검사결과에 기초하여 친생자관계를 인정할 수 있는지 여부를 판단하여야 한다(대판 2005.6.10. 2005므365).

④ 인지청구의 소가 확정된 경우 그에 대한 재심의 소로서 이를 다투어야 하고, 인지에 대한 이의의 소로서 그 효력을 다툴 수는 없다(80므109).

(6) 인지신고

인지의 재판이 확정된 경우에 소를 제기한 사람은 재판의 확정일부터 1개월 이내에 재판서의 등본 및 확정증명서를 첨부하여 그 취지를 신고하여야 한다(가족관계등록법 제58조).

5. 인지의 효과

(1) 소급효

父가 신고하는 임의인지의 경우에는 신고의 수리시에, 유언에 의한 임의인지의 경우에는 유언자가 사망한 시점에, 강제인지의 경우에는 인지판결의 확정시점에 인지의 효력이 발생한다. 효력발생시점은 신고 수리시 등이지만, 인지의 효과는 그 子의 출생시에 소급한다(제860조 본문). 즉, 출생시부터 인지자의 子였던 것으로 취급된다. 그러나 제3자의 취득한 권리를 해하지 못한다(제860조 단서).

> [판례] 인지를 요하지 아니하는 모자관계에는 인지의 소급효 제한에 관한 민법 제860조 단서가 적용 또는 유추적용되지 아니하며, 상속개시 후의 인지 또는 재판의 확정에 의하여 공동상속인이 된 자의 가액지급청구권을 규정한 민법 제1014조를 근거로 자가 모의 다른 공동상속인이 한 상속재산에 대한 분할 또는 처분의 효력을 부인하지 못한다고 볼 수도 없다. 이는 비록 다른 공동상속인이 이미 상속재산을 분할 또는 처분한 이후에 그 모자관계가 친생자관계존재확인판결의 확정 등으로 비로소 명백히 밝혀졌다 하더라도 마찬가지이다(대판 2018.6.19. 2018다1049).

(2) 상속권의 소급

① 인지에 의해 피인지자는 출생시부터 상속인이었던 것이 된다. 다만, 상속된 재산이 제3자에게 처분된 경우에는 그 제3자는 제860조 단서에 의해 보호된다. 상속개시 후의 인지 또는 재판의 확정에 의하여 공동상속인이 된 자가 상속재산의 분할을 청구할 경우에 다른 공동상속인이 이미 분할 기타 처분을 한 때에는 그 상속분에 상당한 가액의 지급을 청구할 권리가 있다(제1014조).

② 후순위상속인과 제860조 단서 : 후순위상속인이 상속을 한 이후에 인지에 의해 선순위상속인이 확정된 경우, 그 후순위상속인을 인지의 소급효에 의해 보호되는 제860조 단서의 '제3자'에 해당하는 것으로 볼 것인지가 문제된다.

> [판례] 피인지자 등보다 후순위의 상속인은 표현상속인에 지나지 않고 그 상속이 제860조 단서에 의해 보호되지도 않았으므로, 후순위상속인이 피인지자 등의 인지 또는 재판이 확정되기 이전에 재산분할을 한 경우에는 그 분할은 무효가 된다(대판 1974.2.26. 72다1739).

(3) 피인지자의 姓과 本

민법은 子의 姓과 本을 父를 따르는 것을 원칙으로 하고 있으므로(제781조 제1항 본문), 그에 의한다면 子가 인지된 경우 父의 姓과 本을 따라야 하는 것이 된다. 그러나 혼인 외의 子를 父가 인지하였으나 여전히 母가 단독으로 양육하는 경우 등에 父의 姓과 本을 따르도록 강요하는 것은 개인의 존엄과 양성의 평등을 침해하는 것이 될 수 있다(2003헌가). 이에 민법은 혼인 외의 출생자가 인지된 경우 子는 부모의 협의에 따라 종전의 姓과 本을 계속 사용할 수 있고, 부모가 협의할 수 없거나 협의가 이루어지지 아니한 경우에는 子는 법원의 허가를 받아 종전의 姓과 本을 계속 사용할 수 있도록 하고 있다(제781조 제5항).

(4) 피인지자의 친권자

① 혼인 외의 子가 인지된 경우에는 부모의 협의로 친권자를 정하여야 하고, 협의할 수 없거나 협의가 이루어지지 아니하는 경우에는 가정법원은 직권으로 또는 당사자의 청구에 따라 친권자를 지정하여야 한다(제909조 제4항 본문). 임의인지의 경우에는, 협의이혼의 경우와 마찬가지로, 절차상 가정법원이 직권으로 친권자를 지정할 수는 없다. 강제인지의 경우에는 가정법원이 직권으로 친권자를 정한다(제909조 제5항).
② 부모의 협의가 子의 복리에 반하는 경우에는 가정법원은 보정을 명하거나 직권으로 친권자를 정한다(제909조 제4항 단서). 임의인지의 경우에는 절차상 가정법원이 보정을 명하거나 직권으로 친권자를 정할 수는 없다.

(5) 인지와 子의 양육

子의 양육과 면접교섭은 이혼에서와 같다(제864조의2・제837조・제837조의2).

한편, 인지의 효력은 소급하므로 子는 출생한 때부터 부양을 받을 권리가 있고 양육비는 부모가 분담하여야 하므로, 母가 父에 대하여 그때까지 지출한 父의 부담액을 부당이득으로서 반환 청구할 수 있는지가 문제되는데, 판례는 부모 중 어느 한 쪽만이 자녀를 양육하였던 경우에 그 부모 일방의 타방에 대한 과거의 양육비분담청구를 긍정하는 입장이므로(92스21), 이 또한 긍정하게 될 것이다. 인지 이전에 父가 母에게 양육비 지급을 약정하였던 경우에도 그에 의해 청구할 수 있음은 물론이다(87므59).

III 친생자관계존부확인의 소

1. 의의

① 친생자관계존부확인의 소란, 특정인 사이의 법률상 친생자관계가 명확하지 않은 경우에 그에 대한 확인을 구하는 소이다.
② 친생자관계존부의 확인은 진실에 부합하지 않는 친생자관계가 가족관계등록부에 기재되어있는 경우에 그 기재를 정정하여 신분관계를 명확히 하고자 하는 소이다.
③ 친생자관계존부확인의소는 확인의 소이며, 장래에 향하여 새로운 법률관계를 형성하는 것은 아니다.

2. 친생자관계존부확인의 소를 제기할 수 있는 경우

① 父를 정하는 소, 친생부인의 소, 인지에 대한 이의의 소 및 인지청구의 소와 다른 사유를 주장하는 경우에만 친생자관계존부확인의 소를 제기할 수 있다(제865조).
② **허위의 출생신고에 의한 친자관계를 다투는 경우**: 허위의 출생신고에 의해 가족관계등록부에 친자관계로 기재되어 있는 경우에는 친생자관계부존재확인의 소를 제기할 수 있다.
③ **친생자신고에 의한 입양에서의 친생자관계존부확인의 소**: 친생자로 출생신고를 한 것이 입양신고로서의 기능을 발휘하여 입양의 효력이 발생하였다면 친자관계의 존재를 부정하는 친생자관계부존재확인의 소는 확인의 이익이 없는 것으로서 부적법하지만(93므119), 입양의 실질적 요건이 갖추어지지 않았음에도 친생자로 출생신고되어 기재되어 있다면 그러한 기재는 친생자관계부존재를 확인하는 판결에 의하여 말소하여야 한다고 한다(93므1242).
④ **친생추정을 받지 않는 혼인 중의 子의 친자관계를 다투는 경우**: 친생추정을 받지 않는 혼인 중의 子의 친자관계를 다투는 경우 친생자관계부존재확인의 소를 제기할 수 있다. 혼인성립의 날로부터 2백일후 또는 혼인관계 종료의 날로부터 3백일내에 출생한 子라고 하더라도 부부의 동서의 결여로 妻가 夫의 子를 임신할 수 없는 것이 외관상 명백한 사정이 있는 경우에는 친생추정이 미치지 않으므로, 친생부인의 소가 아니라 친생자관계부존재확인소송을 제기할 수 있다(82므59).

⑤ 인지의 의사로 출생신고를 하였는데 그 친자관계를 다투는 경우 : 父가 혼인 외의 子를 인지의 의사로 출생신고를 하였는데 그 친자관계를 부인하고자 하는 경우, 판례는 인지에 관련된 소송이 아니라 친생자관계 부존재확인의 소를 제기하여야 한다고 한다(91므306).

3. 소송당사자

(1) 제소권자

친생자관계존부확인의 소의 제소권자는 父를 정하는 소(제845조), 친생부인의 소(제846조ㆍ제848조ㆍ제850조ㆍ제851조), 인지에 대한 이의의 소(제862조), 인지청구의 소(제863조)를 제기할 수 있는 자이다(제865조 제1항). 즉, 夫 또는 妻, 夫 또는 妻의 성년후견인, 夫 또는 妻의 유언집행자, 夫 또는 妻의 직계존속 및 직계비속, 父 또는 母, 子, 子의 법정대리인, 子의 직계비속, 기타 이해관계인이 친생자관계존부확인의 소를 제기할 수 있다. 당사자일방이 사망한 때에는 검사를 상대로 제기하여야 한다(제865조 제2항).

[판례] "민법 제865조 제1항(이하 '이 사건 조항'이라 한다)은 "제845조, 제846조, 제848조, 제850조, 제851조, 제862조, 제863조의 규정에 의하여 소를 제기할 수 있는 자는 다른 사유를 원인으로 하여 친생자관계존부확인의 소를 제기할 수 있다."라고 정한다. 이는 법적 친자관계와 가족관계등록부에 표시된 친자관계가 일치하지 않을 때 이를 바로잡기 위하여 친생자관계존부확인의 소를 제기할 수 있도록 한 것이다. 이 사건 조항이 친생자관계존부확인의 소를 제기할 수 있는 자를 구체적으로 특정하여 직접 규정하는 대신 소송목적이 유사한 다른 소송절차에 관한 규정들을 인용하면서 각 소의 제기권자에게 원고적격을 부여하고 그 사유만을 달리하게 한 점에 비추어 보면, 이 사건 조항이 정한 친생자관계존부확인의 소는 법적 친자관계의 성립과 해소에 관한 다른 소송절차에 대하여 보충성을 가진다. 이처럼 이 사건 조항의 규정 형식과 문언 및 체계, 위 각 규정들이정한 소송절차의 특성, 친생자관계존부확인의 소의 보충성 등을 고려하면, 친생자관계존부확인의소를 제기할 수 있는 자는 이 사건 조항에서 정한 제소권자로 한정된다고 봄이 타당하다.

구 인사소송법 등의 폐지와 가사소송법의 제정.시행, 호주제 폐지 등 가족제도의 변화, 신분관계소송의 특수성, 가족관계 구성의 다양화와 그에 대한 당사자 의사의 존중, 법적 친생자관계의 성립이나 해소를 목적으로 하는 다른 소송절차와의 균형 등을 고려할 때, 민법 제777조에서 정한 친족이라는 사실만으로 당연히 친생자관계존부확인의 소를 제기할 수 있다고 한 종전 대법원 판례는 더 이상 유지될 수 없게 되었다고 보아야 한다(대판 2020.6.18. 2015므0000 전원합의체)."

(2) 상대방

① 친생자관계존부확인의 소의 상대방은 父, 母, 子이다. 子가 원고이면 父ㆍ母를 피고로 삼아야 하고, 父ㆍ母가 원고이면 子를 피고로 삼아야 한다.
② 이해관계 있는 제3자가 친생자관계부존재확인을 구하는 심판청구에 있어서는 親ㆍ子 쌍방이 피심판청구인의 적격이 있다 할 것이므로 親ㆍ子 쌍방이 다 생존하고 있는 제3자가 친자관계부존재확인을 청구하는 경우, 그 親ㆍ子 중의 어느 한편이 사망하였을 때는 생존자만을 상대로 친자관계부존재확인을 청구할 수 있고, 親ㆍ子가 모두 사망하였을 경우에는 검사를 상대로 소를 제기할 수 있다(81므77).

[판례] 민법 제865조의 규정에 의하여 이해관계 있는 제3자가 친생자관계 부존재확인을 청구하는 경우 친자 쌍방이 다 생존하고 있는 경우는 친자 쌍방을 피고로 삼아야 하고, 친자 중 어느 한편이 사망하였을 때에는 생존자만을 피고로 삼아야 하며, 친자가 모두 사망하였을 경우에는 검사를 상대로 소를 제기할 수 있다. 친생자관계존부 확인소송은 소송물이 일신전속적인 것이므로, 제3자가 친자 쌍방을 상대로 제기한 친생자관계 부존재확인소송이 계속되던 중 친자 중 어느 한편이 사망하였을 때에는 생존한 사람만 피고가 되고, 사망한 사람의 상속인이나 검사가 절차를 수계할 수 없다. 이 경우 사망한 사람에 대한 소송은 종료된다(대판 2018.5.15. 2014므4963).

4. 소의 제기

① 친생자관계존부확인의 소는 가류 사건이므로, 조정을 거칠 것을 요하지 않는다(가사소송법 제50조).
② 친생자관계의 존부확인과 같이 현행 가사소송법상의 가류 가사소송사건에 해당하는 청구는 성질상 당사자가 임의로 처분할 수 없는 사항을 대상으로 하는 것으로, 이에 관하여 조정이나 재판상 화해가 성립하더라도 효력이 없다(2006므2757).
③ 제소기간 : 친생자관계존부확인의 소에는 원칙적으로 제소기간의 제한이 없다. 다만, 당사자 일방이 사망한 때에는 그 사망을 안 날로부터 2년 내에 검사를 상대로 제기하여야 한다(제865조 제2항). 이해관계 있는 제3자가 친자관계부존재확인을 청구함에 있어서 친생자관계존부확인의 대상이 되는 당사자 모두가 사망하여 검사를 상대로 소를 제기하는 경우에는 당사자 모두가 사망한 사실을 안 날로부터 2년 내에 제기하여야 한다(2003므2503).

5. 친생자관계존부확인판결의 효과

① 친생자관계존부확인의 판결이 확정되면 가족관계등록부상 부 또는 모와 자 사이에 친생자관계의 존재 또는 부존재가 확인되는 효과가 생긴다. 친생자관계의 존재 또는 부존재 확인의 효과는 자의 출생시로 소급한다. 따라서 상속·부양 등 친자간의 모든 권리·의무가 존재하지 않았던 것이 된다. 친자관계부존재확인판결의 확정 이전에 자가 부 또는 모로부터 재산을 상속 받았다면 이는 부당이득이 되어 반환하여야 한다.
② 친생자관계존부확인은 가류 가사소송사건이므로 이를 인용한 확정판결은 제3자에게도 효력이 있다(가사소송법 제21조 제1항).

제2절 양자

제1관 입양

I 입양의 요건

1. 입양의 성립요건

(1) 입양의사의 합치

① 입양을 위해서는 양친자관계를 형성하려는 입양의사의 합치가 있어야 한다. 입양신고에 의해 법률상 양친자관계를 형성하려는 의사뿐만 아니라 실질적으로도 양친자로서의 생활관계를 형성하려는 의사를 요한다(대판 1995.9.29. 94므1553 등 참조)(실질적 의사설).
② 입양의사는 조건부이거나 기한부여서는 안된다.
③ 13세 미만자 입양에서의 대낙 : 양자가 될 사람이 13세 미만인 경우에는 법정대리인이 그를 갈음하여 입양을 승낙한다(제869조 제2항). 신분행위에는 대리가 허용되지 않는 것이 원칙이지만 13세 미만의 어린이가 스스로의 의사결정에 의해 의사표시를 하는 것은 기대하기 어려우므로, 그에 대한 예외로서 대리에 의한 승낙, 즉 대낙을 허용하는 것이다. 대낙권자가 존재하지 않거나 대낙권자를 알 수 없다고 하여 대낙권자인 법정대리인의 승낙이 있었다고 추정할 수는 없다(2004다40290).

미성년자를 입양하려는 사람은 가정법원의 허가를 받아야 하는데(제867조), 13세 미만자 입양에 대한 법정대리인의 승낙은 그 가정법원의 허가가 있기 전까지 철회할 수 있다(제869조 제5항).

법정대리인이 정당한 이유 없이 승낙을 거부하는 경우나 법정대리인의 소재를 알 수 없는 등의 사유로 승낙을 받을 수 없는 경우에는 미성년자 입양에서의 가정법원의 허가(제867조 제1항)에 의해 양자가 될 수 있다(제869조 제3항). 다만, 법정대리인이 친권자인 경우에는 정당한 이유 없이 승낙을 거부하더라도, 3년 이상 자녀에 대한 부양의무를 이행하지 않는 경우 및 자녀를 학대·유기하거나 그 밖에 자녀의 복리를 현저히 해친 경우에 한하여 가정법원의 허가(제867조 제1항)에 의해 양자가 될 수 있다(제869조 제3항 제1호 단서·제870조 제2항). 법정대리인이 정당한 이유 없이 승낙을 거부함으로 인해 가정법원이 입양의 허가를 함에 있어서는 법정대리인을 심문하여야 한다(제869조 제4항).

(2) 입양신고

① 입양은 가족관계등록법에 정한 바에 의하여 신고함으로써 그 효력이 생긴다(제878조 제1항). 입양신고는 법령에 위반함이 없으면 이를 수리하여야 한다(제881조). 이때의 신고는 창설적 신고이다.

② 외국에서의 입양신고 : 외국에 있는 본국민 사이의 입양은 그 외국에 주재하는 대사·공사 또는 영사에게 신고할 수 있으며, 그 신고를 수리한 대사·공사 또는 영사는 지체없이 그 신고서류를 본국의 등록기준지를 관할하는 가족관계등록관서에 송부하여야 한다(제882조·제814조).

③ 출생신고에 의한 입양 : 입양신고에 갈음하여 적출자로 신고를 한 경우에 입양의 실질적 성립요건이 모두 구비되어 있다면 입양의 효력이 발생한다는 것이 판례(77다492)의 입장이다. 이 경우의 허위의 친생자 출생신고는 법률상의 친자관계인 양친자관계를 공시하는 입양신고의 기능을 하게 된다(99므1633)

[판례] 친생자 출생신고 당시 입양의 실질적 요건을 갖추지 못하여 입양신고로서의 효력이 생기지 아니하였더라도 그 후에 입양의 실질적 요건을 갖추게 된 경우에는 무효인 친생자 출생신고는 소급적으로 입양신고로서의 효력을 갖게 된다고 할 것이다. 당사자간에 무효인 신고행위에 상응하는 신분관계가 실질적으로 형성되어 있지 아니한 경우에는 무효인 신분행위에 대한 추인의 의사표시만으로 그 무효행위의 효력을 인정할 수 없다(대판 2000.6.9. 99므1633, 대판 2020.5.14. 2017므12484 등).

2. 입양의 특별효력요건

(1) 가정법원의 허가

① 미성년자의 입양에 대한 가정법원의 허가 : 민법은 미성년자를 입양하려는 사람은 가정법원의 허가를 받도록 하고 있는데(제867조 제1항), 이는 미성년자의 입양에 국가가 후견적으로 개입하여 양자가 될 미성년자의 복리를 보호하고자 하는 것이다. 가정법원은 양자가 될 미성년자의 복리를 위하여 그 양육 상황, 입양의 동기, 양부모의 양육능력, 그 밖의 사정을 고려하여 입양의 허가를 하지 아니할 수 있다(제867조 제2항).

② 피성년후견인의 입양에 대한 가정법원의 허가 : 피성년후견인이 입양을 하거나 양자가 될 경우에도 가정법원의 허가를 받아야 한다(제873조 제2항·제867조 제1항). 이 역시 피성년후견인이 입양을 하거나 양자가 되는 경우에 국가가 후견적으로 개입하여 피성년후견인을 보호하고자 하는 것이다. 가정법원은 피성년후견인의 복리를 위하여 그 양육 상황, 입양의 동기, 양부모의 양육능력, 그 밖의 사정을 고려하여 입양의 허가를 하지 아니할 수 있다(제873조 제2항·제867조 제2항).

(2) 법정대리인·성년후견인의 동의

(가) 미성년자의 입양에 대한 법정대리인의 동의

① 13세 이상의 미성년자가 양자가 되는 경우에는 법정대리인의 동의를 받아 입양을 승낙하여야 한다(제869조 제1항). 미성년자는 변별능력이 미약하므로 법정대리인의 동의에 의해 미성년자의 의사를 보충하려는 것이다. 미성년자를 입양하려는 사람은 가정법원의 허가를 받아야 하는데(제867조), 미성년자의 입양에 대한 법정대리인의 동의는 그 가정법원의 허가가 있기 전까지 철회할 수 있다(제169조 제5항).

② 법정대리인이 정당한 이유 없이 동의를 거부하는 경우나 법정대리인의 소재를 알 수 없는 등의 사유로 동의를 받을 수 없는 경우에는 미성년자 입양에서의 가정법원의 허가(제867조 제1항)에 의해 양자가 될 수 있다(제869조 제3항). 다만, 법정대리인이 친권자인 경우에는 정당한 이유 없이 동의를 거부하더라도, 3년 이상 자녀에 대한 부양의무를 이행하지 않은 경우 및 자녀를 학대·유기하거나 그 밖에 자녀의 복리를 현저히 해친 경우에 한하여 가정법원의 허가(제867조 제1항)에 의해 양자가 될 수 있다(제869조 제3항 제1호 단서·제870조 제2항). 법정대리인이 정당한 이유 없이 동의를 거부함으로 인해 가정법원이 입양의 허가를 함에 있어서는 법정대리인을 심문하여야 한다(제869조 제4항).

(나) 피성년후견인의 입양에 대한 성년후견인의 동의

성년후견인이 입양을 하거나 양자가 되는 경우에도 성년후견인의 의사에 대한 보충을 요한다. 즉, 피성년후견인은 성년후견인의 동의를 받아야 입양을 할 수 있고 양자가 될 수 있다(제873조 제1항). 가정법원은 성년후견인이 정당한 동의를 거부하는 경우에는 그 동의가 없어도 입양을 허가할 수 있는데, 이 경우 가정법원은 성년후견인을 심문하여야 한다(제873조 제3항).

(3) 부모의 동의

① 양자가 될 자는 성년·미성년을 가리지 않고 부모의 동의를 받아야 한다(제870조·제871조).

② **미성년자 양자에 대한 동의** : 양자가 될 미성년자는 부모의 동의를 받아야 한다(제870조 제1항 본문). 다만, ⊙ 부모가 법정대리인으로서 입양에 대한 승낙·동의를 한 경우, ⓒ 부모가 친권상실의 선고를 받은 경우, ⓒ 부모의 소재를 알 수 없는 등의 사유로 동의를 받을 수 없는 경우에는 그러하지 아니하다(제870조 제1항 단서). 한편, 가정법원은 미성년자의 입양을 허가(제867조 제1항)함에 있어서, 부모가 3년 이상 자녀에 대한 부양의무를 이행하지 아니한 경우 및 부모가 자녀를 학대 또는 유기하거나 그 밖에 자녀의 복리를 현저히 해친 경우에는 부모가 동의를 거부하더라도 미성년자의 입양을 허가할 수 있다(제870조 제2항 단서).

부모의 동의는 미성년자의 입양에 대한 가정법원의 허가(제867조 제1항)가 있기 전까지 철회할 수 있다(제870조 제3항).

③ **성년자 입양에 대한 동의** : 양자가 될 사람이 성년인 경우에도 부모의 동의를 받아야 한다(제871조 제1항 본문). 다만, 부모의 소재를 알 수 없는 등의 사유로 동의를 받을 수 없는 경우에는 그러하지 아니하다(제871조 제1항 단서).

가정법원은 부모가 정당한 이유 없이 동의를 거부하는 경우에 양부모가 될 사람이나 양자가 될 사람의 청구에 따라 부모의 동의를 갈음하는 심판을 할 수 있다(제871조 제2항 1문). 이 경우 가정법원은 부모를 심문하여야 한다(제871조 제2항 2문).

(4) 부부의 공동입양

(가) 배우자와의 공동입양

배우자가 있는 사람은 배우자와 공동으로 입양하여야 한다(제874조 제1항).

(나) 법률상 부부 아닌 자들의 공동입양

법률상 부부가 아닌 사람들이 공동으로 양부모가 되는 것은 허용되지 않는다(93므1242).

(다) 부부 일방의 친생자의 입양

부부 일방의 혼인 중 출생자를 상대방 배우자가 입양하는 경우에는 단독으로 입양할 수 있다.

(라) 공동으로 입양할 수 없는 사정이 있는 경우의 단독입양

부부의 일방에게 공동으로 입양할 수 없는 사정이 있는 경우(예컨대, 부부일방이 행방불명인 경우)에 다른 일방이 단독으로 입양을 할 수 있는지가 문제되는데 ㉠ 그러한 사정이 있다면 긍정할 수 있다는 견해와 ㉡ 부부공동입양의 취지상 부정해야 한다는 견해가 있다. 판례는 처가 있는 자가 입양을 함에 있어서 혼자만의 의사로 부부 쌍방명의의 입양신고를 하여 수리된 경우, 처의 부재 기타 사유로 인하여 공동으로 할 수 없는 때에 해당하는 경우를 제외하고는, 처와 양자가 될 자 사이에서는 입양의 합의가 없으므로 입양이 무효라고 하였는데(97므25), '공동으로 할 수 없는 때'에는 단독으로 입양할 수 있다는 취지로 이해된다.

(마) 부부공동입양 이후 이혼

부부가 공동으로 입양한다는 것은 부부 모두가 입양당사자로서 양친이 된다는 의미이므로, 공동입양 이후 양부모가 이혼하였다고 하더라도 부부 각자와 양자간의 양친자관계는 소멸하지 않는다. 판례도 처도 부와 마찬가지로 입양당사자가 되기 때문에 양부모가 이혼하였다고 하여 양모를 양부와 다르게 취급하여 양모자관계만 소멸한다고 할 수 없다고 하였다(2000므1493).

(바) 양자에 대한 배우자의 동의

배우자가 있는 사람은 그 배우자의 동의를 받아야만 양자가 될 수 있다(제874조 제2항).
양자가 되면 양자의 배우자도 양친과 인척관계가 되므로, 입양에 대해 신분상의 이해관계가 있다. 따라서 양자가 됨에 있어서 배우자의 동의를 받도록 하는 것이다.

3. 입양장애사유

① **입양을 할 능력** : 성년이 된 사람만이 입양을 할 수 있다(제866조). 즉, 19세가 되지 않았다는 사실은 입양의 장애사유가 된다.
② **성년의제와 입양** : 미성년자가 혼인에 의해 성년의제가 된 경우에 입양을 하여 양친이 될 수 있는지가 문제된다. 이에 대해서는 ㉠ 양자제도의 취지상 양친이 되기 위해서는 19세에 달하여야 한다고 하여, 성년의제가 되었다고 하더라도 양자를 할 능력은 인정되지 않는다는 견해와 ㉡ 혼인을 한 미성년자를 성년으로 의제하는 이상 양자를 할 수 있는 능력을 부정할 것이 아니라는 견해가 있다.
③ **존속·연장자의 입양금지** : 존속이나 연장자는 양자로 할 수 없다(제877조). 동갑은 허용되며, 양자가 양친의 손위 항렬에 있어도 무방하다.[27]

---

[27] 민법은 존속 또는 연장자를 양자로 하지 못하도록 규정하고 있을 뿐 소목지서를 요구하고 있지는 아니하므로, 재종손자를 사후양자로 선정하는 행위가 위법하다고 할 수 없고, 사후양자가 소목지서에 어긋나는 것이 우리의 종래의 관습에 어긋난다고 하여도, 민법은 위와 같이 양자의 요건을 완화하고 있으므로, 이것이 공서양속에 위배되어 무효라고 할 수 없다(1991.5.28. 90므347).

II 입양의 무효와 취소

1. 입양무효의 사유

(1) 입양의 합의가 없었던 경우

① 입양의 합의가 없는 경우에는 그 입양은 무효이다(제883조 제1호). 당사자의 일방 또는 쌍방이 의사능력이 없었던 경우, 입양의 합의가 없었음에도 제3자가 입양신고를 하였던 경우, 인적 동일성에 대하여 착오가 있었던 경우, 가장입양의 경우(실질적 의사설) 등이 그에 해당한다.

② 입양의 합의는 신고시까지 유지되어야 한다. 따라서 신고서는 작성하였으나 입양의사가 철회된 후에 신고된 경우나 일방이 사망한 이후 신고된 경우에는 입양은 무효이다.

(2) 가정법원의 허가를 받지 않고 미성년자를 입양한 경우

가정법원의 허가를 받지 않은 미성년자의 입양은 무효이다(제883조 제2호·제867조 제1항).

(3) 피성년후견인이 가정법원의 허가를 받지 않고 입양을 하거나 양자가 된 경우

가정법원의 허가를 받지 않은 피성년후견인의 입양·양자는 무효이다(제883조 제2호·제873조 제2항·제867조 제1항).

(4) 13세 미만인 자를 법정대리인의 승낙없이 입양한 경우

① 13세 미만인 자를 입양함에 있어서 그 법정대리인의 승낙이 없었다면 그 입양은 무효이다(제883조 제2호·제869조 제2항).

② 13세 미만자의 입양에 있어서 법정대리인의 승낙이 없음으로 인해 무효라고 하더라도, 양자가 13세가 된 이후 입양이 무효임을 알면서도 이의를 제기하지 않았다면 소급적 추인에 의해 유효한 입양으로 될 수 있다. 일단 추인에 의하여 양친자관계가 형성되면 파양에 의하지 않고는 이를 해소시킬 수 없다(96므1151).

(5) 존속 또는 연장자를 입양한 경우

존속이나 연장자를 입양할 수 없으며(제877조), 그에 위반한 입양은 무효이다(제883조 제2호).

2. 입양취소의 사유와 입양취소의 소

(1) 입양취소의 사유, 취소권자, 제척기간 등

① 미성년자가 양자를 한 경우 : 양친이 될 자는 성년자이어야 한다(제866조). 성년이라면 기혼인지 여부는 묻지 않는다. 미성년자가 양자를 하였다면 양부모, 양자와 그 법정대리인 또는 직계혈족이 입양의 취소를 청구할 수 있다(제885조). 다만, 양부모가 성년이 되면 입양의 취소를 청구하지 못한다(제889조).

② 13세 이상의 미성년자가 법정대리인의 동의를 받지 않고 입양을 승낙한 경우 : 양자가 될 사람이 13세 이상의 미성년자인 경우에는 법정대리인의 동의를 받아서 입양을 승낙하여야 하며(제869조 제1항), 그러한 동의가 없었다면 양자나 동의권자는 입양을 취소할 수 있다(제886조). 다만, 양자가 성년이 된 후 3개월이 지나거나 사망하면 입양의 취소를 청구하지 못하며(제891조 제1항), 그 사유가 있음을 안 날로부터 6개월, 그 사유가 있었던 날부터 1년이 지난 경우에도 그 취소를 청구하지 못한다(제894조).

③ 법정대리인의 동의·승낙을 받을 수 있음에도 가정법원의 허가만으로 미성년자를 입양한 경우 : 법정대리인의 소재를 알 수 없는 등의 사유로 13세 미만자의 입양에 대한 법정대리인의 승낙을 받을 수 없거나, 13세 이상의 미성년자 입양에 대한 동의를 받을 수 없는 경우에는 미성년자 입양에 대한 가정법원의 허가(제867조 제1항)에 의해 입양할 수 있다(제869조 제3항 제2호). 그런데 법정대리인의 동의 또는 승낙을 받을 수 있음에도 그 동의 또는 승낙없이 가정법원의 허가만으로 미성년자를 입양하였다면 양자나 동의권자는 입양을 취소할 수 있다(제886조). 다만, 양자가 성년이 된 후 3개월이 지나거나 사망하면 입양의 취소를 청구하지 못하며(제891조 제1항), 그 사유가 있음을 안 날로부터 6개월, 그 사유가 있었던 날부터 1년이 지난 경우에도 그 취소를 청구하지 못한다(제894조).

④ 입양에 대한 부모의 동의가 없었던 경우 : 성년·미성년을 묻지 않고 양자가 될 사람은 부모의 동의를 받아야 하는데(제870조·제871조), 부모의 동의가 없었다면 양자가 미성년자였던 경우에는 양자 또는 부모가 입양의 취소를 청구할 수 있고, 양자가 성년자였던 경우에는 부모만이 입양의 취소를 청구할 수 있다(제886조). 다만, 그 사유가 있음을 안 날로부터 6개월, 그 사유가 있었던 날부터 1년이 지나면 그 취소를 청구하지 못한다(제894조).

⑤ 피성년후견인이 성년후견인의 동의없이 입양을 하였거나 양자가 된 경우 : 피성년후견인은 성년후견인의 동의를 받아야 입양을 할 수 있고 양자가 될 수 있는데(제873조 제1항), 그 동의없이 입양을 하였거나 양자가 되었다면 피성년후견인이나 성년후견인이 그 취소를 청구할 수 있다(제887조). 다만, 성년후견개시의 심판이 취소된 후 3개월이 지나면 그 취소를 청구하지 못하며(제893조), 그 사유가 있음을 안 날로부터 6개월, 그 사유가 있었던 날부터 1년이 지난 경우에도 그 취소를 청구하지 못한다(제894조).

⑥ 배우자와 공동으로 입양하지 않았거나 배우자의 동의를 받지 않고 양자가 된 경우 : 배우자가 있는 사람은 배우자와 공동으로 입양하여야 하고(제874조 제1항), 배우자가 있는 사람은 그 배우자의 동의를 받아야만 양자가 될 수 있는데(제874조 제2항), 그러한 배우자의 동의없이 입양하였거나 양자가 되었다면 배우자가 입양의 취소를 청구할 수 있다(제888조). 다만, 그 사유가 있음을 안 날로부터 6개월, 그 사유가 있었던 날부터 1년이 지나면 그 취소를 청구하지 못한다(제894조).

⑦ 입양 당시 일방에게 악질 기타 중대한 사유가 있음을 알지 못했던 경우 : 입양 당시 양부모와 양자 중 어느 한쪽에게 악질이나 그 밖에 중대한 사유가 있음을 알지 못한 경우에는 양부모와 양자 중 어느 한 쪽이 그 사유가 있음을 안 날부터 6개월 이내에 그 취소를 청구할 수 있다(제884조 제2호·제896조).

⑧ 사기 또는 강박으로 입양의 의사표시를 한 경우 : 사기 또는 강박으로 인하여 입양의 의사 표시를 한 경우에는 그 의사표시를 한 자가 가정법원에 그 취소를 청구할 수 있다(제884조 제3호). 제884조 제3호가 규정하는 '사기 또는 강박으로 인하여 입양의 의사표시를 한 때'의 입양취소는 그 성질상 그 입양의 의사를 표시한 자에 한하여 원고적격이 있다(2009므4099). 사기를 안 날 또는 강박을 면한 날로부터 3월을 경과한 때에는 그 취소를 청구하지 못한다(제897조·제823조).

(2) 입양취소의 소

① 입양의 취소는 '재판상 취소'로서 취소권자의 청구에 의한 가정법원의 재판에 의해 취소하게 된다. 입양취소의 소는 형성의 소이다.
② 입양취소의 사건은 가사소송법상 나류 사건이므로 먼저 조정을 거쳐야 한다(가사소송법 제50조).
③ 양부모와 양자 중 어느 한쪽이 입양취소의 소를 제기할 때에는 다른 쪽을 상대방으로 하고(가사소송법 제31조·제24조 제1항), 제3자가 소를 제기할 때에는 양부모와 양자 모두를 상대방으로 하되, 어느 한쪽이 사망한 경우에는 생존자를 상대방으로 한다(가사소송법 제31조·제24조 제2항). 상대방이 될 자가 사망한 경우에는 검사를 상대방으로 한다(가사소송법 제31조·제24조 제3항).

④ 입양의 취소는 원인사유 및 효력 등에 있어서 친생자관계존부확인의 소와는 구별되는 것이므로, 입양의 취소를 구하는 의미에서 친생자관계부존재확인을 구할 수는 없다(2009므4099).

3. 무효와 취소의 효과

① 입양의 무효는 당연무효이지만, 당사자와 법정대리인 및 4촌 이내의 친족은 입양무효확인의 소(가사소송법 제2조 제1항 가류 제5호)를 제기할 수 있다(가사소송법 제31조·제23조).
② 입양의 무효는 가사소송법상 가류 사건이므로 소를 제기하는 경우에도 조정을 거칠 것을 요하지 않는다.
③ 양부모와 양자 중 어느 한쪽이 입양무효의 소를 제기할 때에는 다른 쪽을 상대방으로 하고(가사소송법 제31조·제24조 제1항), 제3자가 소를 제기할 때에는 양부모와 양자 모두를 상대방으로 하되, 어느 한쪽이 사망한 경우에는 생존자를 상대방으로 한다(가사소송법 제31조·제24조 제2항). 상대방이 될 자가 사망한 경우에는 검사를 상대방으로 한다(가사소송법 제31조·제24조 제3항).
④ 입양취소사유가 있을 뿐인 경우에는 취소권자의 청구에 의한 가정법원의 심판에 의해서만 입양의 효력이 소멸하며, 취소심판이 확정되기 이전에는 입양의 효력을 부인할 수 없다.
⑤ 입양취소의 효과는 기왕에 소급하지 않는다(제897조·제824조).
⑥ 입양의 취소에 의해 친족관계는 소멸한다(제776조). 입양이 무효였던 경우에는 처음부터 친족관계가 없었던 것이 된다.
⑦ 입양취소의 경우에는 취소에도 불구하고 양부모계의 혈족·인척이었던 자와의 혼인이 금지된다. 즉, 6촌 이내의 양부모계의 혈족이었던 자와 4촌 이내의 양부모계의 인척이었던 자 사이에서는 혼인하지 못하며(제809조 제3조), 그러한 혼인 중 양부모계의 직계혈족관계가 있었던 자와의 혼인은 무효가 되고(제815조 제4호), 그 외의 경우에는 당사자, 그 직계 존속 또는 4촌 이내의 방계혈족이 그 취소를 청구할 수 있다(제817조).
⑧ 입양이 취소된 경우 친생부모 일방 또는 쌍방, 미성년자, 미성년자의 친족은 입양취소의 사실을 안 날부터 1개월, 입양이 취소된 날부터 6개월 내에 가정법원에 친생부모 일방 또는 쌍방을 친권자로 지정할 것을 청구할 수 있다(제909조의2 제2항 본문). 지정청구가 없을 때에는 가정법원이 직권 또는 미성년자 등의 청구에 의해 미성년후견인을 선임할 수 있는 것(제909조의2 제3항), 친권자 지정청구나 후견인 선임청구가 미성년자의 복리를 위해 적절하지 않다면 청구를 기각하고 직권으로 미성년후견인을 선임하거나 부모의 일방 또는 쌍방을 친권자로 지정해야 하는 것(제909조의2 제4항), 친권자가 지정되거나 미성년후견인이 선임될 때까지 임무를 대행할 사람을 선임할 수 있는 것(제909조의2 제5항) 등은 양부모가 모두 사망한 경우와 같다.
⑨ 입양이 무효·취소된 경우, 당사자 일방은 과실있는 상대방에 대하여 손해배상 및 위자료를 청구할 수 있다(제897조·제806조).

III 입양의 효과

1. 양친자관계의 형성

① 입양의사의 합치와 입양신고에 의해 양부모와 양자 사이에 양친자관계가 창설되며, 양부모의 친생자와 같은 지위를 가진다(제882조의2 제1항). 파양에 의하여 해소될 수 있는 점을 제외하고는 법률적으로 친생자관계와 동일한 내용을 갖게 된다(99므2230).
② 입양 후 양부모가 이혼하였다고 하더라도 양부·양모와의 법정혈족관계는 그대로 유지된다(2000므1493).
③ **친족관계의 형성** : 양자와 양부모 및 그 혈족·인척 사이의 친계와 촌수는 입양한 때부터 혼인 중의 출생자와 동일한 것으로 본다(제722조 제1항). 양자의 배우자, 직계비속과 그 배우자는 양자의 친계를 기준으로 하여 촌수를 정한다(제722조 제2항).

④ **양부모의 친권** : 양자가 미성년자인 경우에 친권은 양부모가 행사한다(제909조 제1항 2문). 혼인 등 신분행위에 대한 동의권도 양부모에게 있다.
⑤ **입양 전의 친족관계의 존속** : 양자의 입양 전의 친족관계는 존속한다(제882조의2 제3항). 따라서 양자는 양친과의 사이에서 뿐만 아니라 생부모와의 사이에서도 부양의무를 지며, 상속관계를 가진다.

제2관 파양

I 서설

① 파양이란, 양친자관계를 해소하는 것을 말한다. 파양에는 협의상 파양과 재판상 파양이 있다. 즉, 협의 또는 재판에 의해서만 파양할 수 있다.
② 민법은 당사자의 의사의 합치에 의해 파양할 수 있도록 하고, 일정한 사유가 있는 경우에는 재판에 의해 파양할 수 있도록 하고 있다. 이는 민법상의 양자제도가 '불완전양자제도'임을 의미한다.

II 협의상 파양

1. 의의

협의상 파양이란, 입양 당사자 사이의 합의에 의해 양친자관계를 해소하는 것을 말한다.

2. 협의상 파양의 요건

(1) 파양의사의 합치

① 파양의사의 합치를 위해서는 의사능력을 요한다.
② 양부모가 피성년후견인인 경우에는 성년후견인의 동의를 받아 파양을 협의할 수 있다(제902조).
③ 협의파양의 당사자는 입양 당사자인 양친과 양자이다. 양친으로서 양부와 양모가 있는 경우에 공동으로 파양해야 하는지가 문제인데, 학설은 양부·양모가 공동으로 파양의 일방 당사자가 되는 것이 원칙이라고 한다[28]. 양부·양모 중 양부가 사망한 때에는 양모가 단독으로 양자와 파양을 할 수 있으나, 이는 양부와 양자 사이의 양친자관계에는 영향을 미칠 수 없으며, 양모가 사망한 양부에 갈음하거나 또는 양부를 위하여 파양을 할 수도 없다(99므2230).

(2) 파양의 신고

파양은 가족관계등록법에 정한 바에 의하여 신고함으로써 그 효력이 생긴다(제904조·제878조 제1항). 이는 창설적 신고이다. 파양의 신고가 법령에 위반되지 않으면 이를 수리하여야 한다(제903조).

3. 협의상 파양의 무효와 취소

① 협의상 파양의 무효·취소의 법리 구조는 협의이혼의 무효·취소에서와 같다. 사기·강박에 의한 파양 등을 원인으로 하여 파양을 취소한 경우에는 취소권의 행사에 의해 파양의 효과가 소급적으로 소멸한다.

---

[28] 판례는 부부의 공동입양원칙의 규정 취지에 비추어 보면 양친이 부부인 경우 파양을 할 때에도 부부가 공동으로 하여야 한다고 해석할 여지가 없지 않다고 하였다(대판 2001.8.21. 99므2230).

② 파양의 무효는 가사소송법상 가류 사건이므로 소를 제기하는 경우에도 조정을 거칠 것은 요하지 않으나, 파양의 취소는 나류 사건이므로(가사소송법 제2조 제1항 나류 11호), 조정을 거쳐야 한다(가사소송법 제50조).
③ 사기·강박으로 인한 파양의 취소는 사기를 안 날 또는 강박을 면한 날로부터 3월 내에 하여야 한다(제904조·제823조).

III 재판상 파양

1. 의의

재판상 파양이란, 민법이 정하는 파양원인이 있는 경우에 입양 당사자의 일방이 상대방을 상대로 소를 제기하여 법원의 재판에 의해 양친자관계를 해소하는 것을 말한다.

2. 재판상 파양의 사유

재판상 파양의 사유는 ㉠ 양부모가 양자를 학대 또는 유기하거나 그 밖에 양자의 복리를 현저히 해친 경우, ㉡ 양부모가 양자로부터 심히 부당한 대우를 받은 경우, ㉢ 양부모나 양자의 생사가 3년 이상 분명하지 아니한 경우, ㉣ 그 밖에 양친자관계를 계속하기 어려운 중대한 사유가 있는 경우의 어느 하나에 제한된다(제905조).

3. 파양의 청구

(1) 청구권자

① 재판상 파양의 청구권자는 양부모 또는 양자이다(제905조). 다만, ㉠ 양자가 13세 미만인 경우에는 입양을 대낙한 법정대리인이 양자를 갈음하여 파양을 청구할 수 있다(제906조 제1항 본문). 입양을 대낙한 법정대리인이 없는 경우(법정대리인이 사망하였거나 대낙없이 가정법원의 허가로 입양한 경우 등)에는 양자의 친족이나 이해관계인이 가정법원의 허가를 받아 파양을 청구할 수 있다(제906조 제1항 단서). ㉡ 양자가 13세 이상의 미성년자인 경우에는 입양의 동의를 한 부모의 동의를 받아 파양을 청구할 수 있다(제906조 제2항 본문). 부모가 사망하거나 그 밖의 사유로 동의할 수 없는 경우에는 동의 없이 파양을 청구할 수 있다(제906조 제2항 단서). ㉢ 양부모나 양자가 피성년후견인인 경우에는 성년후견인의 동의를 받아 파양을 청구할 수 있다(제906조 제3항). ㉣ 검사는 미성년자나 피성년후견인인 양자를 위하여 파양을 청구할 수 있다(제906조 제4항).
② 재판상 파양은 가사소송법상 나류 사건이므로 가정법원에 먼저 조정을 신청하여야 한다(가사소송법 제50조 제1항).

(2) 제척기간

재판상 파양의 청구권자는 양부모가 양자를 학대 또는 유기하거나 그 밖에 양자의 복리를 현저히 해친 경우, 양부모가 양자로부터 심히 부당한 대우를 받은 경우, 그 밖에 양친자관계를 계속하기 어려운 중대한 사유가 있는 경우에는 그 사유가 있음을 안 날로부터 6개월, 그 사유가 있었던 날부터 3년이 지나면 파양을 청구할 수 없다(제907조).

Ⅳ 파양의 효과

1. 조정의 성립 또는 재판의 확정

재판상 파양은 조정의 성립 또는 재판의 확정에 의해 그 효과가 발생한다. 파양의 재판이 확정된 경우에 소를 제기한 사람은 재판의 확정일부터 1개월 이내에 재판서의 등본 및 확정증명서를 첨부하여 그 취지를 신고하여야 한다(가족관계등록법 제66조·제58조).

2. 친족관계의 소멸

파양으로 인하여 입양으로 인한 친족관계는 소멸한다(제776조).

3. 파양에 따른 근친혼 금지

파양에도 불구하고 양부모계의 혈족·인척이었던 자와의 혼인이 금지된다.

4. 친권자지정의 청구

파양된 경우 친생부모 일방 또는 쌍방, 미성년자, 미성년자의 친족은 파양의 사실을 안 날부터 1개월, 파양된 날부터 6개월 내에 가정법원에 친생부모 일방 또는 쌍방을 친권자로 지정할 것을 청구할 수 있다(제909조의2 제2항 본문).

5. 손해배상

재판상 파양의 경우에는 과실있는 상대방에 대하여 손해배상을 청구할 수 있다(제908조·제806조).

제3관 친양자

Ⅰ 서설

친양자제도는 미성년자를 가정법원의 허가에 의해 입양하여 혼인 중의 출생자로 하는 제도이다. 기존의 양자제도에서는 입양에 의해서도 친생부모와의 친족관계가 종료되지 않고, 협의상 파양이 가능할 뿐만 아니라 재판상 파양의 사유도 비교적 넓게 인정된다. 친양자에 관하여 그 성질에 반하지 아니하는 범위 안에서는 양자에 관한 규정이 준용된다(제908조의8).

Ⅱ 친양자 입양의 요건

1. 부부공동입양

친양자 입양은 3년 이상 혼인 중인 부부가 공동으로 하여야 한다(제908조의2 제1항 제1호 본문). 다만, 1년 이상 혼인 중인 부부의 한쪽이 그 배우자의 친생자를 친양자로 하는 경우에는 그러하지 아니하다(제908조의2 제1항 제1호 단서).

2. 미성년자 입양

친양자로 될 사람은 미성년자이어야 한다(제908조의2 제1항 제2호).

3. 법정대리인의 동의 또는 승낙

① 친양자가 될 사람이 13세 이상인 경우에는 법정대리인의 동의를 받아 입양을 승낙하여야하고(제908조의2 제1항 제4호), 친양자가 될 사람이 13세 미만인 경우에는 법정대리인이 그를 갈음하여 입양을 승낙하여야 한다(제908조의2 제1항 제5호).

② 법정대리인이 정당한 이유 없이 동의 또는 승낙을 거부하는 경우에는 가정법원은 동의 또는 승낙이 없어도 친양자 입양의 청구를 인용할 수 있다(제908조의2 제2항 1문). 이 경우 가정법원은 법정대리인을 심문하여야 한다(제908조의2 제2항 2문).

4. 친생부모의 동의

① 친양자 입양을 위해서는 친양자가 될 사람의 친생부모가 친양자 입양에 동의하여야 한다(제908조의2 제1항 제3호 본문). 친양자 입양에 의해 입양 전의 친족관계는 종료한다(제908조의3 제2항).

② 친생부모로서의 동의를 요하는 것이므로, 그 친생부모가 반드시 친권자여야만 하는 것은 아니다. 따라서 이혼 후 친권자로 지정되지 못한 부모 일방도 동의권을 가진다. 다만, 부모가 친권상실의 선고를 받거나 소재를 알 수 없거나 그 밖의 사유로 동의할 수 없는 경우에는 그러하지 아니하다(제908조의2 제1항 제3호 단서).

③ 가정법원은 친생부모가 자신에게 책임이 있는 사유로 3년 이상 자녀에 대한 부양의무를 이행하지 아니하고 면접교섭을 하지 아니한 경우 또는 친생부모가 자녀를 학대·유기하거나 그 밖에 자녀의 복리를 현저히 해친 경우에는 친생부모의 동의가 없더라도 친양자 입양청구를 인용할 수 있다(제908의2 제2항 1문). 이때 가정법원은 친생부모를 심문하여야 한다(제908조의2 제2항 2문).

5. 가정법원의 허가

① 친양자 입양은 친양자 입양을 하려는 자의 청구에 의한 가정법원의 허가에 의해 성립한다.

② 친양자를 입양하고자 하는 자는 친양자 입양재판의 확정일부터 1개월 이내에 재판서의 등본 및 확정증명서를 첨부하여 입양신고를 하여야 한다(가족관계등록법 제67조 제1항). 이는 보고적 신고이다.

III 친양자 입양의 무효와 취소

1. 친양자 입양의 무효

친양자 입양에 있어서는 보통의 입양의 무효에 관한 제883조가 적용되지 않는다(제908조의4 제2항). 일단 친양자 입양이 성립하였다면 가급적 그 법률관계를 유지시키고자 하는 것이다. 다만, 선고형 입양인 친양자 입양의 성격상 친양자 입양을 신고하였더라도 가정법원의 친양자 입양의 허가가 없었다면 그 친양자 입양은 부존재 또는 무효라고 해야 한다.

2. 친양자 입양의 취소

(1) 취소사유

친양자 입양에 있어서는 보통의 입양의 취소에 관한 제884조가 적용되지 않는다(제908조의4 제2항). 다만, 친양자로 될 사람의 친생의 아버지 또는 어머니는 자신에게 책임이 없는 사유로 인하여 친양자 입양의 동의를 할 수 없었던 경우에 친양자 입양의 사실을 안 날부터 6개월 안에 가정법원에 친양자 입양의 취소를 청구할 수 있다(제908조의4 제1항).

(2) 재량기각

가정법원은 친양자가 될 사람의 복리를 위하여 그 양육상황, 친양자 입양의 동기, 양부모의 양육능력, 그 밖의 사정을 고려하여 친양자 입양의 취소가 적당하지 아니하다고 인정하는 때에는 친양자 입양의 취소청구를 기각할 수 있다(제908조의6·제908의2 제3항).

(3) 입양취소의 효과

① 친양자 입양이 취소된 경우에는 친양자관계는 소멸하고 입양 전의 친족관계는 부활한다(제908조의7 제1항). 다만, 친양자 입양의 취소의 효력은 소급하지 않는다(제908조의7 제2항).
② 입양이 취소된 경우 친생부모 일방 또는 쌍방, 미성년자, 미성년자의 친족은 입양취소의 사실을 안 날부터 1개월, 입양이 취소된 날부터 6개월 내에 가정법원에 친생부모 일방 또는 쌍방을 친권자로 지정할 것을 청구할 수 있다(제909조의2 제2항 본문).

Ⅳ 친양자 입양의 효과

1. 혼인 중의 친생자

① 친양자는 부부의 혼인 중 출생자로 본다(제908조의3 제1항). 따라서 양친부모가 친권자가 된다. 친양자와 양친부모간에 부양의무가 발생하며, 상속관계가 인정된다. 성과 본도 혼인 중 출생자와 같이 정해진다. 따라서 친양자의 성과 본은 원칙적으로 양부를 따르고, 양부모가 혼인신고시 양모의 성과 본을 따르기로 하는 협의가 있었던 경우에는 양모의 성과 본을 따른다(제781조 제1항 참조).
② 친양자 입양에 소급효는 인정되지 않으며, 혼인 중의 출생자로 간주되는 시점은 입양을 허가하는 가정법원의 재판이 확정된 때이다.

2. 종전 친족관계의 소멸

① 친양자의 입양 전의 친족관계는 친양자 입양청구에 의한 친양자 입양이 확정된 때에 종료한다(제908조의3 제2항 본문). 다만, 부부의 일방이 그 배우자의 친생자를 단독으로 입양한 경우에 있어서의 배우자 및 그 친족과 친생자간의 친족관계는 그러하지 아니하다(제908조의3 제2항 단서). 친족관계가 소멸된 종전의 친족과의 사이에서는 상속관계도 인정되지 않는다.
② 종전 친족관계가 소멸하더라도 제809조 제1항·제2항의 근친혼금지규정은 적용된다.

Ⅴ 친양자의 파양

1. 서설

① 친양자 입양에서는 협의에 의한 파양은 인정되지 않는다(제908조의5 제2항).
② 친양자 입양에서도 재판상 파양은 가능하다. 다만, 재판상 파양의 요건은 보통의 파양 보다 엄격하다. 보통의 입양에서의 재판상 파양의 원인에 관한 제905조는 친양자의 파양에는 적용되지 않는다(제908조의5 제2항).

2. 파양의 청구

(1) 파양의 사유

양친이 친양자를 학대·유기하거나 그 밖에 친양자의 복리를 현저히 해하는 경우 또는 친양자의 양친에 대한 패륜행위로 인하여 친양자관계를 유지시킬 수 없게 된 경우에 한하여 가정법원에 친양자의 파양을 청구할 수 있다(제908조의5 제1항). 그 이외에 보통의 입양에서의 재판상 파양의 사유는 친양자 파양의 사유가 되지 못한다(제908조의5 제2항).

(2) 파양청구권자

친양자의 파양은 양친, 친양자, 친생의 부 또는 모, 검사에 한하여 청구할 수 있다(제908조의5 제1항).

(3) 재량기각

친양자의 양친에 대한 패륜행위로 인하여 친양자관계를 유지시킬 수 없게 되었음을 이유로 하여 파양이 청구된 경우, 가정법원은 친양자의 복리를 위하여 그 양육상황, 친양자입양의 동기, 양부모의 양육능력, 그 밖의 사정을 고려하여 친양자의 파양이 적당하지 아니하다고 인정하는 때에는 친양자파양청구를 기각할 수 있다(제908조의6·제908조의2 제3항).

3. 파양의 효과

① 친양자가 파양되면 친양자관계는 소멸하고 입양 전의 친족관계는 부활한다(제908조의7 제1항).
② **친권자지정의 청구** : 파양된 경우 친생부모 일방 또는 쌍방, 미성년자, 미성년자의 친족은 파양의 사실을 안 날부터 1개월, 파양된 날부터 6개월 내에 가정법원에 친생부모 일방 또는 쌍방을 친권자로 지정할 것을 청구할 수 있다(제909조의2 제2항 본문).

제3절 친권

I 서설

친권이란, 미성년의 자를 보호·양육·감독할 수 있는 부모의 권한을 말한다. 미성년의 자에 대해서는 보호·양육·감독이 필요하므로 그의 부모가 친권에 의해 보호·양육·감독을 하도록 하는 것이다.

II 친권자

1. 혼생자의 친권자

① 부모는 미성년자인 자의 친권자가 된다(제909조 제1항 1문).
② **친권 공동행사의 원칙** : 부모가 혼인 중인 때에는 부모가 공동으로 이를 행사한다(제909조 제2항 본문). 그러나 부모의 의견이 일치하지 아니하는 경우에는 당사자의 청구에 의하여 가정법원이 이를 정한다(제909조 제2항 단서).
③ **부모 일방이 친권을 행사할 수 없는 경우** : 부모의 일방이 친권을 행사할 수 없을 때에는 다른 일방이 이를 행사한다(제909조 제3항).

2. 혼인 외의 자의 친권자

(1) 혼인 외의 자가 인지되지 않은 경우

혼인 외의 자가 부에 의해 인지되지 않은 경우에는 법률상 부자관계는 인정되지 않으므로 모가 친권자가 된다[29].

(2) 혼인 외의 자가 인지된 경우

① 혼인 외의 자가 인지된 경우에는 부모의 협의로 친권자를 정하여야 하고, 협의할 수 없거나 협의가 이루어지지 아니하는 경우에는 가정법원은 직권으로 또는 당사자의 청구에 따라 친권자를 지정하여야 한다(제909조 제4항 본문). 다만, 부모의 협의가 자의 복리에 반하는 경우에는 가정법원은 보정을 명하거나 직권으로 친권자를 정한다(제909조 제4항 단서). 인지청구의 소에 의한 강제인지의 경우에는 가정법원이 직권으로 친권자를 정한다(제909조 제5항).
② 가정법원이 친권자를 지정함에 있어서는 자의 복리를 우선적으로 고려하여야 한다(제912조 제2항 1문). 이를 위하여 가정법원은 관련 분야의 전문가나 사회복지기관으로부터 자문을 받을 수 있다(제912조 제2항 2문).

(3) 단독친권자의 사망 등에 따른 친권자의 지정 또는 미성년후견인의 선임

단독친권자로 정하여진 부모의 일방이 사망하거나, 친권상실의 선고를 받거나, 대리권·재산관리권을 상실·사퇴하거나, 소재불명 등으로 친권을 행사할 수 없는 경우에 민법은 가정법원의 심판을 거쳐 생존하는 부 또는 모를 친권자로 지정하거나 미성년후견인을 선임하도록 하고 있다. 2011년 민법개정 이전에는 생존하는 부 또는 모가 자동적으로 친권자가 되는 것으로 해석될 수 있었으나(94다1302 참조), 친권자로 지정되지 않은 생존하는 부 또는 모가 친권자로서 적합하지 않거나 친권을 행사하기 어려운 사정이 있을 수 있으므로, 가정법원의 심판을 거쳐 생존하는 부 또는 모를 친권자로 하거나 후견을 개시하도록 한 것이다.

① 단독친권자로 정하여진 부모의 일방이 사망하거나, 친권상실의 선고를 받거나, 대리권·재산관리권을 상실·사퇴하거나, 소재불명 등으로 친권을 행사할 수 없는 경우에는 부 또는 모, 미성년자, 미성년자의 친족은 그 사실을 안 날로부터 1개월, 그 사실이 발생한 날부터 6개월 내에 가정법원에 생존하는 부 또는 모를 친권자로 지정할 것을 청구할 수 있다(제909조의2 제2항·제927조의2 제1항).
② 그러한 지정청구가 없을 때에는 가정법원은 직권으로 또는 미성년자, 미성년자의 친족, 이해관계인, 검사, 지방자치단체의 장의 청구에 의하여 미성년후견인을 선임할 수 있다(제909조의2 제3항 1문·제927조의2 제1항). 이 경우 생존하는 부 또는 모, 친생부모 일방 또는 쌍방의 소재를 모르거나 그가 정당한 사유 없이 소환에 응하지 아니하는 경우를 제외하고는 그에게 의견을 진술할 기회를 주어야 한다(제909조의2 제3항 2문·제927조의2 제1항).
③ 가정법원은 친권자 지정 청구나 후견인 선임 청구가 생존하는 부 또는 모, 친생부모 일방 또는 쌍방의 양육의사 및 양육능력, 청구 동기, 미성년자의 의사, 그 밖의 사정을 고려하여 미성년자의 복리를 위하여 적절하지 아니하다고 인정하면 청구를 기각할 수 있으며, 이 경우 가정법원은 직권으로 미성년후견인을 선임하거나 생존하는 부 또는 모, 친생부모 일방 또는 쌍방을 친권자로 지정하여야 한다(제909조의2 제4항·제927조의2 제1항).
④ 단독친권자의 사망에 따라 후견인이 선임된 경우라도 가정법원은 미성년후견인 선임 후 양육상황이나 양육능력의 변동, 미성년자의 의사, 그 밖의 사정을 고려하여 미성년자의 복리를 위하여 필요하면 생존하는 부 또는 모, 친생부모 일방 또는 쌍방, 미성년자의 청구에 의하여 후견을 종료하고 생존하는 부 또는 모, 친생부모 일방 또는 쌍방을 친권자로 지정할 수 있다(제909조의2 제6항).

---

[29] 민법 제909조 제1항 및 제2항에서 말하는 친권을 행사할 수 있는 부는 법률상의 부를 뜻하고 생부라 하더라도 혼인 외의 출생자에 대하여 인지를 한 바 없다면 그의 친권자가 될 수 없다(대판 1982.4.13. 81므85).

⑤ 단독친권자로 정하여진 부모 일방의 대리권·재산관리권 상실·사퇴에 따라 새로 정하여진 친권자 또는 미성년후견인의 임무는 미성년자의 재산에 관한 행위에 한정된다(제927조의2 제1항 단서).

⑥ 단독친권자로 정하여진 부모의 일방이 사망하거나, 친권상실의 선고를 받거나, 대리권·재산관리권을 상실·사퇴하거나, 소재불명 등으로 친권을 행사할 수 없는 경우에는 가정법원은 직권으로 또는 미성년자, 미성년자의 친족, 이해관계인, 검사, 지방자치단체의 장의 청구에 의하여 친권자가 지정되거나 미성년후견인이 선임될 때까지 그 임무를 대행할 사람을 선임할 수 있다(제909의2 제5항 1문·제927의2 제1항). 단독친권자의 사망 등의 경우에 가정법원이 친권자를 새로이 지정하거나 후견인을 선임하게 되는데, 그 지정·선임 때까지는 자녀에게 법정대리인이 없는 공백 상태가 생기게 되므로 그 지정·선임 때까지 임시로 법정대리인의 임무를 대행할 사람을 선임할 수 있도록 하는 것이다. 이 경우 그 임무를 대행할 사람에 대하여는 부재자재산관리인의 권한을 넘은 행위에 관한 제25조 및 가정법원의 후견사무 처분에 관한 제954조를 준용한다(제909조의2 제5항 2문·제927조의2 제1항).

(4) 단독친권자의 실권회복 등에 따른 친권자의 재지정

단독친권자가 친권상실의 선고를 받거나, 대리권·재산관리권을 상실·사퇴하거나, 소재불명 등으로 친권을 행사할 수 없게 되어 생존하는 부 또는 모를 친권자로 지정하거나 미성년후견인이 선임된 후 단독친권자였던 부 또는 모, 양부모 일방 또는 쌍방이 실권을 회복하거나 사퇴한 권리를 회복하거나 소재불명에서 발견되는 등으로 친권을 행사할 수 있게 된 경우에는 그 부모 일방 또는 쌍방, 미성년자, 미성년자의 친족의 청구에 의하여 친권자를 새로 지정할 수 있다(제927의2 제2항).

3. 양자의 친권자

① 양자의 경우에는 양부모가 친권자가 된다(제909조 제1항 2문). 친양자도 부부의 혼인 중 출생자로 간주되므로(제908조의3 제1항), 양부모가 친권자가 된다.

② 양부모가 모두 사망한 경우 친권자의 지정 또는 미성년후견인의 선임 : 양부모가 모두 사망한 경우 및 입양취소·파양의 경우에 가정법원의 심판에 의해서 친생부모 일방 또는 쌍방이 친권자가 될 수 있다.

③ 양부모가 모두 사망한 경우에는 친생부모 일방 또는 쌍방, 미성년자, 미성년자의 친족은 그 사실을 안 날부터 1개월, 양부모가 모두 사망한 날부터 6개월 내에 가정법원에 친생부모 일방 또는 쌍방을 친권자로 지정할 것을 청구할 수 있다(제909조의2 제2항 본문).

④ 친양자의 양부모가 사망한 경우에는 친생부모를 다시 친권자로 지정하는 것이 아니며(제909조의2 제2항 단서), 미성년후견이 개시된다.

4. 혼인 해소 후의 친권자

① 부모가 협의에 의해 이혼하는 경우에는 부모의 협의로 친권자를 정하여야 하고, 협의할 수 없거나 협의가 이루어지지 아니하는 경우에는 가정법원은 직권으로 또는 당사자의 청구에 따라 친권자를 지정하여야 한다(제909조 제4항 본문). 다만, 부모의 협의가 자의 복리에 반하는 경우에는 가정법원은 보정을 명하거나 직권으로 친권자를 정한다(제909조 제4항 단서). 재판상 이혼과 혼인의 취소의 경우에는 가정법원이 직권으로 친권자를 정한다(제909조 제5항). 가정법원이 친권자를 지정함에 있어서는 자의 복리를 우선적으로 고려하여야 한다(제912조 제2항 1문). 가정법원은 관련 분야의 전문가나 사회복지기관으로부터 자문을 받을 수 있다(제923조 제2항 2문).

② 단독친권자의 사망 등에 따른 친권자의 지정 또는 미성년후견인의 선임 : 단독친권자로 정하여진 부모의 일방이 사망하거나, 친권상실의 선고를 받거나, 대리권·재산관리권을 상실·사퇴하거나, 소재불명 등으로 친권을 행사할 수 없는 경우에 부 또는 모, 미성년자, 미성년자의 친족은 그 사실을 안 날부터 1개월, 그 사실이 발생한 날부터 6개월 내에 가정법원에 생존하는 부 또는 모를 친권자로 지정할 것을 청구할 수 있다(제909조의2 제1항·제927의2 제1항).

5. 친권자의 변경

① 가정법원은 자의 복리를 위하여 필요하다고 인정되는 경우에는 자의 4촌 이내의 친족의 청구에 의하여 정하여진 친권자를 다른 일방으로 변경할 수 있다(제909조 제6항)[30].
② 친권자의 변경은 가정법원의 조정 또는 심판에 의해서 하여야 하며, 부모의 협의만으로 친권자를 변경할 수는 없다. 친권자의 변경은 마류 비송사건으로 조정을 거쳐야 한다(가사소송법 제50조).

III 친권의 내용

1. 子의 신분에 관한 권리·의무

(1) 보호·교양의무

① **보호의무** : 친권자는 자를 보호하고 교양할 의무가 있다(제913조).
② **교양의무** : 친권자는 자를 부양할 의무를 진다. 이는 제974조의 친족간의 부양의무로서 인정되는 것이 아니라 제913조에 의해 인정되는 것이다.
③ **비용부담** : 보호·교양 및 부양에 필요한 비용은 부부공동생활에서의 공동비용부담원칙(제833조)에 따라, 특별한 약정이 없으면 부모가 공동으로 부담하여야 한다.
④ **자의 불법행위에 대한 책임** : 친권자는 자에 대한 보호·교양의무가 있으므로, 자의 불법행위에 대해 책임을 져야 한다. 즉, ㉠ 친권자는 책임능력이 없는 자의 불법행위에 대해 제755조에 의해 감독의무자로서 손해배상책임을 지며, ㉡ 자가 책임능력이 있는 경우에도 손해발생이 친권자의 감독의무위반과 인과관계가 있으면 제750조에 의해 손해배상책임을 진다.

(2) 거소지정권

자는 친권자의 지정한 장소에 거주하여야 한다(제914조).

(3) 자의 인도청구권

① 의사능력이 없는 자가 억류되어 있는 경우에 친권자는 그 자의 인도를 청구할 수 있다.
② **유아의 인도에 대한 강제** : 유아의 인도를 어떻게 강제해야 하는지가 문제될 수 있는데, 가사소송법은 유아의 인도를 명하였음에도 이를 따르지 않은 경우에는 과태료를 부과할 수 있고, 그 제재를 받고도 유아를 인도하지 않은 경우에는 30일의 범위에서 그 의무를 이행할 때까지 감치를 명할 수 있도록 하고 있다(동법 제64조 제1항·제67조 제1항·제68조 제1항 제2호). 즉, 유아의 인도는 간접강제에 의해 강제하게 된다[31].

(4) 징계권 규정의 삭제

① 구법상 친권자는 그 자를 보호 또는 교양하기 위하여 필요한 징계를 할 수 있고 법원의 허가를 얻어 감화 또는 교정기관에 위탁할 수 있었으나(제915조) 개정법에서는 아동학대 가해자인 친권자의 항변사유로 이용되는 등 아동학대를 정당화하는 데 악용될 소지가 지적되어온 것을 반영하여 징계권 규정을 삭제함으로써 아동학대를 방지하고 아동의 권리와 인권을 보호할 필요성에 따라 이를 삭제하였다.

---

30) 자는 친권자의 변경을 청구할 수 없음을 주의할 것.
31) 유아에게 의사능력이 없는 경우에는 직접강제도 허용된다는 견해가 있다. 유체동산인도청구권의 집행절차에 준하여 집행관이 강제집행 할 수 있다고 한다.

(5) 신분상 행위의 대리권과 동의권

① 신분행위에 대해 대리권이 인정되는 경우로는 부모의 일방이 친생부인의 소의 피고가 되는 경우(제847조), 부모의 일방이 제기하는 인지청구(제863조), 13세 미만자가 양자가 되는 경우의 대낙(제869조 제2항), 미성년자가 양친이 된 경우의 입양의 취소(제885조), 13세 미만인 양자의 파양청구(제906조 제1항), 13세 미만자가 친양자가 되는 경우의 입양의 대낙(제908조의2 제1항 제5호), 자의 친권의 대행(제910조) 등이 있다.

② 신분행위에 대한 동의권에는 약혼의 동의권(제801조), 혼인의 동의권(제808조), 양자가 되는 것에 대한 동의권(제870조·제871조), 친양자가 되는 것에 대한 동의권(제908조의2 제1항 3호) 등이 있는데, 이는 친권자의 자격에 의해서가 아니라 부모의 자격에 의해 인정되는 권리이다.

(6) 자의 친권의 행사(제910조)

친권자는 그 친권에 따르는 자에 갈음하여 그 자에 대한 친권을 행사한다(제910조). 미성년자도 혼인한 경우에는 성년의제가 되므로 그 자에 대한 친권을 스스로 행사하며, 혼인 후 이혼 또는 혼인의 취소에 의해 혼인이 해소되더라도 그 친권은 소멸하지 않는다. 따라서 제910조는 자가 법률혼을 이루지 못하고 부모가 된 경우에 적용되게 된다.

2. 자의 재산에 관한 권리·의무

(1) 재산관리권

(가) 자의 특유재산에 대한 재산관리

① 자가 자기의 명의로 취득한 재산은 그 특유재산으로 하고 법정대리인인 친권자가 관리한다(제916조).
② 주의의무 : 친권자가 그 자에 대한 재산관리권을 행사함에는 자기의 재산에 관한 행위와 동일한 주의를 하여야 한다(제922조). 여기서의 '자기의 재산에 관한 행위와 동일한 주의'의 의무는 선량한 관리자의 주의의무보다는 낮은 정도의 주의의무이며, 이를 위반한 경우에 구체적 과실이 있다고 한다(통설)[32]. 자기의 재산에 관한 행위와 동일한 주의의무에 위반하여 자에게 손해를 발생하게 한 경우에는 불법행위책임을 질 수 있고, 재산관리권 상실의 사유가 될 수 있다(제925조).

(나) 재산관리의 종료

① 친권의 소멸·상실이나 재산관리권의 사퇴에 의해 재산관리권은 소멸하며, 재산관리는 종료한다.
② 재산관리의 종료에 있어서는 위임종료시의 긴급처리(제691조)와 위임종료사유의 통지(제692조)의 규정이 준용된다(제919조). 따라서 재산관리권이 소멸하였더라도 급박한 사정이 있는 때에는 자 또는 그 상속인이나 법정대리인이 재산관리를 할 수 있을 때까지 재산관리를 계속하여야 하고(제691조), 재산관리의 종료는 이를 자 또는 그 법정대리인에게 통지하거나 자 또는 법정대리인이 이를 안 때가 아니면 이로써 자에게 대항하지 못한다(제692조).

---

[32] 선량한 관리자의 주의의무를 다하지 못한 경우에 추상적 경과실이 있다고 하는 데 대하여, 자기재산과 동일한 주의의무를 다하지 못한 경우에는 구체적 경과실이 있다고 일컫는다. 구체적 경과실은 법문상으로는 '자기재산과 동일한 주의(제695조)', '자기의 재산에 관한 행위와 동일한 주의(제922조)', '고유재산에 대하는 것과 동일한 주의(제1022조)' 등으로 표현되고 있다.

(다) 재산관리의 계산

① 법정대리인인 친권자의 권한이 소멸한 때에는 그 자의 재산에 대한 관리의 계산을 하여야 한다(제923조 제1항). 이 경우에는 그 자의 재산으로부터 수취한 과실은 그 자의 양육·재산관리의 비용과 상계한 것으로 본다(제923조 제2항 본문). 양육·재산관리의 비용과 상계하고 남는 과실은 자에게 반환하여야 한다.

② 무상으로 자에게 재산을 수여한 제3자가 반대의 의사를 표시한 경우에 그 재산에 대해서는 수취한 과실과 자의 양육·재산관리의 비용을 상계하지 못한다(제923조 제2항 단서).

(2) 재산상 행위의 대리권·동의권·허락권

(가) 대리권

① 법정대리인인 친권자는 자의 재산에 관한 법률행위에 대하여 그 자를 대리한다(제920조).

② 공동대리에 관한 특칙 : 부모는 공동으로 친권을 행사해야 하므로(제909조 제2항 본문) 부모 일방의 결정에 의해 대리한 경우에는 무권대리가 된다. 다만, 민법은 그것이 공동명의에 의한 것이었던 경우에는 거래안전 보호를 위해서 그 효력을 인정하고 있다. 즉, 부모가 공동으로 친권을 행사하는 경우 부모의 일방이 공동명의로 자를 대리한 때에는 다른 일방의 의사에 반하는 때에도 그 효력이 있다(제920조의2 본문). 그러나 상대방이 악의인 때에는 그러하지 아니하다(제920조의2 단서).

③ 대리권남용이론 : 판례는 "진의 아닌 의사표시가 대리인에 의하여 이루어지고 그 대리인의 진의가 본인의 이익이나 의사에 반하여 자기 또는 제3자의 이익을 위한 배임적인 것임을 그 상대방이 알거나 알 수 있었을 경우에는 민법 제107조 제1항 단서의 유추해석상 그 대리인의 행위는 본인의 대리행위로 성립할 수 없다 하겠으므로 본인은 대리인의 행위에 대하여 아무런 책임이 없다(86다카1004)"고 하여, 제107조 제1항 단서 유추적용설을 취하고 있다. 판례는 친권자의 대리권남용에 대해서도 "법정대리인인 친권자의 대리행위가 객관적으로 볼 때 미성년자 본인에게는 경제적인 손실만을 초래하는 반면, 친권자나 제3자에게는 경제적인 이익을 가져오는 행위이고 그 행위의 상대방이 이러한 사실을 알았거나 알 수 있었을 때에는 민법 제107조 제1항 단서의 규정을 유추적용하여 행위의 효과가 자에게 미치지 않는다고 해석함이 타당하다(2011다64669)"고 하였다. 단, 그에 따라 외형상 형성된 법률관계를 기초로 하여 새로운 법률상 이해관계를 맺은 선의의 제3자에 대하여는 같은 조 제2항의 규정을 유추적용하여 누구도 그와 같은 사정을 들어 대항할 수 없으며, 제3자가 악의라는 사실에 관한 주장·증명책임은 무효를 주장하는 자에게 있다[33].

④ 대리권의 남용과 이해상반행위 : 판례는 친권자가 자를 대리하는 법률행위는 친권자와 자 사이의 이해상반행위에 해당하지 않는 한, 그것을 할 것인가 아닌가는 자를 위하여 친권을 행사하는 친권자가 자를 둘러싼 여러 사정을 고려하여 행할 수 있는 재량에 맡겨진 것으로 보아야 하므로, 이와 같이 친권자가 자를 대리하여 행한 자 소유의 재산에 대한 처분행위에 대해서는 그것이 사실상 자의 이익을 무시하고 친권자 본인 혹은 제3자의 이익을 도모하는 것만을 목적으로 하여 이루어졌다고 하는 등 친권자에게 자를 대리할 권한을 수여한 법의 취지에 현저히 반한다고 인정되는 사정이 존재하지 않는 한 친권자에 의한 대리권의 남용에 해당한다고 쉽게 단정할 수 없다고 한다(2008다73731)[34].

⑤ 법정대리의 표현대리 : 판례는 "민법 제126조 소정의 권한을 넘는 표현대리 규정은 거래의 안전을 도모하여 거래상대방의 이익을 보호하려는 데에 그 취지가 있으므로 법정대리라고 하여 임의대리와는 달리 그 적용이 없다고 할 수 없고, 따라서 한정치산자의 후견인이 친족회의 동의를 얻지 않고 피후견인의 부동산을

---

[33] 대판 2018.4.26. 2016다3201
[34] 동 판결은, 망인 명의의 토지가 명의신탁된 것이었을 가능성이 있다는 점 등을 고려하여, 친권자(망인의 처)가 미성년자인 딸과 공동으로 상속받은 토지를 망인의 형에게 증여한 사안에 관한 것인데, 판례는 친권의 남용에 해당하지 않는다고 보았다.

처분하는 행위를 한 경우에도 상대방이 친족회의 동의가 있다고 믿은 데에 정당한 사유가 있는 때에는 본인인 피한정후견인에게 그 효력이 미친다(97다3828)"35)고 하여 제한능력자의 법정대리에 대하여 제126조의 적용을 긍정하였고, "대리권 소멸 후의 표현대리에 관한 민법 제129조는 이 사건과 같은 법정대리인의 대리권 소멸에 관하여서도 그 적용이 있는 것이라고 할 것이므로, 원심이 같은 취지에서 원고의 모친 정씨에 의한 이 사건 토지의 매매를 대리권 소멸 후의 표현대리에 문의하여 그 효력이 원고에게 미치는 것이라고 판시한 원심의 조치에 법리오해의 위법이 있다고 할 수 없다(74다1199)"고 하여 제한능력자의 법정대리에 대하여 제129조의 적용도 긍정한 바 있다.

(나) 동의권

친권자는 미성년자의 재산상의 행위에 대하여 동의권을 가지며(제5조 제1항), 미성년자가 법정대리인인 친권자의 동의없이 법률행위를 한 경우에는 이를 취소할 수 있다(제8조 제1항).

(다) 영업허락권

법정대리인인 친권자는 미성년자인 자로 하여금 특정한 영업을 하도록 허락할 수 있다(제8조 제1항). 친권자는 영업의 허락을 취소 또는 제한할 수 있으나 선의의 제3자에게 대항하지 못한다(제8조 제2항).

(3) 대리권·재산관리권의 상실과 사퇴

(가) 대리권·재산관리권의 상실

가정법원은 법정대리인인 친권자가 부적당한 권리로 인하여 자녀의 재산을 위태롭게 한 경우에는 자의 친족의 청구에 의하여 그 법률행위의 대리권과 재산관리권의 상실을 선고할 수 있다(제925조).

(나) 대리권·재산관리권의 사퇴

법정대리인인 친권자는 정당한 이유가 있는 때에는 법원의 허가를 얻어 그 법률행위의 대리권과 재산관리권을 사퇴할 수 있다(제927조 제1항)36).

(다) 대리권·재산관리권 상실·사퇴의 효과

① 대리권·재산관리권의 소멸 : 법정대리인인 친권자의 대리권·재산관리권은 소멸한다.
② 후견의 개시 : 공동친권자 모두가 대리권·재산관리권을 상실하거나 사퇴한 경우에는 후견이 개시된다(제928조). 가정법원은 대리권·재산관리권 상실의 선고에 따라 미성년후견인을 선임할 필요가 있는 경우에는 직권으로 미성년후견인을 선임한다(제932조 제2항). 친권자가 대리권·재산관리권을 사퇴한 경우에는 지체없이 가정법원에 미성년후견인의 선임을 청구하여야 한다(제932조 제3항).
③ 단독친권자의 대리권·재산관리권 상실·사퇴에 따른 친권자 지정 또는 후견의 개시 : 단독 친권자로 정해진 부모의 일방이 대리권·재산관리권을 상실하거나 사퇴한 경우에는 새로이 친권자를 지정하거나 미성년후견인을 선임한다(제927조의2 제1항 본문·제908조의2). 이때 새로 정해진 친권자 또는 미성년후견인의 임무는 미성년자의 재산에 관한 행위에 한정된다(제927조의2 제1항 단서).
④ 유언에 의한 후견인 지정의 배제 : 대리권·재산관리권을 상실·사퇴한 친권자는 유언으로 후견인을 지정하지 못한다(제931조 제1항 단서).

---

35) 동 판결은 후견인이 한정치산자의 영업을 하는 일 등에 대하여 대리하거나 동의를 함에 있어서 친족회의 동의를 요했던 개정 이전 민법에 따른 판결이다. 2011년 3월 개정민법에 의하는 경우에는 후견감독인의 동의가 있다고 믿은 데에 정당한 이유가 있는지 여부에 따라 표현대리의 성립 여부를 판단하게 될 것이다.
36) 자녀에 대한 보호·교양의무 등 까지 포괄하는 친권을 사퇴할 수는 없다. 반면, 후견인은 정당한 사유가 있는 때에는 법원의 허가를 얻어 후견을 사퇴할 수 있다(제939조).

(4) 대리권·재산관리권의 회복

① 상실한 대리권·재산관리권의 회복 : 대리권·재산관리권 상실의 원인이 소멸한 때에는 법원은 본인 또는 그 친족의 청구에 의하여 실권의 회복을 선고할 수 있다(제926조).

② 사퇴한 대리권·재산관리권의 회복 : 대리권·재산관리권의 사퇴의 사유가 소멸한 때에는 그 친권자는 법원의 허가를 얻어 사퇴한 권리를 회복할 수 있다(제927조 제2항).

③ 단독친권자의 대리권·재산관리권의 상실·사퇴 후 회복에 따른 친권자의 지정 : 단독친권자로 정해진 부모의 일방의 대리권·재산관리권 상실·사퇴에 따라 친권자가 지정되거나 미성년후견인이 선임된 후 단독친권자였던 부 또는 모, 양부모 일방 또는 쌍방에게 실권의 회복이 선고되거나 사퇴한 권리를 회복한 경우에는 그 부모 일방 또는 쌍방, 미성년자, 미성년자의 친족의 청구에 의하여 친권자를 새로 지정할 수 있다(제927조의2 제2항).

Ⅳ 친권의 제한

1. 재산관리권의 제한

① 무상으로 자에게 재산을 수여한 제3자가 친권자의 관리에 반대하는 의사를 표시한 때에는 친권자는 그 재산을 관리하지 못한다(제918조 제1항). 이 경우 제3자가 그 재산관리인을 지정하지 아니한 때 또는 제3자가 지정한 관리인의 권한이 소멸하거나 관리인을 개임할 필요가 있는 경우에 제3자가 다시 관리인을 지정하지 아니한 때에는 법원은 재산의 수여를 받은 자 또는 친족의 청구에 의하여 관리인을 선임한다(제918조 제2항·제3항).

② 자의 재산관리인에 대해서는 부재자재산관리인의 직무(제24조 제1항·제2항·제4항), 부재자재산관리인의 권한(제25조 전단), 부재자재산관리인의 담보제공 및 보수(제24조 제1항·제2항)의 규정이 준용된다(제918조 제3항). 따라서 재산관리인은 관리할 재산목록을 작성하여야 하고(제24조 제1항), 법원은 재산보존을 위해 필요한 처분을 재산관리인에게 명할 수 있다(제24조 제2항). 그 비용은 부재자의 재산으로써 지급한다(제24조 제4항). 재산관리인의 권한은 보존·이용·개량행위에 한정된다(제25조). 법원은 재산관리인으로 하여금 상당한 담보를 제공하게 할 수 있고(제26조 제1항), 관리대상재산으로서 재산관리인에게 상당한 보수를 지급할 수 있다(제26조 제2항).

2. 대리권의 제한

① 친권자가 자에게 처분을 허락한 재산(제6조), 영업을 허락한 경우의 영업재산(제8조), 제3자가 무상으로 자녀에게 재산을 수여하면서 친권자의 관리를 배제한 재산(제918조 제1항) 등에 대해서는 친권자의 대리권이 인정되지 않는다. 그 외에도, 개별법령에서 친권자의 대리권을 제한하는 경우가 있다.

② 자의 행위를 목적으로 하는 채무부담행위 : 친권자의 대리행위가 그 자의 행위를 목적으로 하는 채무를 부담하는 것인 경우에는 본인의 동의를 얻어야 한다(제920조 단서). 본인의 동의없이 대리행위를 한 경우에는 무권대리가 된다.

3. 이해상반행위와 친권의 제한

(1) 이해상반행위의 의의

① 이해상반행위란, 친권자에게 이익이 되고 그 자에게는 불이익이 되는 행위 또는 친권에 복종하는 일방 자를 위해서는 이익이 되고 친권에 복종하는 다른 자를 위해서는 불이익이 되는 모든 행위를 말한다.

제921조 제2항의 경우 이해상반행위의 당사자는 쌍방이 모두 친권에 복종하는 미성년자일 경우이어야 하고, 이때에는 친권자가 미성년자 쌍방을 대리할 수는 없는 것이므로 그 어느 미성년자를 위하여 특별대리인을 선임하여야 한다는 것이지 성년이 되어 친권자의 친권에 복종하지 아니하는 자와 친권에 복종하는 미성년자인 자 사이에 이해상반이 되는 경우가 있다 하여도 친권자는 미성년자를 위한 법정대리인으로서 그 고유의 권리를 행사할 수 있으므로 그러한 친권자의 법률행위는 이해상반행위에 해당한다 할 수 없다(88다카28044).
② 계약뿐만 아니라 동의나 소송행위도 이해상반행위가 될 수 있고, 재산법상의 법률행위뿐만 아니라 신분행위도 이해상반행위가 될 수 있다.

(2) '이해상반'의 판단

판례는 이해상반의 유무는 전적으로 그 행위 자체를 객관적으로 관찰하여 판단하여야 할 것이지 그 행위의 동기나 연유를 고려하여 판단하여야 할 것은 아니며(2001다65960), 친권자의 의도나 그 행위의 결과 실제로 이해의 대립이 생겼는지의 여부는 묻지 않는다고 한다(96다10270).

[판례] ① 친권자가 자기의 영업자금을 마련하기 위하여 미성년자인 자를 대리하여 그 소유부동산을 담보로 제공 저당권을 설정한 행위는 이해상반된 행위에 포함된다(대판 1970.7.27. 71다1113).

② 피상속인의 처가 미성년자인 자와 동순위로 공동상속인이 된 경우에 미성년자인 자의 친권자로서 상속재산을 분할하는 협의를 하는 행위는 민법 제921조 소정의 '이해상반되는 행위'에 해당하므로 특별대리인을 선임받아 미성년자를 대리하게 하여야 한다(대판 1993.3.9. 92다18481).

③ 친권자인 모가 자신이 연대보증한 차용금 채무의 담보로 자신과 자의 공유인 토지 중 자의 공유지분에 관하여 그 법정대리인의 자격으로 근저당권설정계약을 체결한 행위는 친권자인 모와 자 사이에 이해의 충돌이 발생할 수 있는 것이 모가 한 행위 자체의 외형상 객관적으로 당연히 예상되는 것이어서 이해상반행위로서 무효라고 보아야 한다(대판 2002.1.11. 2001다65960).

④ 친권자가 미성년자인 자 일방을 위하여 차금함에 있어서 다른 미성년자인 자 소유 부동산에 저당권을 설정하는 행위는 이해상반행위에 해당하지만, 자기의 친권에 복종하지 아니하는 자의 채무를 담보하기 위하여 미성년인 다른 자의 법정대리인으로서 그 소유의 부동산에 저당권을 설정하였다 하여도 이는 민법 제921조 제2항에서 말하는 이해상반행위에 해당하지 아니한다(대판 1976.3.9. 75다2340).

⑤ 을의 친권자이고 공동재산상속인인 갑이 공동상속인이고 미성년자인 을, 내, 정의 친권자로서 갑 자신의 재산상속을 포기함과 동시에 위 3인을 대리하여 성년의 자인 무를 위하여 재산상속을 포기한 행위는 친권자인 갑과 을 사이에 혹은 을과 다른 미성년자인 병, 정 사이에 이해상반되는 행위라고 할 수 없다(대판 1989.9.12. 88다카28044).

⑥ 법정대리인인 친권자가 부동산을 미성년자인 자에게 명의신탁하는 행위는 친권자와 사이에 이해상반되는 행위에 속한다고 볼 수 없으므로, 이를 특별대리인에 의하여 하지 아니하였다고 하여 무효라고 볼 수 없다(대판 1998.4.10. 97다4005).

⑦ 미성년자의 친권자인 모가 자기 오빠의 제3자에 대한 채무의 담보로 미성년자 소유의 부동산에 근저당권을 설정하는 행위가, 채무자를 위한 것으로서 미성년자에게는 불이익만을 주는 것이라고 하더라도, 민법 제921조 제1항에 규정된 '법정대리인인 친권자와 그 자 사이에 이해상반되는 행위'라고 볼 수는 없다(대판 1991.11.26. 91다32466).

⑧ 친권자인 모가 자신이 대표이사로 있는 주식회사의 채무 담보를 위하여 자신과 미성년인 자(子)의 공유재산에 대하여 자의 법정대리인 겸 본인의 자격으로 근저당권을 설정한 행위는 그 행위의 객관적 성질상 채무자 회사의 채무를 담보하기 위한 것에 불과하므로 친권자와 그 자 사이에 이해의 대립이 생길 우려가 있는 이해상반행위라고 볼 수 없다(대판 1996.11.22. 96다10270).

(3) 특별대리인의 선임

① 법정대리인인 친권자와 그 자 사이에 이해상반되는 행위를 함에는 친권자는 법원에 그 자의 특별대리인의 선임을 청구하여야 하며(제921조 제1항), 법정대리인인 친권자가 그 친권에 따르는 수인의 자 사이에 이해상반되는 행위를 함에는 법원에 그 자 일방의 특별대리인의 선임을 청구하여야 한다(제921조 제2항). 특별대리인은 이해가 상반되는 특정의 법률행위에 관하여 개별적으로 선임되어야 한다(96다1139).

② 특별대리인선임신청서에는 선임되는 특별대리인이 처리할 법률행위를 특정하여 적시하여야 하고 법원도 그 선임 심판시에 특별대리인이 처리할 법률행위를 특정하여 이를 심판의 주문에 표시하는 것이 원칙이며, 특별대리인에게 미성년자가 하여야 할 법률행위를 무엇이든지 처리할 수 있도록 포괄적으로 권한을 수여하는 심판을 할 수는 없다(96다1139).

[판례] 적모와 미성년자인 수인의 자 사이에 상속재산분할협의를 하게 되는 경우에는 미성년자 각자마다 특별대리인을 선임하여 그 각 특별대리인이 각 미성년자를 대리하여 상속재산분할의 협의를 하여야 하고, 만약 특별대리인 1인이 수인의 미성년자를 대리하여 상속재산분할협의를 하였다면 이는 민법 제921조에 위반된 것으로서 이러한 대리행위에 의하여 성립된 상속재산분할협의는 피대리자의 전원에 의한 추인이 없는 한 무효이다(대판 1994.9.9. 94다6680).

Ⅴ 친권의 소멸과 상실·회복

1. 친권의 소멸

① **절대적 소멸** : 자가 사망하거나 실종선고를 받은 경우, 자가 성년이 된 경우, 미성년자인 자가 혼인한 경우 등에 친권은 절대적으로 소멸한다.

② **상대적 소멸** : 자가 입양된 경우(제866조), 단독친권자로 정하여진 부모의 일방이 사망하거나, 친권상실의 선고를 받거나, 소재불명 등으로 친권을 행사할 수 없음으로 인해 새로이 친권자가 지정된 경우(제909조의2 제1항·제927조의2 제1항), 입양이 취소되거나 파양된 경우(제909조의2 제2항), 자가 친양자로 입양된 경우(제908조의3), 혼인 외의 자가 인지된 때와 부모가 이혼한 때에 부모의 협의 또는 가정법원에 의해 친권자가 정해진 경우(제909조 제4항), 혼인의 취소, 재판상 이혼, 강제인지에서 가정법원이 직권으로 친권자를 정하는 경우(제909조 제5항), 친권자가 가정법원에 의해 변경된 경우(제909조 제6항), 친권자가 친권상실의 선고를 받은 경우(제924조), 단독친권자가 친권상실의 선고를 받거나 소재불명 등으로 친권을 행사할 수 없음으로 인해 새로이 친권자가 지정된 후 단독친권자였던 부 또는 모, 양부모 일방 또는 쌍방이 실권을 회복하거나 소재불명에서 발견되는 등으로 친권을 행사할 수 있게 되어 친권자가 재지정된 경우(제927조의2 제2항) 등에 종전의 친권자 중 1인 또는 2인의 친권은 상대적으로 소멸한다. 즉, 다른 사람이 친권자가 되거나 후견이 개시된다.

2. 친권의 상실과 회복

(1) 의의

민법은 친권상실제도를 두어 법원의 재판에 의해 친권을 상실하게 할 수 있도록 하고(제924조), 친권상실의 원인이 소멸한 때에는 친권을 회복할 수 있도록 하고 있다(제926조). 친권상실의 선고와 회복에 관한 사건은 가사소송법상 마류 비송사건으로서, 조정을 거쳐야 한다(가사소송법 제50조).

(2) 친권상실·회복의 청구권자

① 친권상실의 청구는 자의 친족 또는 검사가 할 수 있고(제924조), 실권회복의 청구는 본인 또는 친족이 할 수 있다(제926조).
② 판례는 제924조나 제925조의 규정에 의한 친권상실이나 대리권·관리권상실을 청구할 수 있는 자가 그런 청구권을 포기하는 것을 내용으로 하는 계약은 공서양속에 위배하여 무효라고 하였다(76므34).
③ 친권상실선고 및 실권회복 사건은 마류 비송사건으로서 조정을 거쳐야 한다(가사소송법 제50조).

(3) 친권상실의 사유

부 또는 모가 ① 친권을 남용하거나 ② 현저한 비행 기타 친권을 행사시킬 수 없는 중대한 사유가 있는 때에 친권의 상실을 선고할 수 있다(제924조).

(가) 친권의 남용

친권의 남용에 의한 대리행위는 무권대리가 되며, 그 대리행위의 효과는 자에게 미치지 않는다(2011다64669). 다만, 친권의 남용으로 인한 무권대리가 있었다고 하여 반드시 친권의 상실을 선고해야만 하는 것은 아니다. 예컨대, 판례는 친권자인 모가 미성년자인 자의 법정대리인으로서 자의 유일한 재산을 아무런 대가도 받지 않고 증여하였고 상대방이 그 사실을 알고 있었던 경우, 그 증여행위는 친권의 남용에 의한 것이므로 그 효과는 자에게 미치지 않는다고 하면서도, 그러한 경우에도 친권자의 친권이 상실되어야 하는 것은 아니라고 하였다(96다43928).

(나) 자녀의 복리를 현저히 해치거나 해칠 우려가 있는 경우

2014년 개정 전에는 '현저한 비행 기타 친권을 행사시킬 수 없는 중대한 사유'로 제한을 두었으나, 개정에서 '자녀의 복리를 현저히 해치거나 해칠 우려가 있는 경우'라고 규정하여 아동학대로부터 아동을 보호하기 위하여 친권상실사유를 넓히고 있다.

(4) 친권상실의 효과

① 자에 대한 보호·교육권능, 대리권·재산관리권의 상실 : 친권상실선고에 의해 친권자는 자녀를 보호·교육시킬 권한뿐만 아니라, 법률행위에 대한 대리권·동의권과 재산관리권을 상실한다.
② 친권자의 변경 또는 후견이 개시 : 공동친권자 중 1인이 친권을 상실한 경우에는 나머지 1인이 단독친권자가 된다(제909조 제3항). 공동친권자 모두가 친권을 상실한 경우에는 후견이 개시된다(제928조). 가정법원은 친권상실의 선고에 따라 미성년후견인을 선임할 필요가 있는 경우에는 직권으로 미성년후견인을 선임하여야 한다(제932조 제2항). 단독친권자로 정해진 부모일방의 친권이 상실된 경우에는 새로이 친권자를 지정하거나 미성년후견인을 선임한다(제927조의2 제1항·제909조의2).
③ 친족관계의 유지 : 친권이 상실되더라도 친족관계가 소멸하는 것은 아니다. 따라서 상속관계나 부양의무는 존속한다.
④ 혼인동의권 등의 소멸 여부 : 친권이 상실된 경우에, 혼인동의권 등 신분행위에 있어서의 동의권이 소멸하는지가 문제되는데, 민법은 보통의 입양 및 친양자 입양에 있어서 부모가 친권을 상실한 경우에는 부모의 동의없이 입양할 수 있도록 하고 있다(제870조 제1항 제2호·제908조의2 제1항 제3호 단서).

(5) 친권의 일부상실

① 2년 범위 내에서 가정법원이 선고 : 가정법원은 친권의 일시 정지를 선고할 때에는 자녀의 상태, 양육상황, 그 밖의 사정을 고려하여 그 기간을 정하여야 한다. 이 경우 그 기간은 2년을 넘을 수 없다(제924조 제2항). 친권상실제도가 부모와 자식 사이를 단절시킬 수 있기 때문에 도입되었다.

② 2년의 범위에서 그 기간을 한 차례만 연장가능 : 가정법원은 자녀의 복리를 위하여 친권의 일시정지 기간의 연장이 필요하다고 인정하는 경우에는 자녀, 자녀의 친족, 검사, 지방자치단체의 장, 미성년후견인 또는 미성년후견감독인의 청구에 의하여 2년의 범위에서 그 기간을 한 차례만 연장할 수 있다(제924조 제3항).

(6) 친권의 일부제한

① 의의 : 부모의 개인적·종교적 신념 등으로 치료 거부, 의무교육 거부 등 특정사항에 대해 친권을 부당하게 사용하고 있다고 생각되는 경우 아동보호를 위해 도입된 제도이다. 가정법원은 거소의 지정, 그 밖의 신상에 관한 결정 등 특정한 사항에 관하여 친권자가 친권을 행사하는 것이 곤란하거나 부적당한 사유가 있어 자녀의 복리를 해치거나 해칠 우려가 있는 경우에는 자녀, 자녀의 친족, 검사 또는 지방자치단체의 장의 청구에 의하여 구체적인 범위를 정하여 친권의 일부 제한을 선고할 수 있다(제924조의2).

② 친권남용에 대한 일시적·제한적 제한 : 부모의 개인적·종교적 신념 등으로 치료 거부, 의무교육 거부 등 특정사항에 대해 친권을 부당하게 사용하고 있다고 생각되는 경우 아동보호를 위해 도입된 제도이다.

(7) 친권 회복 또는 친권자 지정

① 친권상실·친권일시정지·친권일부제한의 원인이 소멸한 때에는 법원은 본인, 자녀, 자녀의 친족, 검사 또는 지방자치단체의 장의 청구에 의하여 실권의 회복을 청구할 수 있다(제926조).

② 단독친권자의 친권상실에 따라 친권자가 지정되거나 미성년후견인이 선임된 후 단독친권자였던 부 또는 모, 양부모 일방 또는 쌍방에게 실권의 회복이 선고된 경우에는 그 부모 일방 또는 쌍방, 미성년자, 미성년자의 친족의 청구에 의하여 친권자를 새로 지정할 수 있다(제927의2 제2항).

[판례] 민법은 친권 남용 등의 중대한 사유가 있을 때 법원이 친권 상실을 선고할 수 있다는 규정만을 두고 있었으나(제924조), 2014. 10. 15. 법률 제12777호로 민법을 개정할 당시 친권 상실 선고 외에도 친권의 일시 정지(제924조)와 친권의 일부 제한(제924조의2)을 선고할 수 있다는 규정을 신설하고 친권 상실 선고 등의 판단 기준도 신설하였다(제925조의2). 가사소송규칙 제93조는 (마)류 가사비송사건에 대하여 가정법원이 가장 합리적인 방법으로 청구의 목적이 된 법률관계를 조정할 수 있는 내용의 심판을 하도록 하고 있고(제1항), 금전의 지급이나 물건의 인도, 기타 재산상의 의무이행을 구하는 청구에 대하여는 청구취지를 초과하여 의무의 이행을 명할 수 없다고 하면서도 자녀의 복리를 위하여 양육에 관한 사항을 정하는 경우를 제외하고 있다(제2항).
위와 같은 규정 내용과 체계 등에 비추어 친권 상실이나 제한의 경우에도 자녀의 복리를 위한 양육과 마찬가지로 가정법원이 후견적 입장에서 폭넓은 재량으로 당사자의 법률관계를 형성하고 그 이행을 명하는 것이 허용되며 당사자의 청구취지에 엄격하게 구속되지 않는다고 보아야 한다. 따라서 민법 제924조 제1항에 따른 친권 상실 청구가 있으면 가정법원은 민법 제925조의2의 판단 기준을 참작하여 친권 상실사유에는 해당하지 않지만 자녀의 복리를 위하여 친권의 일부 제한이 필요하다고 볼 경우 청구취지에 구속되지 않고 친권의 일부 제한을 선고할 수 있다(대결 2018.5.25. 2018스520).

제4장 후견

후견제도는 친권자가 없는 미성년자 또는 친권자가 법률행위의 대리권 및 재산관리권을 행사할 수 없는 미성년자 및 정신적 제약으로 인해 스스로 신상을 처리하거나 법률행위를 하기 어려운 자의 신상을 처리하고 법률행위를 보조하는 제도이다.

제1절 미성년후견

I 서설

미성년후견은 친권자가 없거나 친권자가 대리권·재산관리권을 행사할 수 없을 때에 비로소 개시된다. 즉, 미성년자는 친권의 보호를 받는 것이 원칙이며, 후견제도는 보충적인 제도로서 기능한다.

II 미성년후견의 개시

미성년자에게 친권자가 없거나 친권자가 법률행위의 대리권과 재산관리권을 행사할 수 없는 경우에는 미성년후견인을 두어야 한다(제928조). 미성년후견인의 수는 한 명으로 한다(제930조).

① **친권자가 없는 경우**: 친권자가 모두 사망한 경우, 친권자가 모두 친권상실선고의 심판을 받은 경우, 친권자 모두 심신상실·행방불명 등의 사유로 사실상 친권을 행사할 수 없는 경우 등이 '친권자가 없는 경우'에 해당한다. 단독친권자로 정해진 부모의 일방에게 그러한 사유가 생긴 경우에는 가정법원의 심판에 의해 생존하는 부 또는 모가 친권자로 지정될 수도 있고 미성년후견이 개시될 수도 있다(제909조의2·제927조의2 제1항).

② **친권자가 법률행위의 대리권과 재산관리권을 행사할 수 없는 경우**: '친권자가 법률행위의 대리권 및 재산관리권을 행사할 수 없는 경우'란, 친권자가 대리권 및 재산관리권을 상실하였거나 사퇴한 경우를 말한다. 단독친권자로 정해진 부모의 일방에게 그러한 사유가 생긴 경우에는 가정법원의 심판에 의해 생존하는 부 또는 모가 친권자로 지정될 수도 있고 미성년후견이 개시될 수도 있다는 것은 단독친권자로 정해진 부모 일방의 사망 등의 경우와 같다.

III 미성년후견인

1. 지정후견인과 선임후견인

(1) 지정후견인

① **친권자의 유언에 의한 후견인지정**: 미성년자에게 친권을 행사하는 부모는 유언으로 미성년후견인을 지정할 수 있다(제931조 제1항 본문). 다만, 법률행위의 대리권과 재산관리권이 없는 친권자는 그러하지 아니한다(제931조 제1항 단서). 부모의 일방이 단독친권자로 지정된 경우 그가 사망하더라도 생존한 다른 일방이 당연히 친권자가 되는 것이 아니므로(제909조의2 참조) 단독친권자는 유언에 의해 후견인을 지정할 수 있다.

② **가정법원의 지정**: 가정법원은 친권을 행사하는 부모의 유언에 따라 미성년후견인이 지정된 경우라도 미성년자의 복리를 위하여 필요하면 생존하는 부 또는 모, 미성년자의 청구에 의하여 후견을 종료하고 생존하는 부 또는 모를 친권자로 지정할 수 있다(제931조 제2항).

(2) 선임후견인

① **지정후견인이 없는 경우** : 가정법원은 친권을 행사하는 부모의 유언에 따라 지정된 미성년후견인이 없는 경우에는 직권으로 또는 미성년자, 친족, 이해관계인, 검사, 지방자치단체의 장의 청구에 의하여 미성년후견인을 선임한다(제932조 제1항 1문). 미성년후견인이 없게 된 경우에도 또한 같다(제932조 제2항 2문).

② **친권·대리권·재산관리권 상실이 선고된 경우** : 가정법원은 친권상실의 선고나 대리권 및 재산관리권 상실의 선고에 따라 미성년후견인을 선임할 필요가 있는 경우에는 직권으로 미성년후견인을 선임한다(제932조 제2항).

③ **대리권·재산관리권 사퇴의 경우** : 친권자가 대리권 및 재산관리권을 사퇴한 경우에는 지체 없이 가정법원에 미성년후견인의 선임을 청구하여야 한다(제932조 제3항).

④ **단독친권자인 부모 일방의 사망 등의 경우** : 단독친권자로 정해진 부모 일방의 사망 등의 경우에도 가정법원이 미성년후견인을 선임할 수 있다(제909조의2 제3항·제4항, 제927조의2 제1항).

2. 미성년후견인의 법적 지위

① 미성년후견은 대체로 친권과 그 취지를 같이 한다. 따라서 미성년후견인은 미성년자의 보호·감독에 관하여 친권자에 준하는 권한을 가진다.

② 한편, 후견사무를 처리한다는 점에서는 미성년후견인은 위임계약에서의 수임인과 유사하다.

3. 미성년후견인의 결격·사임·변경

(1) 미성년후견인의 결격

① **후견인의 결격사유** : ㉠ 미성년자, ㉡ 피성년후견인, 피한정후견인, 피특정후견인, 피임의 후견인, ㉢ 회생절차개시결정 또는 파산선고를 받은 자, ㉣ 자격정지 이상의 형의 선고를 받고 그 형기 중에 있는 사람, ㉤ 법원에서 해임된 법정대리인, ㉥ 법원에서 해임된 성년후견인, 한정후견인, 특정후견인, 임의후견인과 그 감독인, ㉦ 행방이 불분명한 사람, ㉧ 피후견인을 상대로 소송을 하였거나 하고 있는 사람 등은 후견인이 되지 못한다(제937조). 후견인은 광범위한 범위에서 피후견인의 이해를 도모해야 하고 피후견인의 법률행위를 보조해야 하므로, 제한능력자이거나 피후견인과 이해관계가 대립하는 사람은 후견인이 될 수 없도록 하는 것이다.

② **결격의 효과** : 친권을 행사하는 부모가 유언으로 결격자를 지정하거나 가정법원이 결격자를 후견인으로 선임한 경우 그 지정·선임은 무효이다. 지정·선임 이후 결격사유가 발생한 경우에는 그 사유발생으로 즉시 후견인의 지위를 상실한다.

(2) 미성년후견인의 사임

후견인은 정당한 사유가 있는 경우에는 가정법원의 허가를 받아 사임할 수 있다(제939조 1문). 이 경우 그 후견인은 사임청구와 동시에 가정법원에 새로운 후견인의 선임을 청구하여야 한다(제939조 2문).

(3) 미성년후견인의 변경

가정법원은 피후견인의 복리를 위하여 후견인을 변경할 필요가 있다고 인정하면 직권으로 또는 피후견인, 친족, 후견감독인, 검사, 지방자치단체의 장의 청구에 의하여 후견인을 변경할 수 있다(제940조).

Ⅳ 미성년후견의 사무

1. 미성년자의 신상에 관한 사무

① **보호·교양의무 등** : 후견인은 친권자와 마찬가지로, 미성년자에 대한 보호·교양의무, 거소지정권 등을 가진다(제945조 본문). 다만, 친권자가 정한 교육·양육방법 또는 거소를 변경하는 경우에는 미성년후견감독인이 있으면 그의 동의를 받아야 한다(제945조 단서). 가정법원이 민법 제924조의2에 따라 부모의 친권 중 양육권만을 제한하여 미성년후견인으로 하여금 자녀에 대한 양육권을 행사하도록 결정한 경우에 민법 제837조를 유추적용하여 미성년후견인은 비양육친을 상대로 가사소송법 제2조 제1항 제2호 나목 3)에 따른 양육비 심판을 청구할 수 있다(2019스621).

② **신분행위에 대한 동의권 등** : 미성년자의 후견인은 약혼에 대한 동의권(제801조), 혼인에 대한 동의권(제808조 제1항), 13세 이상 미성년자 입양에 대한 동의권(제869조 제1항) 등 신분행위에 대한 동의권을 가진다. 또한, 미성년자의 후견인은 혼인적령에 미달한 혼인의 취소권(제817조), 인지청구의 제소권(제863조), 13세 미만 미성년자 입양에 대한 대낙권(제869조 제2항), 미성년자가 양부모가 된 경우의 취소권(제885조), 13세 이상 미성년자가 동의없이 입양된 경우의 취소권(제886조), 상속의 승인·포기권(제1020조) 등 미성년자의 신분행위에 관한 권한을 가진다.

③ **재산에 관한 행위에 한정된 후견** : 미성년자의 친권자가 법률행위의 대리권과 재산관리권에 한정하여 친권을 행사할 수 없는 경우에 미성년후견인의 임무는 미성년자의 재산에 관한 행위에 한정된다(제946조·제927조의2 제1항 단서). 따라서 친권자가 보호·교양의무, 거소지정권 등과 신분행위에 대한 동의권 등을 가진다.

2. 미성년자의 재산에 관한 사무

(1) 재산관리와 법률행위의 대리·동의

① 미성년후견인은 미성년자의 재산을 관리하고 그 재산에 관한 법률행위에 대하여 미성년자를 대리한다(제949조 제1항). 또한, 미성년자의 법률행위에 대한 동의권과 취소권을 가지며(제5조 제1항), 범위를 정하여 재산의 처분을 허락할 수 있고(제6조), 특정한 영업을 허락할 수 있다(제8조).

② **선량한 관리자의 주의의무** : 후견인은 친권자가 자기의 재산에 관한 행위와 동일한 주의를 부담하는 것(제922조)과는 달리, 선량한 관리자로서의 주의의무를 진다(제956조·제681조).

(2) 재산관리권·대리권의 제한

① **미성년자의 행위를 목적으로 하는 채무** : 후견인은 친권자의 대리에서와 마찬가지로, 피후견인인 미성년자의 행위를 목적으로 하는 채무를 부담할 경우에는 그의 동의를 얻어야 한다(제949조 제2항·제920조).

② **무상으로 수여받은 재산** : 후견인은 친권자의 재산관리에서와 마찬가지로, 무상으로 미성년자에게 재산을 수여한 제3자가 후견인의 관리에 반대하는 의사를 표시한 때에는 그 재산을 관리하지 못한다(제956조·제918조).

③ **친권자가 허락한 영업의 취소·제한에 대한 후견감독인의 동의** : 후견인이 친권자가 허락한 영업을 취소하거나 제한하는 경우에는 미성년후견감독인이 있으면 그의 동의를 받아야 한다(제945조 제3호).

④ **이해상반행위에서의 대리권의 제한** : 미성년자와 이해상반행위를 함에 있어서는 후견인은 법원에 그 미성년자의 특별대리인의 선임을 청구하여야 한다(제949조의3 본문·제921조). 후견감독인이 있는 경우에는 후견감독인이 피후견인을 대리한다(제949조의3 단서·제940조의6 제3항).

⑤ **미성년자에 대한 권리의 양수의 제한** : 후견인이 피후견인에 대한 제3자의 권리를 양수하는 경우에는 피후견인은 이를 취소할 수 있으며(제951조 제1항), 후견감독인이 있음에도 그의 동의 없이 피후견인에 대한 제3자의 권리를 양수한 경우에는 피후견인 또는 후견감독인이 이를 취소할 수 있다(제951조 제2항).

(3) 재산조사 및 재산목록의 작성 등

① **재산조사 및 재산목록의 작성** : 후견이 개시되면 후견인은 지체 없이 피후견인의 재산을 조사하여 2개월 내에 그 목록을 작성하여야 한다(제941조 제1항 본문). 다만, 정당한 사유가 있는 경우에는 법원의 허가를 받아 그 기간을 연장할 수 있다(제941조 제1항 단서). 후견감독인이 있는 경우 재산조사와 목록작성은 후견감독인의 참여가 없으면 효력이 없다(제941조 제2항).

② **재산조사 및 재산목록의 작성 이전의 권한행사의 제한** : 후견인은 재산조사와 목록작성을 완료하기까지는 긴급필요한 경우가 아니면 그 재산에 관한 권한을 행사하지 못한다(제943조 본문). 그러나 이로써 선의의 제3자에게 대항하지 못한다(제943조 단서).

[판례] 민법 제943조에 의하면 후견인은 재산조사와 목록작성을 완료하기까지는 긴급필요한 경우가 아니면 그 재산에 관한 권한을 행사하지 못한다고 규정하고 있는 바, 이는 재산목록의 작성이 끝날 때까지 후견인의 권한행사를 제한하는 규정으로서 이에 위반한 후견인의 행위는 무권대리행위에 해당하고, 긴급필요한 경우란 재산목록의 작성 전에 이를 하지 않으면 피후견인의 신상 또는 재산에 관하여 후일 이를 회복하기 어려운 불이익을 가져오게 할 경우를 말하는 것이다(대판 1997.11.28. 97도1368).

③ **채권·채무의 제시** : 후견인과 피후견인 사이에 채권·채무의 관계가 있고 후견감독인이 있는 경우에는 후견인은 재산목록의 작성을 완료하기 전에 그 내용을 후견감독인에게 제시하여야 한다(제942조 제1항).
후견인이 피후견인에 대한 채권이 있음을 알고도 제시를 게을리한 경우에는 그 채권을 포기한 것으로 간주된다(제942조 제2항).

④ **포괄적 재산을 취득한 경우의 재산조사 및 재산목록 작성 등** : 후견인의 취임 후에 피후견인이 포괄적 재산을 취득한 경우에도 후견인은 이를 조사하여 그 목록을 작성하여야 하고, 그 목록을 작성하기 이전에는 긴급필요한 경우가 아니면 그 재산에 관한 권한을 행사하지 못한다(제944조·제941조·제943조).

3. 미성년자의 자녀에 대한 친권대행

① 미성년후견인은 미성년자를 갈음하여 미성년자의 자녀에 대한 친권을 행사한다(제948조 제1항). 미성년자도 혼인하면 성년으로 의제되므로, 친권자의 친권대행에서와 같이, 제948조도 피후견인인 미성년자가 법률혼을 이루지 못하고 부 또는 모가 된 경우에만 적용되게 된다.

② **친권대행에서의 제한** : 미성년후견인의 친권대행에는 미성년후견인의 임무에 관한 규정이 준용된다(제948조 제2항). 따라서 친권자의 친권대행과는 달리, 후견인이 영업에 관한 행위 등에 대하여 피후견인인 미성년자의 자녀를 대리하거나 동의하는 경우에는 후견감독인이 있으면 그의 동의를 받아야 한다(제950조).

4. 사무처리의 비용

후견인이 후견사무를 수행하는 데 필요한 비용은 피후견인의 재산 중에서 지출한다(제955조의2).

Ⅴ 미성년후견의 감독

1. 미성년후견감독인에 의한 후견의 감독

(1) 미성년후견감독인의 지정·선임

① **미성년후견감독인의 지정** : 미성년후견인을 지정할 수 있는 사람, 즉 미성년자에 대하여 친권을 행사하는 부모는 유언으로 미성년후견감독인을 지정할 수 있다(제940조의2).

② **미성년후견감독인의 선임** : 가정법원은 친권을 행사하는 부모의 유언에 의해 지정된 미성년후견감독인이 없는 경우에 필요하다고 인정하면 직권으로 또는 미성년자, 친족, 미성년후견인, 검사, 지방자치단체의 장의 청구에 의하여 미성년후견감독인을 선임할 수 있다(제940조의3 제1항). 또한, 미성년후견감독인이 선임된 경우에도 필요하다고 인정하면 직권으로 또한 피성년후견인, 친족, 이해관계인, 검사, 지방자치단체의 장, 성년후견인의 청구에 의하여 추가로 성년후견인을 선임할 수 있다(제940조의7 · 제936조 제3항).

③ **미성년후견감독인의 사망 등의 경우의 후견감독인의 선임** : 가정법원은 미성년후견감독인이 사망, 결격, 그 밖의 사유로 없게 된 경우에는 직권으로 또는 미성년자, 친족, 미성년후견인, 검사, 지방자치단체의 장의 청구에 의하여 미성년후견감독인을 선임한다(제940조의3 제2항).

④ **미성년후견감독인의 자격 등** : 제한능력자 등 후견인이 될 수 없는 자는 미성년후견감독인이 될 수 없다(제940조의7 · 제937조). 미성년후견인의 가족도 미성년후견감독인이 될 수 없다(제940조의5). 미성년후견감독인은 여러 명을 둘 수 있으며(제940조의7 · 제930조 제2항), 법인도 미성년후견감독인이 될 수 있다(제940조의7 · 제930조 제3항). 미성년후견감독인에 대해서는 후견인의 사임(제939조) 및 변경(제940조), 피성년후견인의 신상결정(제947조의2), 성년후견인이 여러 명인 경우의 권한행사방법(제949조의2), 후견인에 대한 보수(제955조) 및 사무비용의 지출(제955조의2) 등 후견인에 관한 규정을 준용한다(제940조의7).

(2) 미성년후견감독인의 사무

① 후견인 감독(제940조의6 제1항 전단, 제953조) ② 미성년자의 보호(제940조의6 제1항 후단, 제2항), ③ 이해상반행위에서의 피후견인의 대리(제940조의6 제3항), ④ 선량한 관리자의 주의의무 등(수임인의 주의의무에 관한 규정 준용)이 있다.

(3) 후견감독인의 동의를 필요로 하는 행위 등

① **후견감독인의 동의를 필요로 하는 행위** : 후견인이 피후견인을 대리하여 ㉠ 영업에 관한 행위, ㉡ 금전을 빌리는 행위, ㉢ 의무만을 부담하는 행위, ㉣ 부동산 또는 중요한 재산에 관한 권리의 득실변경을 목적으로 하는 행위, ㉤ 소송행위[37], ㉥ 상속의 승인, 한정승인 또는 포기 및 상속재산의 분할에 관한 협의를 하거나 미성년자의 행위에 동의를 할 때는 후견감독인이 있으면 그의 동의를 받아야 한다(제950조 제1항). 또한, 후견인이 피후견인에 대한 제3자의 권리를 양수하는 경우에도 후견감독인이 있으면 그의 동의를 받아야 한다(제951조 제2항).

② **동의에 갈음하는 가정법원의 허가** : 제950조 제1항에 의해 후견감독인의 동의가 필요한 행위에 대하여 후견감독인이 피후견인의 이익이 침해될 우려가 있음에도 동의를 하지 아니하는 경우에는 가정법원은 후견인의 청구에 의하여 후견감독인의 동의를 갈음하는 허가를 할 수 있다(제950조 제2항).

③ **후견감독인의 동의를 받지 않는 행위의 취소** : 후견인이 제950조 제1항 · 제951조 제2항에 의해 후견감독인의 동의를 필요로 하는 행위를 후견감독인의 동의 없이 하였을 때에는 피후견인 또는 후견감독인이 그 행위를 취소할 수 있다(제950조 제3항 · 제951조 제2항). 다만, 소송행위의 경우에는 그러한 동의가 없었다면 무효라고 해야 한다(2001다5937). 소송행위에서는 절차적 안정이 요구되므로 취소권의 행사 여부에 따라 그 효력을 달리 할 수 없기 때문이다.

제950조 제2항의 피후견인 또는 후견감독인의 취소권은 일신전속권이므로 채권자대위권의 목적이 될 수 없다(94다35985).

---

[37] 상대방의 소 제기 또는 상소에 관하여 소송행위를 하는 경우에는 후견감독인으로부터의 특별수권, 즉 동의를 요하지 않는다(민사소송법 제56조 제1항 참조). 그러나 소의 취하, 화해, 청구의 포기 · 인낙 또는 독립당사자참가에서의 탈퇴를 하기 위해서는 특별한 권한을 받아야 한다(민사소송법 제56조 제2항).

④ **상대방의 최고권** : 제950조 제1항·제951조 제2항에 의해 후견감독인의 동의를 필요로 하는 행위에 대하여 후견감독인의 동의가 없었던 경우, ㉠ 그 상대방은 미성년자가 성년자가 되었다면 그에게 1개월 이상의 기간을 정하여 그 취소할 수 있는 행위를 추인할 것인지 여부의 확답을 촉구할 수 있다. 성년자로 된 사람이 그 기간 내에 확답을 발송하지 아니하면 그 행위를 추인한 것으로 간주된다(제952조·제15조 제1항), ㉡ 미성년자가 아직 성년자가 되지 못한 경우에는 후견감독인에게 1개월 이상의 기간을 정하여 그 취소할 수 있는 행위를 추인할 것인지 여부의 확답을 촉구할 수 있고, 그 기간 내에 확답을 발송하지 아니하면 그 행위는 추인한 것으로 간주된다(제952조·제15조 제2항). 위의 경우에 특별한 절차가 필요한 행위는 그 정하여진 기간 내에 그 절차를 밟은 확답을 발송하지 아니하면 취소한 것으로 간주된다(제952조·제15조 제3항).

2. 가정법원에 의한 후견의 감독

가정법원은 직권으로 또는 피후견인, 후견감독인, 친족, 그 밖의 이해관계인, 검사, 지방자치단체의 장의 청구에 의하여 피후견인의 재산상황을 조사하고, 후견인에게 재산관리 등 후견임무 수행에 관하여 필요한 처분을 명할 수 있다(제954조). 그 외에도 가정법원은 후견인의 변경(제940조), 후견인의 재산조사 및 목록작성기간의 연장(제941조), 후견감독인의 동의를 필요로 하는 행위에서의 후견감독인의 동의에 갈음하는 허가(제950조 제2항), 후견인 및 후견감독인에 대한 보수의 수여(제955조·제940조의7), 후견종료에 따른 계산기간의 연장(제957조 제1항 단서) 등에 의해 후견을 감독한다.

Ⅵ 미성년후견의 종료

① 미성년자가 성년이 되면 후견을 당연히 종료한다. 미성년자가 혼인을 하여 성년으로 의제되는 경우도 같다. 단독친권자의 사망 등에 따라 미성년후견을 개시한 이후 양육상황이나 양육능력의 변동 등을 고려하여 생존하는 父 또는 母를 친권자로 지정한 경우(제909조의2 제6항), 친권상실선고 또는 대리권·재산관리권상실선고가 취소된 경우(제926조), 대리권·재산관리권의 사퇴를 회복한 경우(제927조 제2항), 가정법원이 유언에 의한 후견을 종료하고 생존하는 父 또는 母를 친권자로 지정한 경우(제931조 제2항), 미성년자가 입양되어 양친의 친권에 따르게 된 경우, 미성년자가 인지되어 父의 친권에 따르게 된 경우 등에도 후견은 종료한다.
② **관리의 계산** : 후견인이 임무가 종료된 때에는 후견인 또는 그 상속인은 1개월 내에 피후견인의 재산에 관한 계산을 하여야 한다(제957조 제1항 본문). 다만, 정당한 사유가 있는 경우에는 법원의 허가를 받아 그 기간을 연장할 수 있다(제957조 제1항 단서). 피후견인의 재산에 관한 계산은 후견감독인이 있는 경우에는 그가 참여하지 아니하면 효력이 없다(제957조 제2항). 후견이 종료한 경우뿐만 아니라 후견인의 결격·사임으로 새로이 후견인을 선임하는 경우나 후견인을 변경하는 경우와 같이 후견은 종료하지 않지만 후견인의 임무는 종료하는 경우에도 피후견인의 재산에 관한 계산을 하여야 한다.
③ **이자와 손해배상책임** : 후견인이 피후견인에게 지급할 금액이나 후견인이 후견인에게 지급할 금액에는 계산종료의 날로부터 이자를 부가하여야 한다(제958조 제1항). 후견인이 자기를 위하여 피후견인의 금전을 소비한 때에는 그 소비한 날로부터 이자를 부가하고 피후견인에게 손해가 있으면 이를 배상하여야 한다(제958조 제2항).
④ **후견사무종료 시 위임에 관한 규정의 준용** : 후견사무의 종료에 있어서는 위임종료 시의 긴급처리(제691조)와 위임종료사유의 통지(제692조)의 규정이 준용된다(제959조). 따라서 후견사무의 종료는 이를 미성년자 또는 그 법정대리인에게 통지하거나 미성년자 또는 법정대리인이 이를 안 때가 아니면 이로써 미성년자에게 대항하지 못한다(제692조). 후견사무가 종료였더라도 급박한 사정이 있는 때에는 미성년자 또는 그 상속인이나 법정대리인이 재산관리를 할 수 있을 때까지 후견사무를 계산하여야 한다(제691조).

제2절 성년후견제도

제1관 성년후견

I 서설

① 성년후견은 질병 등의 사유로 인한 정신적 제약으로 사무를 처리할 능력이 지속적으로 결여된 사람에 대한 후견이다. 정신적 제약으로 사무를 처리할 능력이 지속적으로 결여된 사람은 스스로의 판단에 의하여 신상을 처리하고 법률행위를 하기 어렵다. 그러한 자를 보호하는 한편 그의 능력을 보충하여 유효한 법률행위를 할 수 있도록 하는 제도가 성년후견제도이다.

② 정신적 제약으로 사무를 처리할 능력이 지속적으로 결여된 사람은 가정법원의 심판에 의해 피성년후견인이 되며, 가정법원에 의해 선임된 성년후견인이 그의 신상을 처리하고 그의 법률행위를 대리하게 된다.

II 성년후견의 개시

① **성년후견개시의 사유** : 질병, 장애, 노령, 그 밖의 사유로 인한 정신적 제약으로 사무를 처리할 능력이 지속적으로 결여된 경우에 성년후견을 하게 된다(제9조 제1항). 한정후견과는 달리, 사무를 처리할 능력이 결여되어야 하며, 그 결여는 지속적인 것이어야 한다.

② **성년후견개시 심판의 청구권자** : 성년후견개시의 심판은 본인, 배우자, 4촌 이내의 친족, 미성년후견인, 미성년후견감독인, 한정후견인, 한정후견감독인, 특정후견인, 특정후견감독인, 검사 또는 지방자치단체의 장이 청구할 수 있다(제9조 제1항).
가정법원이 직권으로 성년후견개시의 심판절차를 개시하는 것은 인정되지 않는다.

③ **성년후견개시의 심판** : 가정법원은 성년후견개시의 심판을 할 때 본인의 의사를 고려하여야 한다(제9조 제2항). 본인이 후견개시에 대하여 의견을 표시할 수 있다면 이를 청취하여야 하고, 그 의견을 적극적으로 반영해야 한다는 취지이다. 다만, 본인의 복리를 위해 필요한 경우에는 본인의 의사에 반하더라도 성년후견을 개시할 수 있다.
가정법원이 피한정후견인 또는 피특정후견인에 대하여 성년후견개시의 심판을 할 때에는 종전의 한정후견 또는 특정후견의 종료 심판을 한다(제14조의3 제1항).

III 피성년후견인의 행위능력

① 피성년후견인의 법률행위는 취소할 수 있다(제10조 제1항). 여기서의 법률행위는 재산상 법률행위를 말한다. 신분행위는 피성년후견인의 대리 또는 동의에 의해서 하여야 한다. 피성년후견인도 의사능력이 있다면 유언은 단독으로 할 수 있다(제1063조 제1항).

② 가정법원은 취소할 수 없는 피성년후견인의 법률행위의 범위를 정할 수 있으며(제10조 제2항), 본인, 배우자, 4촌 이내의 친족, 성년후견인, 성년후견감독인, 검사 또는 지방자치단체의 장의 청구에 의하여 그 범위를 변경할 수 있다(제10조 제3항).

③ 일용품의 구입 등 일상생활에 필요하고 그 대가가 과도하지 아니한 법률행위는 성년후견인이 취소할 수 없다(제10조 제3항). 즉, 그러한 범위에서는 피성년후견인에게도 행위능력이 인정된다.

Ⅳ 성년후견인

1. 성년후견인의 선임

① **가정법원에 의한 선임** : 가정법원의 성년후견개시 심판이 있는 경우에는 그 심판을 받은 사람의 성년후견인을 두어야 한다(제929조). 성년후견인은 가정법원이 직권으로 선임한다(제936조 제1항).
성년후견인이 사망·결격 그 밖의 사유로 없게 된 경우에도 직권으로 또는 피성년후견인, 친족, 이해관계인, 검사, 지방자치단체의 장의 청구에 의하여 가정법원이 성년후견인을 선임한다(제936조 제2항). 가정법원은 성년후견인이 선임된 경우에도 필요하다고 인정하면 직권으로 또는 성년후견인, 피성년후견인, 친족, 이해관계인, 검사, 지방자치단체의 장의 청구에 의하여 추가로 성년후견인을 선임할 수 있다(제936조 제3항).

② **후견인선임에서 고려해야 할 사항** : 가정법원이 성년후견인을 선임할 때에는 피성년후견인의 의사를 존중하여야 하며, 그 밖에 피성년후견인의 건강, 생활관계, 재산상황, 성년후견인이 될 사람의 직업과 경험, 피성년후견인과의 이해관계의 유무(법인이 성년후견인이 될 때에는 사업의 종류와 내용, 법인이나 그 대표자와 피성년후견인 사이의 이해관계의 유무를 말한다) 등의 사정도 고려하여야 한다(제936조 제4항).

③ **후견인의 수와 자격** : 성년후견인은 피성년후견인의 신상과 재산에 관한 모든 사정을 고려하여 여러 명을 둘 수 있다(제930조 제2항). 법인도 성년후견인이 될 수 있다(제930조 제3항).

2. 성년후견인의 법적 지위

① **피후견인의 법정대리인** : 성년후견인은 피후견인의 법정대리인이 된다(제938조 제1항). 성년후견인은 피성년후견인의 법정대리인으로서 피성년후견인의 법률행위에 대한 대리권을 가진다.

② **성년후견인의 대리권의 범위** : 2011년 개정민법은 가정법원이 법정대리권의 범위를 정하도록 하고 있다(제938조 제2항). 구법과는 달리 구체적 사정에 맞추어 대리권의 범위를 정할 수 있도록 함으로써, 성년후견인의 권한남용을 방지하고 피성년후견인을 보호하려는 것이다.
후견인의 대리권의 범위가 적절하지 않게 된 경우에는 가정법원은 본인, 배우자, 4촌 이내의 친족, 성년후견인, 성년후견 감독인, 검사 또는 지방자치단체의 장의 청구에 의하여 그 범위를 변경할 수 있다(제938조 제4항).

③ **성년후견인의 대리권의 범위와 취소할 수 없는 법률행위의 범위** : 가정법원은 성년후견인의 대리권의 범위를 정할 수 있을 뿐만 아니라(제938조 제2항), 피성년후견인이 취소할 수 없는 법률행위의 범위를 정할 수 있다(제10조 제2항). 따라서 성년후견인의 대리권의 범위를 피성년후견인이 취소할 수 있는 법률행위의 범위와 같게 정하는 경우에는, 피성년후견인은 그 이외의 범위에서는 행위능력자와 동일한 행위능력을 가지는 결과가 된다.

④ **성년후견인의 신상결정** : 피성년후견인은 자신의 신상에 관하여 그의 상태가 허락하는 범위에서 단독으로 결정하지만(제947조의2 제1항), 가정법원은 성년후견인이 피성년후견인의 신상에 관하여 결정할 수 있는 권한의 범위를 정할 수 있다(제938조 제3항).
성년후견인의 피성년후견인에 대한 신상결정권의 범위가 적절하지 아니하게 된 경우에 가정법원은 본인, 배우자, 4촌 이내의 친족, 성년후견인, 성년후견감독인, 검사 또는 지방자치단체의 장의 청구에 의하여 그 범위를 변경할 수 있다(제938조 제4항).

⑤ **성년후견인이 여러 명인 경우의 권한 행사** : 가정법원은 직권으로 여러 명의 성년후견인이 공동으로 또는 사무를 분장하여 그 권한을 행사하도록 정할 수 있으며(제949조의2 제1항), 직권으로 그 결정을 변경하거나 취소할 수 있다(제949조의2 제2항).

여러 명의 성년후견인이 공동으로 권한을 행사하여야 하는 경우에 어느 성년후견인이 피성년후견인의 이익이 침해될 우려가 있음에도 법률행위의 대리 등 필요한 권한행사에 협력하지 아니할 때에는 가정법원은 피성년후견인, 성년후견인, 후견감독인 또는 이해관계인의 청구에 의하여 그 성년후견인의 의사표시를 갈음하는 재판을 할 수 있다(제949조의2 제3항).
⑥ 성년후견인은 후견의 본지에 따라 선량한 관리자의 주의로써 후견사무를 처리하여야 하고(제956조·제681조), 피성년후견인의 재산 중에서 상당한 보수를 받을 수 있다는 것(제955조)은 미성년후견인에서와 같다.

3. 성년후견인의 결격·사임·변경

성년후견인의 결격사유(제937조)와 그 효과, 정당한 사유가 있는 경우의 가정법원의 허가에 의한 사임과 새로운 후견인의 선임청구(제939조), 피후견인의 복리를 위한 가정법원의 후견인 변경(제940조) 등은 미성년후견인에서와 같다.

Ⅴ 성년후견의 사무

1. 피성년후견인의 재산에 관한 사무

(1) 재산관리와 법률행위의 대리

성년후견인은 피성년후견인의 재산을 관리하고 그 재산에 관한 법률행위에 대하여 피성년후견인을 대리한다(제949조 제1항). 가정법원은 성년후견인의 대리권의 범위를 정할 수 있다(제938조 제2항).

피성년후견인의 법률행위는 취소할 수 있으며(제10조 제1항), 이는 성년후견인의 동의가 있었더라도 마찬가지이다. 따라서 성년후견인은 미성년후견인이나 한정후견인과는 달리, 피후견인의 법률행위에 대한 동의권이 없는 것이 된다.

(2) 재산관리권·대리권의 제한

① 피성년후견인이 거주하는 건물·대지의 매도 등에 대한 제한 : 성년후견인이 피성년후견인을 대리하여 피성년후견인이 거주하고 있는 건물 또는 그 대지에 대하여 매도, 임대, 전세권 설정, 저당권 설정, 임대차의 해지, 전세권의 소멸, 그 밖에 이에 준하는 행위를 하는 경우에는 가정법원의 허가를 받아야 한다(제947조의2 제5항).
② 피성년후견인의 행위를 목적으로 하는 채무를 부담할 경우에는 그의 동의를 얻어야 한다는 것(제949조 제2항·제920조), 무상으로 피성년후견인에게 재산을 수여한 제3자가 후견인의 관리에 반대하는 의사를 표시한 때에는 후견인은 그 재산을 관리하지 못한다는 것(제956조·제918조), 피성년후견인과의 이해상반행위를 함에 있어서는 피성년후견인의 특별대리인 선임을 청구하여야 하고 후견감독인이 있는 경우에는 후견감독인이 피후견인을 대리한다는 것(제949조의3 본문·제921조·제940조의6 제3항), 후견인이 피후견인에 대한 제3자의 권리를 양수하는 경우에는 피후견인이 취소할 수 있으며, 후견감독인이 있음에도 그의 동의가 없었다면 피후견인 또는 후견감독인이 취소할 수 있다는 것(제951조 제2항) 등은 미성년후견인에서와 같다.

(3) 재산조사 및 재산목록의 작성 등

후견이 개시되면 피후견인의 재산을 조사하여 목록을 작성하여야 한다는 것(제941조), 그 이전에는 재산에 관한 권한을 행사하지 못한다는 것(제943조), 후견인과 피후견인 사이에 채권·채무의 관계가 있고 후견감독인이 있는 경우에는 재산목록의 작성 완료 이전에 그 내용을 후견감독인에게 제시하여야 한다는 것(제942조), 후견인의 취임 후에 피후견인이 포괄적 재산을 취득한 경우에는 이를 조사하여 목록을 작성하여야 한다는 것(제944조) 등은 미성년후견에서와 같다.

2. 피성년후견인의 신상에 관한 사무

① 피성년후견인은 자신의 신상에 관하여 그의 상태가 허락하는 범위에서는 단독으로 결정하지만(제947조의2 제1항), 그러한 상태가 아니라면 가정법원이 정하는 범위에서(제938조 제2항) 성년후견인이 피성년후견인의 신상에 관한 결정을 하게 된다. 피성년후견인의 신체를 침해하는 의료행위에 대하여 피성년후견인이 동의할 수 없는 경우에는 성년후견인이 그를 대신하여 동의할 수 있다(제947조의2 제3항).

② **신분행위에 대한 동의권 등** : 성년후견인은 약혼에 대한 동의권(제802조), 혼인에 대한 동의권(제808조 제2항), 협의이혼에 대한 동의권(제835조·제808조 제2항), 인지에 대한 동의권(제856조), 입양 및 양자에 대한 동의권(제873조), 협의파양에 대한 동의권(제902조) 등 신분행위에 대한 동의권을 가진다. 또한 성년후견인은 그의 동의없는 혼인의 취소권(제817조), 친생부인의 제소권(제848조 제1항), 그의 동의 없는 입양·양자에 대한 취소권(제887조), 파양청구에 대한 동의권(제906조 제3항) 등 피성년후견인의 신분행위에 관한 권한을 가진다.

3. 피성년후견인의 복리와 의사존중

성년후견인은 피성년후견인의 재산관리와 신상보호를 할 때 여러 사정을 고려하여 그의 복리에 부합하는 방법으로 사무를 처리하여야 한다(제947조 1문). 이 경우 성년후견인은 피성년후견인의 복리에 반하지 아니하면 피성년후견인의 의사를 존중하여야 한다(제947조 2문).

성년후견인이 피후견인의 복리에 부합하지 않는 방법으로 사무를 처리하거나 복리에 반하지 않음에도 피성년후견인의 의사를 존중하지 않았다면 후견인 변경(제940조 제1항)의 사유가 될 수 있다.

4. 사무처리의 비용

성년후견사무에 대한 사무처리비용을 피후견인의 재산 중에서 지출한다는 것(제955조의2)은 미성년후견에서와 같다.

Ⅵ 성년후견의 감독

1. 성년후견감독인에 의한 감독

(1) 성년후견감독인의 선임

① 가정법원은 필요하다고 인정하면 직권으로 또는 피성년후견인, 친족, 성년후견인, 검사, 지방자치단체의 장의 청구에 의하여 성년후견감독인을 선임할 수 있다(제940조의4 제1항). 미성년후견인에서와 같이, 성년후견감독인의 선임은 임의적이다. 다만, 성년후견감독인을 선임했었는데, 성년후견감독인이 사망·결격 그 밖의 사유로 없게 된 경우에는 가정법원은 직권으로 또는 피성년후견인, 친족, 성년후견인, 검사, 지방자치단체의 장의 청구에 의하여 성년후견감독인을 선임해야 한다(제940조의4 제2항).

② **성년후견감독인의 자격 등** : 성년후견감독인의 자격 및 후견인에 관한 규정의 준용은 미성년후견감독인의 경우와 같다(제940조의7).

(2) 성년후견감독인의 사무

후견인의 사무를 감독한다는 것(제940조의6 제1항 전단), 이해상반행위에 대해 피후견인을 대리한다는 것(제940조의6 제3항), 후견인에 대해 임무수행보고와 재산목록제출을 요구할 수 있다는 것(제953조), 피후견인의 재산상황을 조사할 수 있다는 것(제953조), 후견인이 없는 경우에 가정법원에 후견인의 선임을 청구하여야 한다는 것(제940조의6 제1항 후단), 피후견인에게 급박한 사정이 있는 경우에 필요한 행위·처분을 할 수 있다는 것(제940조의6 제2항), 위임에 관한 제681조·제691조·제692조의 규정이 준용된다는 것 등 성년후견감독인의 감독사무는 미성년후견감독인의 감독사무와 같다.

(3) 성년후견감독인의 동의를 필요로 하는 행위 등

성년후견인이 영업에 관한 행위 등에 대하여 피성년후견인을 대리하거나 동의하는 경우에 성년후견감독인이 있으면 그의 동의를 얻어야 한다는 것(제950조 제1항), 성년후견인이 피성년후견인에 대한 제3자의 권리를 양수하는 경우에 성년후견감독인이 있으면 그의 동의를 받아야 한다는 것(제951조 제2항), 거래의 상대방은 추인여부에 대한 확답을 최고할 수 있다는 것(제952조·제15조) 등은 미성년후견에서와 같다.

2. 가정법원에 의한 성년후견의 감독

① 미성년후견인에서와 같이, 가정법원은 후견인의 변경(제940조), 후견인의 재산조사 및 목록작성기간의 연장(제941조), 후견감독인의 동의를 필요로 하는 행위에서의 후견감독인의 동의에 갈음하는 허가(제950조 제2항), 피후견인의 재산상황의 조사(제954조), 후견인에 대한 필요한 처분의 명령(제954조), 후견인 및 후견감독인에 대한 보수의 수여(제955조·제940조의7), 후견종료에 따른 계산기간의 연장(제957조) 등에 의해 후견을 감독한다.

② 피성년후견인의 격리에 대한 허가 : 성년후견인이 피성년후견인을 치료 등의 목적으로 정신병원이나 그 밖의 다른 장소에 격리하려는 경우에는 가정법원의 허가를 받아야 한다(제947조의2 제2항).

③ 의료행위에 대한 성년후견인의 동의에 대한 허가 : 피성년후견인의 신체를 침해하는 의료행위에 대하여 피성년후견인이 동의할 수 없는 경우에는 성년후견인이 그를 대신하여 동의할 수 있는데(제947조의2 제3항), 피성년후견인이 의료행위의 직접적인 결과로 사망하거나 상당한 장애를 입을 위험이 있을 때에는 가정법원의 허가를 받아야 한다(제947조의2 제4항 본문). 다만, 허가절차로 의료행위가 지체되어 피성년후견인의 생명에 위험을 초래하거나 심신상의 중대한 장애를 초래할 때에는 사후에 허가를 청구할 수 있다(제947조의2 제4항 단서).

④ 피성년후견인이 거주하는 건물·대지의 매도 등에 대한 허가 : 성년후견인이 피성년후견인을 대리하여 피성년후견인을 대리하여 피성년후견인이 거주하고 있는 건물 또는 그 대지에 대하여 매도, 임대, 전세권 설정, 저당권 설정, 임대차의 해지, 전세권의 소멸, 그 밖에 이에 준하는 행위를 하는 경우에는 가정법원의 허가를 받아야 한다(제947조의2 제5조).

Ⅶ 성년후견의 종료

① 성년후견개시의 원인이 소멸된 경우에는 가정법원은 본인, 배우자, 4촌 이내의 친족, 성년후견인, 성년후견감독인, 검사 또는 지방자치단체의 장의 청구에 의하여 성년후견종료의 심판을 한다(제11조).

② 성년후견이 종료된 경우, 후견인은 피성년후견인의 재산에 대한 계산을 해야 한다는 것(제957조), 후견인이 피후견인에게 지급할 금액이나 피후견인이 후견인에게 지급할 금액에는 이자를 부가하여야 하고 후견인이 자기를 위하여 피후견인의 금전을 소비한 경우에는 손해도 배상해야 한다는 것(제958조), 위임종료시의 긴급처리(제691조)와 위임종료사유의 통지(제692조)의 규정이 준용된다는 것(제959조) 등은 미성년후견의 종료의 경우와 같다.

제2관 한정후견

I 서설

한정후견은 질병 등의 사유로 인한 정신적 제약으로 사무를 처리할 능력이 부족한 사람에 대한 후견이다. 사무처리능력이 부족한 경우에 일정한 범위를 정해 후견을 하도록 하고, 그 범위에서 후견인이 피후견인의 법률행위를 동의·대리하는 등 사무를 처리하도록 하는 것이다.

II 한정후견의 개시

① 한정후견개시의 사유 : 질병, 장애, 노령, 그 밖의 사유로 인한 정신적 제약으로 사무를 처리할 능력이 부족한 경우에 한정후견을 하게 된다(제12조 제1항). 성년후견과는 달리, 사무를 처리할 능력이 부족한 것으로 족하고 지속적이어야 하는 것도 아니다.
② 한정후견개시심판의 청구권자 : 한정후견개시의 심판은 본인, 배우자, 4촌 이내의 친족, 미성년후견인, 미성년후견감독인, 성년후견인, 성년후견감독인, 특정후견인, 특정후견감독인, 검사 또는 지방자치단체의 장이 청구할 수 있다(제12조 제1항).
③ 한정후견개시의 심판 : 가정법원은 한정후견개시의 심판을 할 때 본인의 의사를 고려하여야 한다(제12조 제2항·제9조 제2항). 한편, '사무처리 능력의 지속적 결여'와 '사무처리 능력의 부족'은 정도의 차이에 지나지 않아 둘 사이의 구별이 명확한 것은 아니고 후견심판은 가사비송사건으로서, 가정법원이 당사자의 주장에 구애받지 않고 후견적 입장에서 합목적적으로 결정할 수 있으므로 한정후견의 개시를 청구한 사건에서 의사의 감정결과 등에 비추어 성년후견 개시의 요건을 충족하고 본인도 성년후견의 개시를 희망한다면 법원이 성년후견을 개시할 수 있고, 성년후견 개시를 청구하고 있더라도 필요하다면 한정후견을 개시할 수 있다고 보아야 하며 피한정후견인이 될 사람의 정신상태를 판단할 만한 다른 충분한 자료가 있는 경우 가정법원은 의사의 감정이 없더라도 성년후견이나 한정후견을 개시할 수 있다(2020스596). 가정법원이 피성년후견인 또는 피특정후견인에 대하여 한정후견개시의 심판을 할 때에는 종전의 성년후견 또는 특정후견의 종료 심판을 한다(제14조의3 제2항).

III 피한정후견인의 행위능력

① 가정법원은 피성년후견인이 한정후견인의 동의를 받아야 하는 행위의 범위를 정할 수 있으며(제13조 제1항), 한정후견인의 동의가 필요한 법률행위를 피한정후견인이 한정후견인의 동의 없이 하였을 때에는 그 법률행위를 취소할 수 있다(제13조 제4항 본문). 즉, 피한정후견인은 가정법원이 정하는 범위에서는 스스로 완전히 유효한 법률행위를 할 수 없으며 한정후견인의 동의를 받아 하여야 한다. 여기서의 법률행위는 재산상 법률행위를 말한다. 피한정후견인도 신분행위는 단독으로 할 수 있다.
한정후견인의 동의를 필요로 하는 행위에 대하여 한정후견인이 피한정후견인의 이익이 침해될 염려가 있음에도 그 동의를 하지 아니하는 때에는 가정법원은 피한정후견인의 청구에 의하여 한정후견인의 동의를 갈음하는 허가를 할 수 있다(제13조 제3항).
② 가정법원은 본인, 배우자, 4촌 이내의 친족, 한정후견인, 한정후견감독인, 검사 또는 지방자치단체의 장의 청구에 의하여 피한정후견인이 한정후견인의 동의를 받아야만 할 수 있는 행위의 범위를 변경할 수 있다(제13조 제2항).
③ 피한정후견인이 일용품의 구입 등 일상생활에 필요하고 그 대가가 과도하지 아니한 법률행위를 한 때에는 이를 취소할 수 없다(제13조 제4항 단서). 즉, 그러한 범위에서는 피한정후견인에게도 행위능력이 인정된다.

Ⅳ 한정후견인

1. 한정후견인의 선임
① **가정법원의 의한 선임** : 가정법원이 한정후견개시의 심판을 하는 경우 가정법원은 직권으로 한정후견인을 선임한다(제959조의2·제959조의3 제1항). 한정후견인이 사망·결격 그 밖의 사유로 없게 된 경우에도 직권으로 또는 피성년후견인, 친족, 이해관계인, 검사, 지방자치단체의 장의 청구에 의하여 가정법원이 한정후견인을 선임하며(제959조의3·제936조 제2항), 한정후견인이 선임되었더라도 필요하다고 인정되는 경우에는 추가로 한정후견인을 선임할 수 있다(제959조의3·제936조 제3항).
② **후견인의 수와 자격** : 한정후견인은 피한정후견인의 신상과 재산에 관한 모든 사정을 고려하여 여러 명을 둘 수 있다(제930조 제2항). 법인도 한정후견인이 될 수 있다(제930조 제3항).

2. 한정후견인의 법적 지위
① **대리권** : 가정법원은 한정후견인에게 대리권을 수여하는 심판을 할 수 있다(제959조의4 제1항). 한정후견인은 가정법원이 심판으로 수여한 대리권의 범위 내에서 피한정후견인의 법정대리인이 된다. 성년후견에서는 성년후견인이 선임되면 당연히 피성년후견인의 법정대리인이 되지만, 한정후견에서는 법원이 대리권수여의 심판을 한 경우에 한하여 피한정후견인의 법정대리인이 된다.
② **동의권** : 한정후견인은 성년후견인과는 달리, 피후견인의 법률행위에 대한 동의권을 가진다. 가정법원은 피한정후견인이 한정후견인의 동의를 받아야 하는 행위의 범위를 정할 수 있는데(제13조 제1항), 그 범위에서 한정후견인은 피한정후견인의 법률행위에 대해 동의권을 가진다.
③ **한정후견인의 신상결정** : 피한정후견인은 자신의 신상에 관하여 그의 상태가 허락하는 범위에서 단독으로 결정하지만(제959조의6·제947의2 제1항), 가정법원은 한정후견인이 피한정후견인의 신상에 관하여 결정할 수 있는 권한의 범위를 정할 수 있다(제959조의4 제2항·제938조 제3항). 피한정후견인이 자신의 신상에 관하여 결정할 수 있는 상태가 아니라면 피한정후견인이 신상에 관한 결정을 하도록 하면서, 그 범위를 가정법원이 정하도록 한 것이다.
한정후견인의 피한정후견인에 대한 신상결정권의 범위가 적절하지 아니하게 된 경우에 가정법원은 본인, 배우자, 4촌 이내의 친족, 성년후견인, 성년후견감독인, 검사 또는 지방자치단체의 장의 청구에 의하여 그 범위를 변경할 수 있다(제959조의4 제2항·제938조 제4항).
④ 한정후견인이 여러 명인 경우의 권한행사방법은 성년후견에서와 같다(제959조의6·제949조의2).
⑤ 한정후견인은 후견의 본지에 따라 선량한 관리자의 주의로써 후견사무를 처리하여야 하고(제959조의6·제681조), 피한정후견인의 재산 중에서 상당한 보수를 받을 수 있다는 것(제959조의6·제955조)은 미성년후견 및 성년후견에서와 같다.

3. 한정후견인의 결격·사임·변경
한정후견에 대해서는 미성년후견 및 성년후견에 관한 제937조·제939조·제940조가 준용된다(제959조의3 제2항). 따라서 후견인의 결격사유(제937조)와 그 효과, 정당한 사유가 있는 경우의 가정법원의 허가에 의한 사임과 새로운 후견인의 선임청구(제939조), 피후견인의 복리를 위한 가정법원의 후견인 변경(제940조) 등은 미성년후견 및 성년후견에서와 같다.

Ⅴ 한정후견의 사무

1. 피한정후견인의 재산에 관한 사무

(1) 재산관리와 법률행위의 대리·동의

가정법원이 한정후견인에게 대리권을 수여하는 심판을 한 경우(제959조의4), 후견인은 그 재산에 관한 법률행위에 대하여 피후견인을 대리하며(제959조의6·제949조), 가정법원이 정하는 범위내에서 피한정후견인이 법률행위를 동의한다(제13조).

(2) 재산관리권·대리권의 제한

한정후견에 대해서는 성년후견에 관한 제949조·제949조의3·제950조·제951조 등이 준용된다(제959조의6). 따라서 피한정후견인의 행위를 목적으로 하는 채무를 부담할 경우에는 그의 동의를 얻어야 한다는 것(제959조의6·제949조 제2항·제920조), 피한정후견인과의 이해상반행위를 함에 있어서는 피한정후견인의 특별대리인 선임을 청구하여야 하고 후견감독인이 있는 경우에는 후견감독인이 피한정후견인을 대리한다는 것(제959조의6·제949조의3 본문·제921조·제940조의6 제3항), 영업을 하는 일 등에 대한 대리·동의의 경우에 후견감독인이 있으면 그의 동의를 얻어야 하는 것(제959조의6·제950조), 후견인이 피후견인에 대한 제3자의 권리를 양수하는 경우에는 피후견인이 취소할 수 있으며, 후견감독인이 있음에도 그의 동의가 없었다면 피후견인 또는 후견감독인이 취소할 수 있다는 것(제959조의6·제951조 제2항) 등은 성년후견에서와 같다.

2. 피한정후견인의 신상에 관한 사무

피한정후견인은 신분행위는 단독으로 할 수 있다. 그 외에 피한정후견인의 신상에 관한 사무에 대해서는 성년후견에 관한 제947조·제947조의2·제950조 등이 준용된다. 따라서 피한정후견인은 자신의 신상에 관하여 그의 상태가 허락하는 범위에서는 단독으로 결정하지만(제959조의6·제947조의2 제1항), 그러한 상태가 아니라면 가정법원이 정하는 범위에서(제959조의4 제2항·제938조 제2항) 한정후견인이 피한정후견인의 신상에 관한 결정을 하게 된다. 민법은 피한정후견인의 신체를 침해하는 의료행위에 대하여 피한정후견인의 신상에 관한 결정을 하게 된다. 민법은 피한정후견인의 신체를 침해하는 의료행위에 대하여 피한정후견인이 동의할 수 없는 경우에는 한정후견인이 그를 대신하여 동의할 수 있도록 하고 있다(제959조의6·제947조의2 제3항).

3. 피성년후견인의 복리와 의사존중

한정후견인은 피한정후견인의 재산관리와 신상보호를 할 때 여러 사정을 고려하여 그의 복리에 부합하는 방법으로 사무를 처리하여야 한다(제959조의6·제947조 1문). 이 경우 한정후견인은 피한정후견인의 복리에 반하지 아니하면 피한정후견인의 의사를 존중하여야 한다(제959조의6·제947조 2문).

4. 사무처리의 비용

한정후견사무에 대한 사무처리비용을 피후견인의 재산중에서 지출한다는 것(제959조의6·제955조의2)은 미성년후견 및 성년후견에서와 같다.

Ⅵ 한정후견의 감독

1. 한정후견감독인에 의한 감독

(1) 한정후견감독인의 선임

① 가정법원은 필요하다고 인정하면 직권으로 또는 피한정후견인, 친족, 한정후견인, 검사, 지방자치단체의 장의 청구에 의하여 한정후견감독인을 선임할 수 있다(제959조의5 제1항).

② 한정후견감독인의 자격 등 : 제한능력자 등 후견인의 가족도 한정후견감독인이 될 수 없다(제959조의5 제2항·제940조의5). 한정후견감독인은 여러 명을 둘 수 있으며(제959조의5 제2항·제930조 제2항), 법인도 한정후견감독인이 될 수 있다(제959조의5 제2항·제930조 제3항).
한정후견감독인에 대해서는 후견인의 사임(제939조) 및 변경(제940조), 후견인의 신상결정(제947조의2), 후견인이 여러 명인 경우의 권한행사방법(제949조의2), 후견인에 대한 보수(제955조) 및 사무비용의 지출(제955조의2) 등 후견인에 관한 규정을 준용한다(제959조의5 제2항).

(2) 한정후견감독인의 사무

한정후견감독인에 대해서는 미성년후견감독인 및 성년후견감독인에 관한 제940조의6·제953조가 준용된다(제959조의5 제2항·제959조의6). 따라서 후견인의 사무를 감독한다는 것(제940조의6 제1항 전단), 후견인이 없는 경우에 가정법원에 후견인의 선임을 청구하여야 한다는 것(제940조의6 제1항 후단), 피후견인에게 급박한 사정이 있는 경우에 필요한 행위·처분을 할 수 있다는 것(제940조의6 제2항), 후견인에 대해 임무수행보고와 재산목록제출을 요구할 수 있다는 것(제953조), 피후견인의 재산상황을 조사할 수 있다는 것(제953조) 등은 미성년후견 및 성년후견에서와 같다. 위임에 관한 제681조·제691조·제692조의 규정이 준용된다는 것도 같다(제959조의 제2항 1문). 다만, 한정후견감독인은 이해상반행위에서 피한정후견인을 대리해야만 하는 것이 아니라, 피한정후견인을 대리하거나 피한정후견인이 그 행위를 하는 데 동의한다(제959조의5 제2항 2문).

(3) 한정후견감독인의 동의를 필요로 하는 행위 등

한정후견에 대해서도 후견감독인의 동의를 필요로 하는 행위에 관한 제950조·제951조·제952조가 준용된다(제959조의6). 따라서 한정후견인이 영업에 관한 행위 등에 대하여 피한정후견인을 대리하거나 동의하는 경우에 한정후견감독인이 있으면 그의 동의를 얻어야 한다는 것(제950조 제1항), 한정후견인이 피한정후견인에 대한 제3자의 권리를 양수하는 경우에 한정후견감독인이 있으면 그의 동의를 받아야 한다는 것(제951조 제2항), 거래의 상대방은 추인 여부에 대한 확답을 최고할 수 있다는 것(제952조·제15조) 등은 미성년후견 및 성년후견에서와 같다.

2. 가정법원에 의한 한정후견의 감독

미성년후견 및 성년후견에서와 같이, 가정법원은 후견인의 변경(제959조의5 제2항·제940조), 피한정후견인에 대한 의료행위의 허가(제959조의6·제947조의2 제4항), 후견감독인의 동의를 필요로 하는 행위에서의 후견감독인의 동의에 갈음하는 허가(제959조의6·제950조 제2항), 피후견인의 재산상황의 조사(제959조의6·제954조), 후견인에 대한 필요한 처분의 명령(제959조의6·제954조), 후견인 및 후견감독인에 대한 보수의 수여(제959조의5 제2항·제959조의6·제955조) 등에 의해 후견을 감독한다.

Ⅶ 한정후견의 종료

① 한정후견개시의 원인이 소멸된 경우에는 가정법원은 본인, 배우자, 4촌 이내의 친족, 한정후견인, 한정후견감독인, 검사 또는 지방자치단체의 장의 청구에 의하여 한정후견종료의 심판을 한다(제14조).
② 한정후견이 종료된 경우, 후견인은 피후견인의 재산에 대한 계산을 해야 한다는 것(제959조의7·제957조), 후견인이 피후견인에게 지급할 금액이나 피후견인이 후견인에게 지급할 금액에는 이자를 부가하여야 하고 후견인이 자기를 위하여 피후견인의 금전을 소비한 경우에는 손해도 배상해야 한다는 것(제959조의7·제958조), 위임종료시의 긴급처리(제691조)와 위임종료사유의 통지(제692조)의 규정이 준용된다는 것(제959조의7) 등은 미성년후견의 종료 및 성년후견의 종료의 경우와 같다.

제3관 특정후견

Ⅰ 서설

특정후견은 일상생활에서는 지장이 없으나 특정한 기간 또는 특정한 사무에 관하여 후원을 요하는 경우의 후견제도이다. 성년후견과 한정후견이 피후견인을 지속적·포괄적으로 보호하고자 하는 후견제도임에 대하여 특정후견은 개별적·일회적 후견제도이다.

Ⅱ 특정후견의 개시

① 특정후견개시의 사유 : 질병, 장애, 노령, 그 밖의 사유로 인한 정신적 제약으로 일시적 후원 또는 특정한 사무에 관한 후원이 필요한 경우에 특정후견을 하게 된다(제14조의2 제1항). 성년후견 및 한정후견과는 달리, 반드시 사무를 처리할 능력이 결여되었거나 부족하여야만 하는 것이 아니다.
② 특정후견개시심판의 청구권자 : 특정후견개시의 심판은 본인, 배우자, 4촌 이내의 친족, 미성년후견인, 미성년후견감독인, 검사 또는 지방자치단체의 장이 청구할 수 있다(제14조의2 제1항).
③ 특정후견개시의 심판 : 특정후견은 성년후견 및 한정후견과는 달리, 본인의 의사에 반하여 할 수 없다(제14조의2 제2항). 본인의 적극적인 동의까지는 요하지 않는다.
  특정후견의 심판을 하는 경우에는 특정후견 기간 또는 사무의 범위를 정하여야 한다(제14조의2 제3항).

Ⅲ 특정후견인의 선임 등 법원의 처분

1. 피특정후견인이 후원을 위한 법원의 처분

특정후견에서는 성년후견 및 한정후견과는 달리, 반드시 후견인을 선임해야 하는 것은 아니다. 후견인을 선임하지 않고 법원의 처분에 의해 피특정후견인을 후원할 수 있다면 그에 의하게 된다. 가정법원은 피특정후견인의 후원을 위하여 필요한 처분을 명할 수 있다(제959조의8).

2. 특정후견인에 의한 피특정후견인의 후원

(1) 특정후견인의 선임

① **가정법원에 의한 선임** : 가정법원은 피특정후견인의 후원을 위한 법원의 처분의 일환으로서 피특정후견인을 후원하거나 대리하기 위한 특정후견인을 선임할 수 있다(제959조의9 제1항). 특정후견인이 사망·결격 그 밖의 사유로 없게 된 경우에도 직원으로 또는 피성년후견인, 친족, 이해관계인, 검사, 지방자치단체의 장의 청구에 의하여 가정법원이 특정후견인을 선임하며(제959조의9 제2항·제936조 제2항), 특정후견인이 선임되었더라도 필요하다고 인정되는 경우에는 추가로 특정후견임을 선임할 수 있다(제959조의9 제2항·제936조 제3항).

② **후견인의 수와 자격** : 특정후견인은 피특정후견인의 신상과 재산에 관한 모든 사정을 고려하여 여러 명을 둘 수 있다(제930조 제2항). 법인도 특정후견인이 될 수 있다(제959조의9 제2항·제930조 제3항).

(2) 특정후견인에 대한 대리권의 수여

① **가정법원에 의한 대리권 수여의 심판** : 가정법원은 피특정후견인의 후원을 위하여 필요하다고 인정하면 기간이나 범위를 정하여 특정후견인에게 대리권을 수여하는 심판을 할 수 있다(제959조의11 제1항). 특정후견인은 가정법원이 심판으로 수여한 기간과 범위 내에서 피특정후견인의 법정대리인이 된다.
한정후견에서는 가정법원이 대리권의 범위만을 정하지만, 특정후견에서는 가정법원이 범위뿐만 아니라 기간까지 정한다. 한정후견은 후견종료심판에 의해 종료하지만, 특정후견은 특정사무가 종결되거나 기간이 경과하면 당연히 종료하며 후견종료의 심판을 요하지 않기 때문이다.

② **대리권행사에 대한 제한** : 가정법원이 특정후견인에게 대리권을 수여하는 심판을 하는 경우, 특정후견인의 대리권행사에 가정법원이나 특정후견감독인의 동의를 받도록 명할 수 있다(제959조의11 제2항).

(3) 특정후견인의 사임·변경

특정후견에 대해서는 미성년후견 및 성년후견에 관한 제937조·제939조·제940조가 준용된다(제959조의3 제2항). 따라서 후견인의 결격사유(제937조)와 그 효과, 정당한 사유가 있는 경우의 가정법원의 허가에 의한 사임과 새로운 후견인의 선임청구(제939조), 피후견인의 복리를 위한 가정법원의 후견인 변경(제940조) 등은 미성년후견 및 성년후견에서와 같다.

Ⅳ 특정후견의 사무

① 특정후견인은 피특정후견인의 복리에 부합하는 방법에 의해 선량한 관리자의 주의의무로서 특정후견사무를 처리해야 하며(제959조의12·제681조·제947조), 피특정후견인의 복리에 반하지 아니하면 피특정후견인의 의사를 존중하여야 한다(제959조의12·제947조). 대리권을 수여받아 피특정후견인의 법률행위를 대리함에 있어서 피특정후견인의 행위를 목적으로 하는 채무를 부담할 경우에는 피특정후견인의 동의를 얻어야 한다는 것(제959조의12·제920조 단서), 특정후견인이 여러 명인 경우에 권한행사방법(제959조의12·제949조의2) 등은 성년후견 및 한정후견에서와 같다.

② 특정후견인이 후견사무를 수행하는 데 필요한 비용은 피특정후견인의 재산에서 지출하며(제959조의12·제955조의2), 법원은 특정후견인의 청구에 의해 피특정후견인의 재산상태 등을 참작하여 피특정후견인의 재산 중에서 상당한 보수를 후견인에게 수여할 수 있다(제959조의12·제955조).

Ⅴ 특정후견의 감독

1. 특정후견감독인의 의한 감독

① **가정법원에 의한 특정후견감독인의 선임** : 가정법원은 필요하다고 인정하면 직권으로 또는 피특정후견인, 친족, 특정후견인, 검사, 지방자치단체의 장의 청구에 의하여 특정후견감독인을 선임할 수 있다(제959조의10 제1항).

② **특정후견감독인의 자격 등** : 제한능력자 등 후견인이 될 수 없는 자는 특정후견감독인이 될 수 없다(제959조의10 제2항·제940조의5). 특정후견감독인은 여러 명을 둘 수 있으며(제959조의10 제2항·제930조 제2항), 법인도 특정후견감독인이 될 수 있다(제959의10조 제2항·제930조 제3항).
특정후견감독인에 대해서는 후견인의 사임(제939조) 및 변경(제940조), 후견인이 여러 명인 경우의 권한행사 방법(제949조의2), 후견인에 대한 보수(제955조) 및 사무비용의 지출(제959조의2) 등 후견인에 관한 규정을 준용한다(제959조의10 제2항).

③ **특정후견사무의 감독** : 특정후견감독인에 대해서는 미성년후견감독인 및 성년후견감독인에 관한 제940조의6·제953조가 준용된다(제959조의10 제2항·제959조의12). 따라서 후견인의 사무를 감독한다는 것(제940조의6 제1항 전단), 후견인이 없는 경우에 가정법원에 후견인의 선임을 청구하여야 한다는 것(제940조의6 제1항 후단), 피후견인에게 급박한 사정이 있는 경우에 필요한 행위·처분을 할 수 있다는 것(제940조의6 제2항), 후견인에 대해 임무수행보고와 재산목록제출을 요구할 수 있다는 것(제953조), 피후견인의 재산상황을 조사할 수 있다는 것(제953조), 등은 미성년후견 및 성년후견에서와 같다. 위임에 관한 제681조·제691조·제692조의 규정이 준용된다는 것도 같다(제959조의10 제2항).

2. 가정법원에 의한 특정후견의 감독

미성년후견 및 성년후견에서와 같이, 가정법원은 후견인 변경(제959조의10 제2항·제940조), 피후견인의 재산상황 조사(제959조의12·제954조), 후견인에 대한 필요한 처분의 명령(제959조의12·제954조), 후견인·후견감독인에 대한 보수의 수여(제959조의10 제2항·제959조의12·제955조) 등에 의해 후견을 감독한다.

Ⅵ 특정후견의 종료

① 특정후견의 종료에는 별도로 가정법원의 심판을 요하지 않는다. 특정사무가 종결되거나 기간이 경과하면 특정후견은 자동적으로 종료한다.

② 특정후견이 종료된 경우, 후견인은 피후견인의 재산에 대한 계산을 해야 한다는 것(제959조의13·제957조), 후견인이 피후견인에게 지급할 금액이나 피후견인이 후견인에게 지급할 금액에는 이자를 부가하여야 하고 후견인이 자기를 위하여 피후견인의 금전을 소비한 경우에는 손해도 배상해야 한다는 것(제959조의13·제958조), 위임종료시의 긴급처리(제691조)와 위임종료사유의 통지(제692조)의 규정이 준용된다는 것(제959조의13) 등은 미성년후견의 종료 및 성년후견의 종료의 경우와 같다.

제4관 후견계약

I 서설

① 후견계약이란 질병 등의 사유로 인한 정신적 제약으로 사무를 처리할 능력이 부족한 상황에 있거나 부족하게 될 상황에 대비하여 재산관리 및 신상보호에 관한 사무를 다른 자에게 위탁하고 그 위탁사무에 관하여 대리권을 수여하는 계약을 말한다(제959조의14).
② 2011년 개정민법은 후견계약제도를 도입하여, 후견을 받고자 하는 자 스스로의 판단에 의해 후견계약을 체결할 수 있도록 하는 한편, 법률관계를 명확히 하고 피후견인을 보호하기 위해 후견계약의 성립과 효력발생, 후견감독 등을 규율하고 있다.

II 후견계약의 성립과 효력발생

1. 후견계약의 성립

(1) 의사표시의 합치

① 후견계약의 성립을 위해서는 계약의 일반원칙에 따라 의사표시의 합치가 있어야 한다. 그 의사표시는 후견을 받고자 하는 자가 자신의 재산관리 및 신상보호에 관한 사무의 전부 또는 일부를 다른 자에게 위탁하고 그 위탁사무에 관하여 대리권을 수여하는 것을 내용으로 한다(제959조의14 제1항).
② 후견계약은 후견을 사무처리의 내용으로 하는 위임계약에 해당한다. 따라서 후견계약은 원칙적으로 무상·편무계약이지만, 보수가 약정되는 경우에는 유상·쌍무계약이다.
③ 후견계약을 체결할 때에 후견을 받고자 하는 자는 의사능력은 있어야 한다.

(2) 공정증서에 의한 계약체결

후견계약은 공정증서로 체결하여야 한다(제959조의14 제2항). 후견계약은 본인에게 중대한 이해관계가 있으므로 후견계약을 신중하게 체결하도록 하면서, 계약체결시에 의사능력이 있었는지 여부[38]와 후견계약의 내용을 명확하게 하기 위한 것이다.

2. 후견계약의 등기

후견계약의 등기는 후견계약의 성립요건은 아니다. 그러나 후견계약이 등기되어 있어야 임의후견감독인이 선임될 수 있고(제959조의15 제1항), 후견계약이 효력을 발생할 수 있다(제959조의14 제3항). 거래의 안전 및 신속을 위해 후견계약의 효력발생을 위해서는 미리 등기를 갖출 것을 요구하는 것이다. 후견계약의 등기는 후견계약체결의 사실과 임의후견인의 대리권의 범위를 공시하는 기능을 하게 된다.

3. 후견계약의 효력발생

① 후견계약은 가정법원이 임의 후견감독인을 선임한 때부터 효력이 발생한다(제959조의14 제3항).
② 후견계약의 효력이 발생하였더라도 그에 의해서 피후견인의 행위능력이 영향을 받는 것은 아니다.

---

[38] 공증인은 당사자의 의사능력이 결여된 무효인 법률행위에 대해서는 증서를 작성할 수 없다(공증인법 제24조).

4. 임의후견감독인의 선임

① 가정법원은 후견계약이 등기되어 있고, 본인이 사무를 처리할 능력이 부족한 상황에 있다고 인정할 때에는 본인, 배우자, 4촌 이내의 친족, 임의후견인, 검사 또는 지방자치단체의 장의 청구에 의하여 임의후견감독인을 선임한다(제959조의15 제1항). 본인이 아닌 자의 청구에 의하여 가정법원이 임의후견감독인을 선임할 때에는 미리 본인의 동의를 받아야 한다(제959조의15 제2항 본문). 다만, 본인이 의사를 표시할 수 없는 때에는 그러하지 아니하다(제959조의15 제2항 단서).

② 임의후견감독인의 자격 등 : 제한능력자 등 후견인이 될 수 없는 자는 임의후견감독인이 될 수 없다(제959조의16 제3항·제940조의7·제937조), 후견인의 가족도 임의후견감독인이 될 수 없다(제959조의15 제5항·제940조의5). 임의후견감독인은 여러 명을 둘 수 있으며(제959조의16 제3항·제940의7·제930조 제2항), 법인도 임의후견감독인이 될 수 있다(제959조의16 제3항·제940조의7·제930조 제3항).
임의후견감독인에 대해서는 후견인의 사임(제939조) 및 변경(제940조), 후견인이 여러 명인 경우의 권한행사 방법(제949조의2), 후견인에 대한 보수(제955조) 및 사무비용의 지출(제955조의2) 등 성년후견인에 관한 규정을 준용한다(제959조의16 제3항·제940조의7).

③ 임의후견감독인이 없게 된 경우의 임의후견감독인의 선임 : 가정법원은 임의후견감독인이 없게 된 경우에는 직권으로 또는 본인, 친족, 임의후견인, 검사 또는 지방자치단체의 장의 청구에 의하여 임의후견감독인을 선임한다(제959조의15 제3항).

④ 임의후견감독인의 추가 선임 : 가정법원은 임의후견임감독인이 선임된 경우에도 필요하다고 인정하면 직권으로 또는 본인, 배우자, 4촌 이내의 친족, 임의후견인, 검사 또는 지방자치단체의 장의 청구에 의하여 임의후견감독인을 추가로 선임할 수 있다(제959조의15 제4항).

⑤ 임의후견인의 결격 등으로 인한 임의후견개시의 제한 : 임의후견인이 후견인의 결격사유(제937조)에 해당하는 자 또는 그 밖에 현저한 비행을 하거나 후견계약에서 정한 임무에 적합하지 아니한 사유가 있는 자인 경우에는 가정법원은 임의후견감독인을 선임하지 아니한다(제959조의17 제1항).

5. 후견계약의 철회

임의후견감독인의 선임 전에는 본인 또는 임의후견인은 언제든지 공증인의 인증을 받은 서면으로 후견계약의 의사표시를 철회할 수 있다(제959조의18 제1항).

Ⅲ 후견계약과 법정후견의 관계

① 후견계약에 대한 법정후견의 보충성 : 후견계약이 등기되어 있는 경우[39]에는 가정법원은 본인의 이익을 위하여 특별히 필요할 때[40]에만 임의후견인 또는 임의후견감독인의 청구에 의하여 성년후견, 한정후견 또는 특정후견의 심판을 할 수 있다(제959조의20 제1항 1문). 이 경우 후견계약은 임의후견감독인의 선임과 관계없이[41] 본인이 성년후견 또는 한정후견 개시의 심판을 받은 때 종료된다(제959조의20 제1항 2문).

---

[39] 본인에 대해 한정후견개시심판 청구가 제기된 후 심판이 확정되기 전에 후견계약이 등기된 경우에도 적용이 있다(대결 2017.6.1. 2017스515).
[40] '본인의 이익을 위하여 특별히 필요할 때'란 후견계약의 내용, 후견계약에서 정한 임의후견인이 임무에 적합하지 아니한 사유가 있는지, 본인의 정신적 제약의 정도, 기타 후견계약과 본인을 둘러싼 제반 사정 등을 종합하여, 후견계약에 따른 후견이 본인의 보호에 충분하지 아니하여 법정후견에 의한 보호가 필요하다고 인정되는 경우를 말한다(대결 2017.6.1. 2017스515).
[41] 후견계약이 등기된 경우 본인의 이익을 위한 특별한 필요성이 인정되어 민법 제9조 제1항 등에서 정한 법정후견 청구권자, 임의후견인이나 임의후견감독인의 청구에 따라 법정후견 심판을 한 경우 후견계약은 임의후견감독인의 선임과 관계없이 본인이 성년후견 또는 한정후견 개시의 심판을 받은 때 종료한다(대결 2021.7.15. 2020으547).

② **법정후견에서 후견계약으로의 이전** : 후견을 받고자 하는 자가 피성년후견인, 피한정후견인 또는 피특정후견인인 경우에도 후견 계약을 체결할 수 있고, 가정법원은 임의후견감독인을 선임 할 수 있다. 법정후견이 개시되었더라도 후견계약에 의한 임의후견으로 이전할 수 있는 것이다. 그러한 경우 가정법원은 임의후견감독인을 선임함에 있어서 종전의 성년후견, 한정후견 또는 특정후견의 종료 심판을 하여야 한다(제959조의20 제2항 본문).

③ **성년후견·한정후견의 계속을 위한 임의후견의 제한** : 본인이 피성년후견인 또는 피한정후견인인 경우 성년후견 또는 한정후견 조치의 계속이 본인의 이익을 위하여 특별히 필요하다고 인정하면 가정법원은 임의후견감독인을 선임하지 아니한다(제959조의20 제2항 단서).

Ⅳ 후견계약의 효과

1. 임의후견인의 사무

① 임의후견인은 피후견인의 재산관리 및 신상보호에 관한 사무를 처리하고 그에 관한 법률행위를 대리한다. 그 구체적인 내용은 후견계약에 의해 정해진다.

② 임의후견인은 후견계약을 이행·운영할 때 본인의 의사를 최대한 존중하여야 한다(제959조의14 제4항).

2. 임의후견감독인의 사무

① 임의후견감독인은 임의후견인의 사무를 감독하며 그 사무에 관하여 가정법원에 정기적으로 보고하여야 한다(제959조의16 제1항). 후견감독인은 언제든지 후견인에게 그의 임무 수행에 관한 보고와 재산목록의 제출을 요구할 수 있고 피후견인의 재산상황을 조사할 수 있다(제959조의16 제3항·제953조).

② 임의후견감독인에 대해서는 미성년후견감독인 및 성년후견감독인에 관한 제940조의6 제2항 제3항·제953조이 준용된다(제959조의16 제3항). 따라서 피후견인에게 급박한 사정이 있는 경우에 필요한 행위·처분을 할 수 있다는 것(제940조의6 제2항), 임의후견인과 피후견인의 이해상반행위에 관하여 피후견인을 대리한다는 것(제940조의6 제3항), 후견인에 대해 임무수행보고와 재산목록제출을 요구할 수 있다는 것(제953조), 피후견인의 재산상황을 조사할 수 있다는 것(제953조) 등은 미성년후견 및 성년후견에서와 같다. 위임에 관한 제681조·제691조·제692조의 규정이 준용된다는 것도 같다(제959조의16 제3항·제940조의7).

③ **본인의 의사 존중** : 임의후견감독인은 후견계약을 운영할 때 본인의 의사를 최대한 존중하여야 한다(제959조의14 제4항).

3. 가정법원의 감독

① 가정법원은 필요하다고 인정하면 임의후견감독인에게 감독사무에 관한 보고를 요구할 수 있고 임의후견인의 사무 또는 본인의 재산상황에 대한 조사를 명하거나 그 밖에 임의후견감독인의 직무에 관하여 필요한 처분을 명할 수 있다(제959조의16 제2항). 또한, 가정법원은 후견감독인의 변경(제959조의16 제3항·제940조의7·제940조), 피후견인에 대한 의료행위의 허가(제959조의16 제3항·제940조의7·제955조) 등에 의해 후견계약을 감독한다.

② **본인의 의사존중** : 가성법원은 후견계약을 운영할 때 본인의 의사를 최대한 존중하여야 한다(제959조의14 제4항).

Ⅴ 후견계약의 종료

1. 후견계약종료의 사유

① **가정법원의 종료 허가** : 후견계약은 위임계약에 해당하지만, 위임계약 일반과는 달리(제689조 참조), 해지의 자유가 인정되지 않는다. 후견계약은 본인뿐만 아니라 제3자의 이해관계에 관련되며, 본인의 보호를 위해서도 해지의 자유를 인정할 수 없는 것이다. 민법은 임의후견감독인의 선임 이후에는 본인 또는 임의후견인은 정당한 사유가 있는 때에만 가정법원의 허가를 받아 후견계약을 종료할 수 있도록 하고 있다(제959조의18 제2항).

② **가정법원의 임의후견인 해임** : 임의후견감독인을 선임한 이후 임의후견인이 현저한 비행을 하거나 그 밖에 그 임무에 적합하지 아니한 사유가 있게 된 경우에는 가정법원은 임의후견감독인, 본인, 친족, 검사 또는 지방자치단체의 장의 청구에 의하여 임의후견인을 해임할 수 있다(제959조의17 제2항).

③ **성년후견·한정후견의 심판** : 후견계약이 등기되어 있는 경우, 가정법원은 본인의 이익을 위하여 특별히 필요할 때에는 임의후견인 또는 임의후견감독인의 청구에 의하여 성년후견, 한정후견 또는 특정후견의 심판을 할 수 있는데, 성년후견 또는 한정후견 개시의 심판이 있는 경우에는 후견계약은 종료된다(제950조의20 제1항).

→ **후견계약과 특정후견** : 후견계약이 등기되어 있는 경우에 가정법원은 특정후견의 심판을 할 수 있는데(제959조의20 제1항), 민법은 이를 후견계약의 종료 사유로 규정하지 않고 있다. 따라서 후견계약과 특정후견은 병존할 수 있는 것이 된다. 후견계약에 의한 임의후견을 유지하면서도 법정후견이 필요한 경우에 특정후견을 이용할 수 있다.

2. 후견계약종료의 효과

후견계약이 종료하면 임의후견인의 대리권은 당연히 소멸한다. 다만, 임의후견인의 대리권 소멸은 등기하지 아니하면 선의의 제3자에게 대항할 수 없다(제959조의19). 본인은 임의후견의 종료를 등기함으로써 표현대리의 성립을 저지할 수 있다.

제5장 부양

I 서설

① 민법은 일정한 범위의 친족 사이에 부양의무를 인정하고 있다(제974조 이하). 친족이 경제공동체로 기능하는 경우가 많았다는 점과 친족 사이의 정리를 고려하여 부양의무를 인정하는 것이지만, 친족관계의 관념이 희박해지고 있는 현대에 있어서는 그 타당성에 대해 의문이 제기되기도 한다.

② 제974조 이하의 부양의무 외에도, 민법은 부부간의 부양의무를 인정하고 있으며(제826조 제1항), 친권을 행사하는 부모의 자녀에 대한 보호·교양의무(제913조)에도 자녀에 대한 부양의무가 포함된다고 해석된다. 그러한 부양의무는 부부관계와 친자관계 자체에 근거하는 제1차적 부양의무이고, 제974조 이하의 부양의무는 제1차적 부양의무를 이행한 이후에 이행해야 하는 제2차적 부양의무이다. 제1차적 부양에 있어서는 부양의무자와 동등한 생활수준을 누릴 수 있을 정도로 부양권리자를 부양하여야 하지만, 제2차적 부양에 있어서는 부양의무자가 그의 생활수준을 희생하지 않는 범위에서 부양권리자의 생계를 돕는 정도의 부양으로도 족하다.

③ 경제적 능력이 없어서 부양을 요하는 자는 「국민기초생활 보장법」에 의한 급여를 받을 수도 있다. 다만, 「국민기초생활 보장법」은 부양의무자의 부양과 다른 법령에 의한 보호를 동법에 의한 급여에 우선하여 행하여지는 것으로 하고(동법 제3조 제2항), 수급자에게 부양능력을 가진 부양의무자가 있음이 확인된 경우에는 보장비용을 지급한 보장기관은 생활보장위원회의 심의·의결을 거쳐 그 비용의 전부 또는 일부를 그 부양의무자로부터 부양의무의 범위안에서 징수할 수 있도록 하고 있다(동법 제46조 제1항).

II 부양의 당사자

1. 부양 당사자의 범위

① 직계혈족 및 그 배우자 사이와 ② 생계를 같이하는 친족은 서로 부양의 의무가 있다(제974조). 직계혈족 및 그 배우자간의 부양은 생계를 같이 할 것을 요하지 않지만, 형제자매 등 그 이외의 친족, 즉 8촌 이내의 방계혈족 및 4촌 이내의 인척 사이에서는 생계를 같이 하는 경우에만 부양의무가 있다. 여기서 '직계혈족 및 배우자간'에는 부모와 자녀 사이, (외)조부모와 (외)손자녀 사이뿐만 아니라, 시부모와 며느리 사이, 장인과 사위 사이, 계친자 사이와 적모서자 사이도 포함된다.

미성년인 자에 대한 부모의 부양의무는 제913조에 의해 인정된다. 제974조에 의해 인정되는 자에 대한 부양의무는 성년인 자에 대한 부양의무이다.

[판례] 민법 제775조 제2항에 의하면 부부의 일방이 사망한 경우에 혼인으로 인하여 발생한 그 직계혈족과 생존한 상대방 사이의 인척관계는 일단 그대로 유지되다가 상대방이 재혼한 때에 비로소 종료하게 되어 있으므로 부부의 일방이 사망하여도 그 부모 등 직계혈족과 생존한 상대방 사이의 친족관계는 그대로 유지되나, 그들 사이의 관계는 민법 제974조 제1호의 '직계혈족 및 그 배우자 간'에 해당한다고 볼 수 없다. 배우자관계는 혼인의 성립에 의하여 발생하여 당사자 일방의 사망, 혼인의 무효·취소, 이혼으로 인하여 소멸하는 것이므로, 그 부모의 직계혈족인 부부 일방이 사망함으로써 그와 생존한 상대방 사이의 배우자관계가 소멸하였기 때문이다. 따라서 <u>부부 일방의 부모 등 그 직계혈족과 상대방 사이에서는, 직계혈족이 생존해 있다면 민법 제974조 제1호에 의하여 생계를 같이 하는지와 관계없이 부양의무가 인정되지만, 직계혈족이 사망하면 생존한 상대방이 재혼하지 않았더라도 민법 제974조 제3호에 의하여 생계를 같이 하는 경우에 한하여 부양의무가 인정된다</u>(대결 2013.8.30. 2013스96).

2. 부양의 순위

① 부양의 의무있는 자가 수인인데 부양을 할 자의 순위에 관하여 당사자간에 협정이 없는 경우 및 부양을 받을 권리자가 수인인데 부양의무자의 자력이 그 전원을 부양할 수 없는 경우에는 법원은 당사자의 청구에 의하여 이를 정한다(제976조 제1항). 법원은 수인의 부양의무자 또는 권리자를 선정할 수도 있다(제976조 제2항).

② 부양을 할 자 또는 부양을 받을 자의 순위에 관한 당사자의 협정이나 법원의 판결이 있은 후 이에 관한 사정 변경이 있는 때에는 법원은 당사자의 청구에 의하여 그 협정이나 판결을 취소 또는 변경할 수 있다(제978조).

III 부양의 정도와 방법(제977조 · 제978조)

1. 부양의 정도

부양의 정도는 당사자 사이의 협정에 의하고, 협정이 없는 경우에는 당사자의 청구에 의하여 법원이 정한다(제977조). 법원은 부양을 받을 자의 생활정도와 부양의무자의 자력 기타 제반사정을 참작하여야 한다(제977조). 부양을 받을 자의 연령·재능·신분·지위 등에 따른 교육을 받는 데 필요한 비용도 부양료에 해당된다는 것이 판례(86므46)이다. 그러나 자녀의 혼인비용을 부모가 부담하는 것은 인륜의 자연일 뿐 이를 부모에게 법적으로 청구할 수는 없다(79다249).

> [판례] 민법 제826조 제1항에서 규정하는 미성년 자녀의 양육·교육 등을 포함한 부부간 상호부양의무는 혼인관계의 본질적 의무로서 부양을 받을 자의 생활을 부양의무자의 생활과 같은 정도로 보장하여 부부공동생활의 유지를 가능하게 하는 것을 내용으로 하는 제1차 부양의무이고, 반면 <u>부모가 성년의 자녀에 대하여 직계혈족으로서 민법 제974조 제1호, 제975조에 따라 부담하는 부양의무는 부양의무자가 자기의 사회적 지위에 상응하는 생활을 하면서 생활에 여유가 있음을 전제로 하여 부양을 받을 자가 자력 또는 근로에 의하여 생활을 유지할 수 없는 경우에 한하여 그의 생활을 지원하는 것을 내용으로 하는 제2차 부양의무이다. 따라서 성년의 자녀는 요부양상태, 즉 객관적으로 보아 생활비 수요가 자기의 자력 또는 근로에 의하여 충당할 수 없는 곤궁한 상태인 경우에 한하여, 부모를 상대로 그 부모가 부양할 수 있을 한도 내에서 생활부조로서 생활필요비에 해당하는 부양료를 청구할 수 있을 뿐이다. 나아가 이러한 부양료는 부양을 받을 자의 생활정도와 부양의무자의 자력 기타 제반 사정을 참작하여 부양을 받을 자의 통상적인 생활에 필요한 비용의 범위로 한정됨이 원칙이므로, 특별한 사정이 없는 한 통상적인 생활필요비라고 보기 어려운 유학비용의 충당을 위해 성년의 자녀가 부모를 상대로 부양료를 청구할 수는 없다</u>(대결 2017.8.25. 2017스5).

2. 부양의 방법

부양의 방법은 당사자 사이의 협정에 의하고, 협정이 없는 경우에는 부양을 받을 자의 생활정도와 부양의무자의 자력 기타 제반사정을 참작하여 법원이 정한다(제977조).

부양의무는 반드시 금전의 지급으로서만 이행해야 하는 것은 아니며, 현물로 급여하거나 동거하며 부양하는 방법도 인정될 수 있다.

IV 부양청구권

1. 부양청구의 요건

부양청구를 위해서는 청구하는 자에게 부양의 필요성이 있어야 하고, 상대방에게 부양의 가능성이 인정되어야 한다. 즉, ⊙ 부양을 받을 자가 자기의 자력 또는 근로에 의하여 생활을 유지할 수 없어야 하고(제975조), ⓒ 부양의무자에게 부양을 받을 자를 부양할 경제적 능력이 있어야 한다. 후자의 요건은 제977조로부터 도출된다.

2. 부양청구권의 발생시기

부양청구의 요건이 갖추어졌다면 부양을 받을 자의 청구를 기다리지 않고도 구체적인 권리로서의 부양청구권이 발생하는지가 문제된다. 이에 대해서는 ㉠ 부양요건이 갖추어지면 추상적 권리로서의 부양청구권이 인정될 뿐이고 부양을 받을 자의 부양청구가 있는 경우에 비로소 구체적 권리로서의 부양청구권이 발생한다는 견해와 ㉡ 부양청구의 요건이 갖추어지면 부양청구권이 발생한다고 보아, 부양청구 이전의 과거의 부양료도 청구할 수 있으며, 다만 그것이 상대방에게 과다한 부담이 되는 경우에는 제977조의 제반사정으로 고려될 수 있다는 견해가 있다. 판례는 부모 중 어느 한 쪽만이 자녀를 양육하였던 경우에 그 부모 일방의 타방에 대한 과거의 양육비분담청구는 긍정하였으나(92스21), 부부 사이에서 부양 청구를 받기 이전의 과거의 부양료에 대한 청구는 부정하였다(2005스50). 다만, 이들 양육비분담청구 및 부부 사이의 부양청구는 제913조에 의한 부모의 자에 대한 부양의무와 제826조의 부부간의 부양의무에 관한 것이다.

3. 부양청구권의 일신전속성

① 부양청구권은 신분관계에 기해 인정되는 일신전속적 권리이다. 따라서 ㉠ 이를 처분하지 못하고(제979조), ㉡ 장래에 향해 포기할 수도 없으며, ㉢ 상속재산에 포함되지도 않는다(제1005조 단서 참조). 또한, ㉣ 이를 압류할 수 없고(민사집행법 제246조 제1항 제1호), ㉤ 부양의무자가 상계를 주장할 수도 없다42). ㉥ 부양청구권은 파산재단에도 속하지 않으며(채무자 회생 및 파산에 관한 법률 제383조 제1항), ㉦ 부양권리자의 채권자가 채권자대위권에 의해 이를 행사할 수도 없다(제404조 제1항 단서 참조).

② 제3자에 의해 부양청구권이 침해된 경우에는 '제3자의 채권침해'에 의한 불법행위가 성립하며, 부양권리자는 제3자에 대해 손해배상을 청구할 수 있다.43)

Ⅴ 부양의무불이행에 대한 조치

부양의무불이행시에는 강제집행이 가능하다. 법원이 부양료를 지급하는 판결을 할 때에는 부양권리자가 담보를 제공하지 않고도 가집행을 할 수 있음을 선고하여야 한다(가사소송법 제42조 제1항).

가정법원은 심판이나 조정조서 또는 조정을 갈음하는 결정에 의한 부양의무를 정당한 이유없이 이행하지 않는 경우에 당사자의 신청에 의하여 일정한 기간 내에 그 의무를 이행할 것을 명할 수 있다(가사소송법 제64조 제1항). 가정법원은 그 명령을 이행하지 않는 경우에는 직권 또는 권리자의 신청에 의한 결정으로 1천만 원 이하의 과태료를 부과할 수 있으며(가사소송법 제67조 제1항), 정당한 이유 없이 3기 이상 그 의무를 이행하지 아니한 경우에는 권리자의 신청에 의한 결정으로 30일의 범위에서 그 의무를 이행할 때까지 의무자에 대한 감치를 명할 수 있다(가사소송법 제68조 제1항).

부양의무불이행으로 인한 정신적 고통은 특별사정으로 인한 손해이므로 부양의무가 특별사정을 알았거나 예견할 수 있었어야만 별도의 위자료청구를 할 수 있다(81므78).

---

42) 채권이 압류되지 못할 것인 때에는 그 채무자는 상계로 채권자에게 대항하지 못하기 때문이다(제497조). 즉, 압류가 금지된 채권을 수동채권으로 하여 상계할 수 없으므로, 부양료채권을 수동채권으로 하여 상계하지 못한다. 다만, 부양권리자가 변제기가 도래한 부양료채권을 자동채권으로 하여 상계하는 것은 가능하다.

43) 민법 제974조, 제975조에 의하여 부양의 의무 있는 사람이 여러 사람인 경우에 그중 부양의무를 이행한 1인이 다른 부양의무자에 대하여 이미 지출한 과거 부양료의 지급을 구하는 권리는 당사자의 협의 또는 가정법원의 심판 확정에 의하여 비로소 구체적이고 독립된 재산적 권리로 성립하게 되지만, 그러한 부양료청구권의 침해를 이유로 채권자취소권을 행사하는 경우의 제척기간은 부양료청구권이 구체적인 권리로서 성립한 시기가 아니라 민법 제406조 제2항이 정한 '취소원인을 안 날' 또는 '법률행위가 있은 날'로부터 진행한다(대판 2015.1.29. 2013다79870).

Ⅵ 부양료의 구상

① 경제력이 있는 (동순위의) 수인의 부양의무자 중 일부만이 부양의무를 이행한 경우에는 다른 부양의무자에게 부양료를 구상할 수 있다. 판례는 "민법 제974조·제975조에 의하여 부양의 의무 있는 자가 여러 사람인 경우에 그 중 부양의무를 이행한 1인은 다른 부양의무자를 상대로 하여 이미 지출한 과거의 부양료에 대하여도 상대방이 분담함이 상당하다고 인정되는 범위에서 그 비용의 상환을 청구할 수 있는 것이고, 이 경우 법원이 분담비율이나 분담액을 정함에 있어서는 과거의 양육에 관하여 부모 쌍방이 기여한 정도, 자의 연령 및 부모의 재산상황이나 자력 등 기타 제반사정을 참작하여 적절하다고 인정되는 분담의 범위를 정할 수 있다(93스11)"고 하였다.

② 제1차 부양의무자(배우자) 대신 부양의무를 이행한 제2차 부양의무자(성년의 자의 부모)는 그 비용을 제1차 부양의무자에 대하여 상환청구할 수 있다[44].

③ 부양의무 없는 제3자가 부양을 요하는 자를 부양한 경우에도 부양의무자에게 구상할 수 있다. 제3자는 법률상 의무없이 부양의무자의 사무를 처리한 것으로서 사무관리에 해당하므로 제739조에 의해 비용상환을 청구할 수 있으며, 법률상 의무없는 급부에 의해 부양의무자가 부당 이득을 얻게 된 것이기도 하므로 제740조에 의해 부당이득반환을 청구할 수도 있다.

다만, 혼인 외의 자와 그 자를 인지하지 않은 부는 부자관계로 인정되지 않으므로, 혼인 외의 자를 제3자가 양육·부양하였더라도 인지하지 않은 부에 대해서 양육비·부양료를 구상할 수 없다.[45]

---

[44] 제1차 부양의무와 제2차 부양의무는 의무이행의 정도뿐만 아니라 의무이행의 순위도 의미하는 것이므로, 제2차 부양의무자는 제1차 부양의무자보다 후순위로 부양의무를 부담한다. 따라서 제1차 부양의무자와 제2차 부양의무자가 동시에 존재하는 경우에 제1차 부양의무자는 특별한 사정이 없는 한 제2차 부양의무자에 우선하여 부양의무를 부담하므로, 제2차 부양의무자가 부양받을 자를 부양한 경우에는 소요된 비용을 제1차 부양의무자에 대하여 상환청구할 수 있다(대판 2012.12.27. 2011다96932).

[45] 제3자인 원고가 피고의 혼인 외 출생자를 양육 및 교육하면서 그 비용을 지출하였다고 하여도 피고가 동 혼인 외 출생자를 인지하거나 부모의 결혼으로 그 혼인 외의 출생자로 간주되지 않는 한 실부인 피고는 동 혼인 외 출생자를 부양할 법률상 의무는 없으므로 피고가 원고의 위 행위로 인하여 부당이득을 하였다거나 원고가 피고의 사무를 관리하였다고 볼 수 없다(대판 1981.5.26. 80다2515).

본 페이지는 빈 페이지입니다.

PART 03 상속법

제1장 상속

제1절 상속의 개시

I 상속의 개시원인

피상속인의 사망이 상속개시의 원인이 된다(제997조). 실종선고에 의해 사망한 것으로 간주되거나 인정사망제도에 의해 사망으로 인정된 경우도 제997조의 '사망'에 해당한다.

II 상속개시의 시기

① 상속개시의 시기는 상속의 개시원이 발생한 때이다. ㉠ 자연적 사망의 경우에는 '심장의 기능이 회복 불가능한 상태로 정지된 때'가 사망의 시점이 된다. 사망신고 여부는 묻지 않는다. ㉡ 실종선고의 경우에는 실종기간이 만료한 때에 사망한 것으로 간주되므로(제28조), 실종기간의 만료시점에 상속이 개시된다. ㉢ 인정사망의 경우에는 가족관계등록부에 기재된 사망일에 사망한 것으로 인정되므로, 그때를 기준으로 상속이 개시된다.

실종선고에 의한 사망시기의 인정은 실종선고의 취소에 의해서만 번복할 수 있으나, 인정사망에 의한 사망시점의 인정은 사실상의 추정에 그친다. 한편, 동시사망의 추정을 받는 사람들 상호간에는 상속이 발생하지 않지만, 동시사망의 추정을 받는 사람들 중 1인을 피대습자로 하여 동시사망의 추정을 받는 다른 사람을 대습상속하는 것은 인정된다.

② 상속개시의 시기는 ㉠ 상속·유언이 효력을 발생하는 시점이 되고, ㉡ 상속인의 자격·범위·순위·능력을 결정하는 기준시점이 된다. 또한, ㉢ 상속재산(제1005조) 및 유류분의 기초재산(제1113조 제1항)을 정하는 기준시점이다. ㉣ 상속재산분할(제1015조) 및 상속의 포기(제1042조)는 상속개시의 시기로 소급하여 효력이 발생한다.

III 상속개시의 장소

① 상속은 피상속인의 주소지에서 개시한다(제998조). 피상속인의 주소를 알 수 없거나 국내에 주소를 가지지 않는 경우에는 거소를 상속개시의 장소로 보게 된다(제19조·제20조).
거소도 알 수 없는 경우에 대해서는 ㉠ 사망지를 상속개시의 장소로 볼 수밖에 없다는 견해와 ㉡ 「주민등록법」상의 주민등록지를 상속개시 장소로 보는 것이 타당하다는 견해가 있다.
② 상속개시의 장소를 정하는 것은 상속에 관한 소송(민사소송법 제22조)이나 상속재산에 관한 파산사건(채무자 회생 및 파산에 관한 법률 제3조 제8항)의 관할을 결정하는 기준지가 되며, 상속세부과의 기준지가 된다.

Ⅳ 상속의 비용

상속에 관한 비용은 상속재산 중에서 지급한다(제998조의2). 상속에 관한 비용이라 함은 상속재산의 관리 및 청산에 필요한 비용을 의미한다(97다3996). 상속재산에 관한 비용에는 청산비용, 관리비용(제1022조 참조), 경매비용(제1037조 참조) 등이 포함된다. 장례비용도 피상속인이나 상속인의 사회적 지위와 그 지역의 풍속 등에 비추어 합리적인 금액 범위 내라면 이를 상속비용으로 보아야 한다(2003다30968). 상속재산의 관리·보존을 위한 소송비용도 상속에 관한 비용에 포함된다(97다3996). 상속세도 상속으로 발생한 비용이므로 상속비용에 해당한다고 해석된다. 그러나 상속재산의 처분에 수반되는 조세부담은 상속에 따른 비용이라고 할 수 없다(93다12)[46)][47).

Ⅴ 상속재산

1. 상속의 대상

상속인은 상속개시된 때로부터 피상속인의 재산에 관한 포괄적 관리·의무를 승계한다(제1005조 본문). 물권·채권·지적재산권 등이 상속되는 주요 재산권이 된다. 적극재산뿐만 아니라 소극재산도 포함되며, 재산법상 법률관계에서의 법적 지위도 상속된다. 그러나 피상속인의 일신에 전속한 것은 상속되지 않는다(제1005조 단서). 인격권이나 신분권이 그러하다. 재산권이라고 하더라도 일신전속성이 강한 권리·의무(예컨대, 부양청구권)는 상속되지 않는다.

2. 상속재산의 범위

① 물권 : 모든 물권은 원칙적으로 상속되며, 등기나 인도없이 상속인에게 당연히 이전된다(제187조). 다만, 조합원은 사망으로 인해 조합에서 탈퇴하므로(제717조 제1호) 특약이 없는 한 합유지분은 상속되지 않는다(96다23238).

② 채권·채무 : 원칙적으로 상속되나, 채권자·채무자가 변경됨으로써 이행의 내용이 변경되는 채권·채무는 상속되지 않는다. 부양청구권이나 부양의무와 같은 일신전속적 채권·채무도 상속되지 않는다(제1005조 단서 참조).

③ 보증채무 : 확정된 보증채무는 상속된다. 다만, 보증계약은 주채무자와 보증인의 신뢰관계에 기하여 체결되는 경우가 많으므로 그 계약당사자로서의 지위의 상속은 제한하여야 할 필요성이 있다. 특히 계속적 보증에서 그러하다. 판례는 계속적 보증계약에서 보증한도액이 정해진 경우에는 상속인들이 보증인의 지위를 승계하지만, 보증기간과 보증한도액의 정함이 없는 계속적 보증에서는 보증인의 지위가 상속인에게 상속되지 않고 이미 발생된 보증채무만이 상속된다고 한다(2000다47187).

신원보증계약은 신원보증인의 사망으로 종료한다(신원보증법 제7조). 다만, 신원보증인이 사망하기 전에 이미 발생한 신원보증계약에 의한 보증채무는 상속인에게 상속된다(71다2747).

---

46) 민법 제1014조에 의한 가액의 지급청구는 상속재산이 분할되지 아니한 상태를 가정하여 피인지자의 상속분에 상당하는 가액을 보장하려는 것이므로, 다른 공동상속인들의 분할 기타의 처분에 의한 조세부담을 피인지자에게 지급할 가액에서 공제할 수 없고, 다른 상속인들이 피인지자에게 그 금액의 상환을 구할 수도 없다(동 판결).

47) 피상속인이 사망하여 상속이 개시된 때에 대습상속의 요건을 갖추어 구 상증세법상 상속인이 되었다면, 그 상속인이 상속개시일 전 10년 이내에 피상속인으로부터 증여받은 재산의 가액은 구 상증세법 제13조 제1항 제1호에 따라 상속인에 대한 증여로 보아 상속세 과세가액에 포함되어야 한다(대판 2018.12.13. 2016두54275).

④ **계약상의 지위** : 계약상의 지위도 원칙적으로 상속된다. 계약상 지위의 상속에 따라 해제권이나 대금감액청구권, 손해배상청구권도 상속된다. 예컨대, 매매의 목적이 된 권리의 일부가 타인에게 속함으로 인하여 매도인이 그 권리를 취득하여 매수인에게 이전할 수 없게 되었는데 매수인이 사망한 경우, 그 부분을 양도받지 못하게 됨으로써 피상속인이 갖게 되는 대금감액청구권 및 손해배상청구권은 상속재산에 포함된다(2000두2976).

⑤ **형성권** : 법률행위의 취소권·해제권·해지권 등 재산법관계에서의 형성권도 상속된다. 형성권은 그 형성권을 파생시키는 법률관계 또는 법률상 지위와 함께 상속된다.

⑥ **손해배상청구권** : 손해배상청구권도 상속된다. 다만, 약혼의 해제(제806조), 혼인의 무효·취소(제825조·제806조), 이혼(제843조·제806조), 입양의 무효·취소(제897조·제806조), 재판상 파양(제908조·제806조) 등으로 인한 신분법상의 위자료청구권은 당사자간에 이미 그 배상에 관한 합의가 있었거나 소가 이미 제기된 경우에 한하여 상속된다(제806조 제3항 참조)(1993.5.27. 92므143).

생명침해의 경우의 손해배상청구권 및 위자료청구권도 상속된다(다수설)[48]. 판례도 "정신적 손해에 대한 배상(위자료)청구권은 피해자가 이를 파기하거나 면제했다고 볼 수 있는 특별한 사정이 없는 한 생전에 청구의 의사를 표시할 필요없이 원칙적으로 상속된다(66다1335)."고 하며, "피해자가 즉사한 경우라 하더라도 치명상을 받은 때와 사망 사이에는 이론상 시간적 간격이 인정될 수 있는 것이고 그 치명상을 받은 시간에 심신상실상태에 있었다 하여도 그 상실된 정신적 이익을 비재산적 손해의 내용으로 할 수 있는 것이다(70다3031)." 라고 하였다.

⑦ **사원권** : 민법상 비영리법인의 사원의 지위는 상속되지 않는 것이 원칙이다(제56조 참조). 다만, 규약이나 관행에 의하여 상속재산으로 할 수도 있다(95다6205). 「상법」상 합명회사의 지분과 합자회사의 무한책임사원의 지분은 상속되지 않는 것이 원칙이지만(동법 제218조·제269조), 합자회사의 유한책임사원의 지분(동법 제283조 참조), 유한회사의 지분, 주식회사의 주주권은 상속된다.

⑧ **지적재산권** : 특허권, 저작권, 상표권 등의 지적재산권도 원칙적으로 상속된다(특허법 제38조, 저작권법 제53조 제2항, 상표법 제12조).

⑨ **소송상의 지위** : 소송은 당사자의 사망에 의하여 중단되며, 상속인은 소송절차를 수계하여 소송을 계속할 수 있다(민사소송법 제233조 참조). 다만, 소송의 목적인 권리가 피상속인의 일신에 전속하는 것이라면 소송은 종료되며, 법원은 소송종료선언을 해야 한다.

⑩ **생명보험에서의 보험금청구권** : 보험계약자가 자신을 보험수익자로 지정한 경우에 보험수익자가 사망하면 그 보험금은 상속재산이 된다(2000다64502). 반면, 보험계약자가 피보험자의 상속인을 보험수익자로 하여 맺은 생명보험계약에 있어서 보험수익자인 상속인의 보험금청구권은 보험계약의 효력으로 당연히 생기는 것이므로 그의 고유재산이 되며 상속재산에 포함되지 않는다(2003다29463)[49][50]. 그러한 경우에는 상속을 포기하더라도 보험금을 청구할 수 있고, 보험금을 청구·수령하였더라도 제1026조 제1호에 의해 단순승인을 한 것으로 간주되지 않는다. 다만, 상속재산에 포함되지 않는 생명보험금도 피상속인의 보험금지급에 대한 대가로서 유증 또는 사인증여에 준하는 것이므로 특별수익에 해당한다고 볼 수 있다.

---

48) 생명침해로 인한 위자료청구권은 피해자 본인에게 지급되어야 할 일신전속권이므로 원칙적으로 상속되지 않으며, 유족은 제752조에 의해서 손해배상을 청구할 수 있는 것으로 새기는 견해도 있다.
49) cf. 보험수익자로서 수령한 보험금은 이혼에서의 재산분할의 대상도 되지 않는다(대결 2002.8.28. 2002스36).
50) 상해의 결과로 피보험자가 사망한 때에 사망보험금이 지급되는 상해보험에서 보험계약자가 보험수익자를 단지 피보험자의 '법정상속인'이라고만 지정한 경우, 특별한 사정이 없는 한 그와 같은 지정에는 장차 상속인이 취득할 보험금청구권의 비율을 상속분에 의하도록 하는 취지가 포함되어 있다고 해석함이 타당하다. 따라서 보험수익자인 상속인이 여러 명인 경우, 각 상속인은 특별한 사정이 없는 한 자신의 상속분에 상응하는 범위 내에서 보험자에 대하여 보험금을 청구할 수 있다(대판 2017.12.22. 2015다236820, 236837).

⑪ **유족급여** : 유족급여는 유족의 생활보장과 복리향상을 목적으로 하여 민법과는 다른 입장에서 수급권자를 정한 것으로, 수급권자인 유족이나 유족이 아닌 직계비속은 상속인으로서가 아니라 직접 자기의 고유의 권리로서 취득하는 것이다(98다50340). 따라서 유족급여는 상속재산에 포함되지 않는다.

⑫ **퇴직금** : 피상속인이 생존 중에 퇴직하여 수령한 퇴직금은 상속재산에 포함된다. 그러나 피상속인이 근로계약의 존속 중에 사망함으로 인해 받는 사망퇴직금은 유족의 생활보장을 목적으로 하며, 수급자의 범위가 법률(예컨대, 「근로기준법」 제82조, 동시행령 제48조)이나 회사의 내규에 규정되어 있는 경우가 많다. 따라서 사망퇴직금은 상속재산에 포함되지 않는 것으로 해석되고 있다.51)52)

⑬ **부의금** : 부의금은 상속인들에 대한 증여이므로, 상속재산에 포함되지 않는다. 판례는 사람이 사망한 경우에 보조금 또는 조위금 등의 명목으로 보내는 부의금은 상호부조의 정신에서 유족의 정신적 고통을 위로하고 장례에 따르는 유족의 경제적 부담을 덜어줌과 아울러 유족의 생활안정에 기여함을 목적으로 증여되는 것으로서, 장례비용에 충당하고 남는 것에 관하여는 특별한 다른 사정이 없는 한 사망한 사람의 공동상속인들이 각자의 상속분에 응하여 권리를 취득하는 것으로 봄이 우리의 윤리감정이나 경험칙에 합치된다고 한다(92다2998).

3. 제사용 재산의 승계

① 민법은 분묘에 속한 1정보(町步) 이내의 금양임야(禁養林野)와 600평 이내의 묘토인 농지·족보와 제구(祭具)의 소유권은 제사를 주재하는 자가 승계하도록 하고 있다(제1008조의3). 제사용 재산도 유산이기는 하지만, 상속재산으로 취급되지 않고, 상속재산분할의 대상이 되지도 않는다. 상속을 포기한 자도 제사용 재산은 승계할 수 있다. 조상 숭배나 가통의 계승을 중시하는 관습을 존중하여, 제사용 재산은 일반상속재산과는 구별하여 달리 취급하는 것이다(96누18069 참조).

② **선조·피상속인의 유체·유골** : 사람의 유체·유골은 매장·관리·제사·공양의 대상이 될 수 있는 유체물로서, 분묘에 안치되어 있는 선조의 유체·유골은 제1008조의3 소정의 제사용 재산인 분묘와 함께 그 제사주재자에게 승계되고, 피상속인 자신의 유체·유골 역시 위 제사용 재산에 준하여 그 제사주재자에게 승계된다(2007다27670).

③ **제사주재자** : 누가 제사주재자로서 제사용 재산을 승계하는지가 문제되는데, 기존 판례는 "제사주재자는 우선적으로 망인의 공동상속인들 사이의 협의에 의해 정해져야 하되, 협의가 이루어지지 않는 경우에는 제사주재자의 지위를 유지할 수 없는 특별한 사정이 있지 않은 한 망인의 장남(장남이 이미 사망한 경우에는 장남의 아들, 즉 장손자)이 제사주재자가 되고, 공동상속인들 중 아들이 없는 경우에는 망인의 장녀가 제사 주재가 된다(2007다27670)"고 하였지만, 최근 변경된 판례는 "공동상속인들 사이에 협의가 이루어지지 않는 경우에는 제사주재자의 지위를 인정할 수 없는 <u>특별한 사정이 있지 않는 한 피상속인의 직계비속 중 남녀, 적서를 불문하고 최근친의 연장자가 제사주재자로 우선한다</u>고 보는 것이 가장 조리에 부합한다(2023.5.11. 2018다248626)고 하여, 특별히 제사주재자의 지위를 정하지 않은 경우 아버지가 돌아가시면, 형제자매 중 가장 연장자가 여성이라고 하더라도 '제자주재자'로서의 지위가 인정될 수 있다.

---

51) 다만, 사망퇴직금의 성질을 미지급임금이라고 본다면 사망퇴직금도 상속재산에 포함된다고 할 여지가 있다.
52) 초등학교 교사가 생전에 자신의 배우자를 수급권자로 지정하여 한국교직원공제회에 예치한 퇴직생활 급여는 상속재산의 범위에 포함되지 않는다고 본 판례(대결 2019.5.17. 2017스516, 517).

Ⅵ 상속회복청구권

1. 서설

① 상속회복청구권이란, 진정한 상속인이 그 상속권의 실현을 방해하고 있는 참칭상속인 또는 그로부터 상속재산을 취득한 제3자에 대하여 상속권을 주장하여, 그 방해를 배제하고 상속재산의 회복을 청구하는 권리를 말한다. 상속은 상속인이 상속개시를 알고 있는지 여부를 묻지 않고 법률상 당연히 발생하며, 공시방법을 갖출 것도 요하지 않는다. 따라서 진정한 상속인이 아닌 자가 진정한 상속인인 것 같이 상속재산을 점유하거나 진정한 상속인인 것과 같은 외관을 갖추는 경우가 있을 수 있는데, 민법은 상속회복청구에 의해 진정상속인이 상속재산을 회복하도록 하고 있다.

② 법적 성격 : 상속회복청구권의 법적 성격에 대해서는 견해의 대립이 있다. 학설대립의 주된 실익은 물권적 청구권과의 경합을 인정할 것인지 여부에 있다.

㉠ 독립권리설 : 상속회복청구권은 상속으로 인한 재산상의 지위의 회복을 구하는 권리로서, 개별적 청구권과는 구별되는 독립한 포괄적 청구권이라는 견해이다. 상속회복청구권은 그 쟁점이 상속재산이라는 점과 상속재산의 점유회복을 목적으로 한다는 점에서 개별적 청구권과 다르다고 한다. 상속권이 침해된 경우에 상속회복청구를 할 수 있을 뿐만 아니라 물권적 청구권을 행사할 수도 있으며, 상속회복청구권의 제척기간이 경과하더라도 진정상속인은 물권적 청구권을 행사할 수 있다고 보게 된다.

㉡ 집합권리설 : 상속회복청구권은 단일·독립한 청구권이 아니라 물권적 청구권 등 개별적 청구권의 집합이라는 견해이다. 상속이 포괄승계임으로 인해, 개별적 청구권의 집합을 편의상 하나의 청구권으로 인정하는 것이라고 한다. 물권적 청구권과 상속회복청구권을 법조경합의 관계에 있는 것으로 보게 되고, 상속을 이유로 상속재산의 반환을 구하는 소는 그 명칭이 어떠하든 상속회복청구권을 행사하는 것이라고 하며, 상속회복청구권의 제척기간이 경과하면 진정상속인은 물권적 청구권도 행사할 수 없다고 한다.

집합권리설을 따른다면 상속회복청구의 제척기간이 경과한 후에는 진정한 상속인이 상속재산에 대한 소유권을 잃게 된다. 따라서 집합권리설은 진정상속인에게는 불리한 해석론이다. 집합권리설에 의하는 경우, 상속회복청구제도는 진정한 상속인의 보호보다는 거래의 안전을 보호하기 위한 제도라고 보게 된다.

㉢ 판례 : 판례는 "진정상속인이 참칭상속인을 상대로 상속재산인 부동산에 관한 등기의 말소 등을 구하는 경우에 그 소유권 또는 지분권 등의 귀속원인을 상속으로 주장하고 있는 이상 청구원인 여하에 불구하고 상속회복청구의 소라고 해석하여야 하고, 단기의 제척기간이 적용된다(79다854)."고 하고 있으며, 상속회복청구권이 제척기간의 경과로 소멸하게 되면 상속인은 상속에 따라 승계한 개개의 권리·의무 또한 총괄적으로 상실하게 되고, 그 반사적 효과로서 상속재산은 상속개시일로 소급하여 참칭상속인의 소유로 된다(96다37398)고 한다. 물권적 청구권과의 경합을 부정하면서 단기의 제척기간을 적용한다는 점에서 판례는 집합권리설의 입장이라고 이해된다.

2. 상속회복청구의 당사자

(1) 회복청구권자

① 상속회복청구권의 청구권자는 상속권자 또는 그 법정대리인이다(제999조). 포괄수증자도 상속회복청구를 할 수 있으며(2000다22942), 진정상속인으로부터 상속분을 양수한 자도 상속인에 준하여 상속회복청구를 할 수 있다고 해석된다. 그러나 상속재산의 특정승계인은 상속회복청구를 할 수 없다.

② **상속회복청구권의 상속** : 진정상속인이 사망한 경우 상속회복청구권이 상속되는지가 문제되는 바, ㉠ 상속회복청구권은 재산적 성격이 짙은 권리라고 하여 긍정하는 견해와 ㉡ 상속회복청구권은 각 상속인의 고유한 권리이므로 그의 상속인에게 상속되지 않고 소멸한다는 견해(다수설)가 있다. 상속회복청구권의 상속을 부정하는 경우, 진정상속인의 상속인은 자기의 상속권의 침해에 대한 고유의 상속회복청구권을 주장할 수 있게 되어 제척기간과의 관계에서보다 더 유리해지게 된다.

(2) 상대방

(가) 참칭상속인

① 참칭상속인이란 정당한 상속권이 없음에도 재산상속인임을 신뢰케 하는 외관을 갖추거나 상속인이라고 참칭하면서 상속재산의 전부 또는 일부를 점유함으로써 진정한 상속인의 재산상속권을 침해하는 자를 가리킨다(96다37398).

  ㉠ 상속권을 주장하지 않고 특정의 권원을 주장하여 상속재산을 점유하는 자는 참칭상속인이 아니다. 그러한 경우는 통상적인 재산권의 침해에 해당하며, 단기의 제척기간에 의해 보호할 것이 아니기 때문이다. 판례도 "피상속인으로부터 그 생전에 토지를 매수한 사실이 없는데도 그러한 사유가 있는 것처럼 등기서류를 위조하여 그 앞으로 소유권이전등기를 경료하였고 그로부터 전전매수하여 경료된 소유권이전등기가 원인무효라고 주장하면서 진정명의의 회복을 원인으로 한 소유권이전등기절차의 이행을 구하는 상속인의 청구는 상속회복청구의 소에 해당하지 않는다(97다38176)."고 하였다.

  ㉡ 상속인으로 오인될 만한 외관을 갖추고 있지 않거나 상속재산을 점유하고 있지도 않은 자가 스스로 상속인이라는 주장만을 하였다 하여 참칭상속인이라고는 할 수 없고(92다7955), 상속인 아닌 자가 자신이 상속인이라고 주장하거나 또는 공동상속인 중 1인이 자신이 단독상속인이라고 주장하였다 하더라도 달리 상속권의 침해가 없다면 그러한 자를 가리켜 참칭상속인이라고 할 수도 없다(92다33701).

② **공동상속인** : 다른 상속인의 상속권을 부정하고 자기만이 상속권이 있다고 참칭하거나 자신의 지분을 넘어 다른 공동상속인의 지분을 침해하는 공동상속인도 참칭상속인에 해당한다는 것이 통설이다. 판례도 "재산상속에 관하여 진정한 상속인임을 전제로 그 상속으로 인한 소유권 또는 지분권 등 재산권의 귀속을 주장하고, 참칭상속인 또는 자기들만이 재산상속을 하였다는 일부 공동상속인들을 상대로 상속재산인 부동산에 관한 등기의 말소 등을 청구하는 경우에도, 그 소유권 또는 지분권이 귀속되었다는 주장이 상속을 원인으로 하는 것인 이상 그 청구원인 여하에 불구하고 이는 민법 제999조 소정의 상속회복청구의 소라고 해석함이 상당하다(90다5740)."고 하였다. 따라서 상속재산인 부동산에 관하여 공동상속인 중 1인 명의로 소유권이전등기가 경료된 경우 그 등기가 상속을 원인으로 경료된 것이라면 등기명의인의 의사와 무관하게 경료된 것이라는 등의 특별한 사정이 없는 한 그 등기명의인은 재산상속인임을 신뢰케 하는 외관을 갖추고 있는 자로서 참칭상속인에 해당된다고 보게 된다(96다4688). 상속을 유효하게 포기한 공동상속인 중 한 사람이 그 사실을 숨기고 여전히 공동상속인의 지위에 남아 있는 것처럼 참칭하여 상속지분에 따른 소유권이전등기를 한 경우에도 참칭상속인에 해당할 수 있다(2010다33392).

(나) 상속재산의 제3취득자

참칭상속인으로부터 상속재산을 전득한 제3자에 대한 등기말소청구 또는 반환청구도 상속 회복청구라는 것이 통설·판례(79다854)이다. 상속회복청구의 단기의 제척기간이 참칭상속인에게만 적용되고 참칭상속인으로부터 양수한 제3자에게는 인정되지 않는다면 거래관계의 조기안정을 의도하는 단기의 제척기간이 무의미하게 될 뿐만 아니라, 참칭상속인에 대한 관계에서는 제척기간의 경과로 참칭상속인이 상속재산상의 정당한 권원을 취득했다고 보면서 같은 재산상속인으로부터 전득한 제3자는 진정상속인의 물권적 청구를 감수하여야 한다는 이론적 모순이 생기기 때문이다(79다854).

3. 상속회복청구권의 행사

① 상속회복청구권은 반드시 재판상 행사하여야 하는 것은 아니다.
② 상속회복청구의 소를 제기하는 경우에는 자기의 권리를 상속으로 취득하였음을 청구원인에서 주장하여야 한다. 소유권의 귀속을 내세우는 근거가 상속을 원인으로 하는 것인 이상, 그 권리 행사의 방식 여하에 불구하고 상속회복청구의 소라고 해석하여야 한다(90다카19470).
  ㉠ 상속회복청구의 소를 제기함에 있어서 상속회복을 구하는 재산을 열거해야 하는지 또는 포괄적으로 반환청구 할 수 있는지가 문제되는데, 반드시 모든 재산을 열거해야만 적법한 것은 아니지만, 판결의 기판력은 열거되어 심리된 재산에 관해서만 미치고, 강제집행도 그에 대해서만 할 수 있다고 할 수밖에 없다.
  ㉡ 상속회복의 소는 민사소송으로서의 이행의 소이므로, 그 관할은 가정법원이 아니라 일반 민사법원에 속한다. 그런데 제1014조에 의한 피인지자 등의 상속분의 가액지급청구는 상속회복청구에 해당한다는 것이 통설·판례(93다12)이지만, 「가사소송규칙」은 이를 가정법원의 관할로 하고 있다(동 규칙 제2조 제1항 제2호).
③ 입증책임 : 상속회복청구를 하는 자는 자기가 상속권을 가지는 사실과 목적물이 상속개시 당시 피상속인의 점유에 속하고 있었던 사실을 입증하여야 하며, 이에 대하여 상대방은 상속재산에 대하여 특정의 권원이 있음을 입증하여야 한다.

4. 상속회복청구의 효과

(1) 참칭상속인에 대한 효과

원고승소판결이 확정되면 참칭상속인은 그가 점유하는 상속재산을 진정상속인에게 반환하여야 한다. 진정상속인이 다수인 경우에는 이들 상속인의 상속분에 따라 반환하여야 하며, 상속에서 제외된 상속인이 공동상속인을 상대로 청구한 경우에는 침해당한 상속분에 따라 반환하여야 한다.

(2) 제3자에 대한 효과

참칭상속인으로부터 제3자가 양수한 재산이 동산이거나 지시채권 등 증권적 채권이면 선의취득에 의해 보호될 수 있다. 또한, 참칭상속인에 대한 채무의 변제는 채권의 준점유자에 대한 변제(제470조)가 될 수 있다. 그러나 부동산의 경우에는 참칭상속인이 상속등기를 하였더라도 제3자는 보호되지 않는다. 부동산등기에 공신력이 인정되지 않기 때문이다.

> [판례] ① 가해자가 교통사고로 사망한 피해자의 호적부상 표현상속인과 손해배상채권 포기의 합의를 하고 합의금을 지급한 후 친생자관계부존재확인판결에 기하여 진정한 상속인이 등재된 경우, 호적부상 표현상속인과 합의를 하고 합의금을 지급할 당시에는 가해자로서는 망인의 진정한 상속인을 알지 못하여 호적부상 표현상속인을 진정한 상속인인 것으로 오인하였고 또 이와 같이 오인한 데는 정당한 사유가 있었다고 할 것이므로 가해자는 변제에 관한 한 선의이며 무과실이라고 할 것이고, 따라서 가해자의 변제는 준점유자에 대한 변제로서 유효하다(대판 1995.3.17. 93다32996).

② 혼인 외의 子의 생부가 사망한 경우, 혼인 외의 출생자는 그가 인지청구의 소를 제기하였다고 하더라도 그 인지판결이 확정되기 전에는 상속인으로서의 권리를 행사할 수 없고, 그러한 인지판결이 확정되기 전의 정당한 상속인이 채무자에 대하여 소를 제기하고, 나아가 승소판결까지 받았다면 채무자로서는 그 상속인이 장래 혼인 외의 子에 대한 인지판결이 확정됨으로 인하여 소급하여 상속인으로서의 지위를 상실하게 될 수 있음을 들어 그 권리행사를 거부할 수 없으므로, 그러한 표현상속인에 대한 채무자의 변제는 특별한 사정이 없는 한 채무자가 표현상속인이 정당한 권리자라고 믿은 데에 과실이 있다 할 수 없으므로, 채권의 준점유자에 대한 변제로서 적법하다(대판 1995.1.24. 93다32200).

5. 상속회복청구권의 소멸

(1) 상속회복청구권의 포기

상속인은 상속회복청구권을 포기할 수 있다. 다만, 상속개시 이전에는 포기할 수 없다.

(2) 제척기간의 경과로 인한 소멸

① 상속회복청구권은 그 침해를 안 날로부터 3년, 상속권의 침해행위가 있은 날로부터 10년을 경과하면 소멸한다(제999조 제2항). 이 기간은 제척기간이다. 법원은 제척기간의 준수 여부에 관하여 직권으로 조사한 후 기간 도과 후에 제기된 소는 부적법한 소로서 흠결을 보정할 수 없으므로 각하하여야 한다(92다3083).

[판례] 상속회복청구에 관한 제척기간의 취지, 남북가족특례법의 입법 목적 및 관련 규정들의 내용, 가족관계와 재산적 법률관계의 차이, 법률해석의 한계 및 입법적 처리 필요성 등의 여러 사정을 종합하여 보면, 남북가족특례법 제11조 제1항은 피상속인인 남한주민으로부터 상속을 받지 못한 북한주민의 상속회복청구에 관한 법률관계에 관하여도 민법 제999조 제2항의 제척기간이 적용됨을 전제로 한 규정이며, 따라서 남한주민과 마찬가지로 북한주민의 경우에도 다른 특별한 사정이 없는 한 상속권이 침해된 날부터 10년이 경과하면 민법 제999조 제2항에 따라 상속회복청구권이 소멸한다(대판 2016.10.19. 2014다46648 전원합의체).

② '상속권의 침해를 안 날' : '상속권의 침해를 안 날'이라 함은 자기가 진정상속인임을 알고, 또 자기가 상속에서 제외된 사실을 안 때를 가리킨다(79다2052).

③ '상속권의 침해행위가 있은 날' : '상속권의 침해행위가 있은 날'이라 함은 참칭상속인이 상속재산의 전부 또는 일부를 점유하거나 상속재산인 부동산에 관하여 소유권이전등기를 마치는 등의 방법에 의하여 진정한 상속인의 상속권을 침해하는 행위를 한 날을 의미힌다(2009다42321).

④ 기간준수의 판단 : 상속재산의 일부에 대한 상속회복청구의 제소기간을 준수하였다고 하여 그로써 다른 상속재산에 대한 소송에서 그 기간준수의 효력이 생기는 것은 아니다(80므84). 제척기간의 준수 여부는 상속회복청구의 상대방별로 각각 판단하여야 할 것이어서, 진정한 상속인이 참칭상속인으로부터 상속재산에 관한 권리를 취득한 제3자를 상대로 제척기간 내에 상속회복청구의 소를 제기한 이상 그 제3자에 대하여는 제999조에서 정하는 상속회복청구권의 기간이 준수되었으므로, 참칭상속인에 대하여 그 기간 내에 상속회복청구권을 행사한 일이 없다고 하더라도 그것이 진정한 상속인의 제3자에 대한 권리행사에 장애가 될 수는 없다(2009다42321). 반면, 진정상속인이 참칭상속인의 최초 침해행위가 있은 날부터 10년의 제척기간이 경과하기 전에 참칭상속인에 대한 상속회복청구소송에서 승소의 확정판결을 받았다고 하더라도 위 제척기간이 경과한 후에는 제3자를 상대로 상속회복청구 소송을 제기하여 상속재산에 관한 등기의 말소 등을 구할 수 없다(2006다26694). 2006다26694 판결에 따르다면, 참칭상속인에 대한 상속회복청구의 소가 적법한 기간 내에 제기되었다고 하더라도 재판의 진행 중에 참칭상속인이 최초 침해행위가 있는 날부터 10년이 경과한 이후 그 재산을 매각한다면 제척기간의 도과로 인해 진정상속인의 상속재산회복은 불가능하게 된다. 진정상속인이 이러한 문제에 대응하기 위해서는, 최초 침해행위가 있는 날부터 10년 내에 상속회복청구의 소를 제기하면서 그 재산에 대하여 처분금지가처분을 하여야 한다.

⑤ **제척기간 경과의 효과** : 판례는 "상속회복청구권이 제척기간의 경과로 소멸하게 되면 상속인은 상속인으로서의 지위, 즉 상속에 따라 승계한 개개의 권리·의무 또한 총괄적으로 상속하게 되고, 그 반사적 효과로서 참칭상속인의 지위는 확정되어 참칭상속인이 상속개시 당시로부터 소급하여 상속인으로서의 지위를 취득하므로, 상속재산은 상속개시일로 소급하여 참칭상속인의 소유로 된다(1998.3.27. 96다37398)."고 한다(집합권리설).

제2절 | 상속인

I 서설

상속인이란, 피상속인의 재산상 지위를 승계하는 자를 말한다. 민법은 상속인과 그 순위를 법정하고 있으며(제1000조·제1003조), 그 이외의 자는 상속인이 되지 못한다. 다만, 피상속인은 유증에 의해 상속인을 지정하거나 순위를 변경한 것과 같은 결과를 도모할 수 있다.

[변경 판례] 피상속인의 배우자와 자녀 중 자녀 전부가 상속을 포기한 경우 배우자와 손자녀 또는 직계존속이 공동상속인이 되는지, 배우자가 단독상속인이 되는지 여부(대결 2023.3.23. 2020그42 전원합의체)

민법 제1000조부터 제1043조까지 각각의 조문에서 규정하는 '상속인'은 모두 동일한 의미임이 명백하다. 따라서 민법 제1043조의 '상속인이 수인인 경우' 역시 민법 제1000조 제2항의 '상속인이 수인인 때'와 동일한 의미로서 같은 항의 '공동상속인이 되는' 경우에 해당하므로 그 공동상속인에 배우자도 당연히 포함되며, 민법 제1043조에 따라 상속포기자의 상속분이 귀속되는 '다른 상속인'에도 배우자가 포함된다.

이에 따라 공동상속인인 배우자와 여러 명의 자녀들 중 일부 또는 전부가 상속을 포기한 경우의 법률효과를 본다. 공동상속인인 배우자와 자녀들 중 자녀 일부만 상속을 포기한 경우에는 민법 제1043조에 따라 상속포기자인 자녀의 상속분이 배우자와 상속을 포기하지 않은 다른 자녀에게 귀속된다. 이와 동일하게 공동상속인인 배우자와 자녀들 중 자녀 전부가 상속을 포기한 경우 민법 제1043조에 따라 상속을 포기한 자녀의 상속분은 남아 있는 '다른 상속인'인 배우자에게 귀속되고, 따라서 배우자가 단독상속인이 된다. 이에 비하여 피상속인의 배우자와 자녀 모두 상속을 포기한 경우 민법 제1043조는 적용되지 않는다. 민법 제1043조는 공동상속인 중 일부가 상속을 포기한 경우만 규율하고 있음이 문언상 명백하기 때문이다.

특히 상속의 포기는 피상속인의 상속재산 중 소극재산이 적극재산을 초과하는 경우의 상속(이하 '채무상속'이라 한다)에서 중요한 의미를 가진다. <u>상속을 포기한 피상속인의 자녀들은 피상속인의 채무가 자신은 물론 자신의 자녀에게도 승계되는 효과를 원천적으로 막을 목적으로 상속을 포기한 것이라고 보는 것이 자연스럽다. 상속을 포기한 피상속인의 자녀들이 자신은 피상속인의 채무 승계에서 벗어나고 그 대가로 자신의 자녀들, 즉 피상속인의 손자녀들에게 상속채무를 승계시키려는 의사가 있다고 볼 수는 없다.</u> 그런데 피상속인의 배우자와 자녀들 중 자녀 전부가 상속을 포기하였다는 이유로 피상속인의 배우자와 손자녀 또는 직계존속이 공동상속인이 된다고 보는 것은 위와 같은 당사자들의 기대나 의사에 반하고 사회 일반의 법감정에도 반한다.

[종래 판례] 상속을 포기한 자는 상속개시된 때부터 상속인이 아니었던 것과 같은 지위에 놓이게 되므로, <u>피상속인의 배우자와 자녀 중 자녀 전부가 상속을 포기한 경우에는 배우자와 피상속인의 손자녀 또는 직계존속이 공동으로 상속인이 되고, 피상속인의 손자녀와 직계존속이 존재하지 아니하면 배우자가 단독으로 상속인이 된다</u>(대판 2015.5.14. 2013다48852).

II 상속능력

① 상속인이 될 수 있는 자격을 상속능력이라고 한다. 상속능력은 연령이나 의사능력과는 무관하며, 권리능력이 있다면 상속능력이 인정된다. 다만, 법인은 권리능력은 있으나 상속능력은 인정되지 않는다. 법인도 포괄유증은 받을 수 있고, 그에 의하여 실질적으로 상속을 받는 것과 동일한 결과를 얻을 수 있다.

② 피상속인이 사망한 시점에 상속능력이 있어야 한다. 상속은 피상속인이 사망한 시점에 그 권리·의무가 법률상 당연히 승계되는 것이기 때문이다. 따라서 동시사망으로 추정되는 사람들 상호간에는 상속이 발생하지 않는다.
③ 태아는 상속에 있어서 권리능력이 인정된다(제1000조 제3항). 즉, 태아는 피상속인이 사망한 시점에 아직 출생하지 않았지만, 태아의 보호를 위해 상속능력을 인정하는 것이다. 이는 상속능력의 동시존재의 원칙에 대한 예외이다.
태아의 권리능력 인정을 정지조건설에 따라 이해하는 판례(76다1365)의 입장에서는, 태아가 살아서 출생한 경우에 한하여 상속개시시에 소급해서 상속능력이 인정되는 것으로 해석하게 된다.

Ⅲ 상속인의 순위

① **상속의 순위에 따른 상속** : 상속은 민법이 법정하는 상속의 순위에 의해서만 인정되며, 피상속인의 유언에 의해서도 변경할 수 없다. 선순위상속인이 1인이라도 존재하는 경우에는 후순위상속인은 상속을 받지 못하고, 유류분도 주장하지 못한다.
② **직계비속 등의 상속순위** : 상속에 있어서는 ㉠ 피상속인의 직계비속, ㉡ 피상속인의 직계존속, ㉢ 피상속인의 형제자매, ㉣ 피상속인의 4촌 이내의 방계혈족의 순위로 상속인이 된다(제1000조 제1항).
상속인에 인척은 포함되지 않는다. 즉, 인척은 상속권이 없다. 예컨대, 계모자 사이와 적모서자 사이에서는 상속이 발생하지 않는다.
③ **직계비속 등 사이에서의 촌수에 의한 상속순위** : 동순위의 상속인이 수인인 때에는 최근친을 선순위로 하고, 촌수가 같은 상속인이 수인인 때에는 공동상속인이 된다(제1000조 제2항). 예컨대, 피상속인에게 부모와 조부모가 있는 경우 부모가 선순위가 되며, 부모 각자는 공동상속인이 된다. 3촌의 방계혈족인 숙부는 4촌의 방계혈족인 종형제자매 보다 선순위가 된다.
④ **배우자의 상속순위** : 피상속인의 배우자는 직계비속 또는 직계존속인 상속인이 있는 경우에는 그 상속인과 동순위로 공동상속인이 되고 그 상속인이 없는 때에는 단독상속인이 된다(제1003조 제1항). 여기서의 배우자는 법률상의 배우자를 말하며, 사실혼의 배우자는 상속인이 되지 못한다. 배우자였으나 이혼한 경우에도 상속인이 되지 못한다. 무효인 혼인은 당연 무효로서 혼인이 없었던 것이므로, 무효인 혼인에서의 배우자도 상속인이 되지 못한다. 반면, 혼인에 취소사유가 있을 뿐인 경우에는, 상속 이후 혼인이 취소되더라도 혼인의 취소는 소급효를 갖지 않으므로 상속관계가 소급하여 무효라거나 그 상속재산이 부당이득이 되지 않는다는 것이 판례이다(95다48308).

Ⅳ 상속인의 결격

1. 의의

상속인의 결격이란, 상속인에 대하여 일정한 사유가 발생한 경우에 법률상 당연히 상속의 자격을 상실하는 것을 말한다.

2. 상속결격의 사유

(1) 고의로 직계존속 등을 살해하거나 살해하려고 한 자

① 고의로 직계존속, 피상속인, 그 배우자 또는 상속의 선순위나 동순위에 있는 자를 살해하거나 살해하려고 한 자는 상속인이 되지 못한다. 살인죄인 이상 기수·미수를 불문하며 예비·음모 및 교사·방조가 포함된다.
② 판례는 상속의 선순위나 동순위에 있는 태아를 낙태한 것도 상속결격사유에 해당한다고 한다(92다2127).

(2) 고의로 직계존속 등에게 상해를 가하여 사망에 이르게 한 자

① 고의로 직계존속, 피상속인과 그 배우자에게 상해를 가하여 사망에 이르게 한 자는 상속인이 되지 못한다. 상해치사에 의해 상속결격이 되는 경우는 직계존속, 피상속인과 그 배우자를 상해한 경우에 한정되며, 상속의 선순위나 동순위자를 상해치사한 경우에는 상속결격이 되지 않는다. 상해를 가한 목적은 묻지 않는다.
② 직계존속 및 배우자의 의미는 제1004조 제1호의 경우와 같다.

(3) 사기 또는 강박으로 피상속인의 유언 또는 유언의 철회를 방해한 자

사기 또는 강박으로 피상속인의 상속에 관한 유언 또는 유언의 철회를 방해한 자는 상속인이 되지 못한다. 상속에 관한 유언이란 상속재산분할방법의 지정 또는 위탁 등과 같이 상속자체에 관한 것뿐만 아니라 상속인의 구체적 상속분에 영향을 미치는 유증이나 재단법인설립 또는 상속인의 범위에 영향을 미치는 인지나 친생부인에 관한 것도 포함된다고 해석된다.

(4) 사기 또는 강박으로 상속에 관한 유언을 하게 한 자

사기 또는 강박으로 상속에 관한 유언을 하게 한 자는 상속인이 되지 못한다. 사기 또는 강박에 의한 유언이 취소 또는 철회되더라도 상속자격이 부활하지 않는다.

(5) 피상속인의 유언서를 위조·변조·파기 또는 은닉한 자

피상속인의 상속에 관한 유언서를 위조·변조·파기 또는 은닉[53]한 자는 상속인이 되지 못한다. 위조·변조·파기 또는 은닉한 유언서는 유효한 유언서에 한한다. 위조·변조·파기 또는 은닉은 고의에 의한 것이어야 한다.

3. 상속결격의 효과

① 상속결격자는 피상속인에 대하여 상속인이 되지 못한다. 특별한 절차를 요하지 않으며 당연히 상속자격을 상실한다. 상속인이 될 수 없으므로 유류분권도 당연히 상실하며, 대습상속도 할 수 없다. 또한, 수증결격자가 되므로(제1064조·제1004조) 유증도 받을 수 없다.
유증 이후에 상속결격에 해당하는 비행이 있었던 경우에는 유증을 받을 수 없지만, 비행이 있은 이후에 유증을 하는 것은 가능하다는 견해가 있다. 이에 따른다면, 유증에 관해서는 피상속인이 상속결격자를 용서할 수 있다는 결과가 된다.
상속개시후에 상속결격사유가 발생하면 상속은 소급적으로 무효가 된다. 따라서 결격자가 상속재산을 제3자에게 양도한 경우에 제3자는 선의취득에 의한 보호를 받지 않는 한 보호되지 않는다.
② **결격되는 상속** : 결격의 효과는 특정의 피상속인에 대한 관계에만 미친다. 예컨대, 배우자를 살해하면 배우자의 재산은 상속할 수 없지만, 자신의 부모의 재산은 상속할 수 있다.
다만, 제1004조 제1호·제2호의 '직계존속'을 행위자의 직계존속이라고 해석하는 통설적 입장에서는, 자신의 직계존속을 살해하거나 살해하려고 한 경우 또는 상해를 가하여 사망에 이르게 한 경우에는 상속결격의 효과가 절대적이라고 한다.
③ **상속결격의 인적 범위** : 결격의 효과는 결격자의 일신에만 그치므로, 결격자의 배우자나 직계비속은 상속 또는 대습상속을 할 수 있다.

---

[53] 공동상속인들 사이에 그 내용이 널리 알려진 유언서에 관하여 피상속인이 사망한지 6개월이 경과한 시점에서 비로소 그 존재를 주장하였다고 하여 이를 유언서의 은닉에 해당한다고 볼 수 없다(1998.6.12. 97다38510).

Ⅴ 대습상속

1. 의의
① 대습상속이란, 상속인이 될 직계비속 또는 형제자매가 상속개시 전에 사망하거나 결격자가 된 경우에 그 직계비속이나 배우자가 사망하거나 결격된 자의 순위에 갈음하여 상속인이 되는 것을 말한다(제1001조·제1003조 제1항).
② **법적 성격** : 대습상속의 성격에 관하여, 그것이 피대습자의 권리를 승계하는 것인지 여부가 문제될 수 있으나, 대습상속인은 자기의 고유한 권리로서 직접 상속한다는 것이 통설이다(고유권설).

2. 대습상속의 요건

(1) 상속인이 될 직계비속·형제자매의 상속개시 전 사망 또는 결격
① 피대습자는 피상속인의 직계비속 또는 형제자매에 한한다(제1001조).
② 피대습자인 상속인이 될 직계비속 또는 형제자매는 상속개시전에 사망하였거나 결격되어야 한다(제1001조).
③ 상속의 포기는 대습상속의 원인이 아니다.

(2) 사망·결격된 자의 직계비속 또는 배우자
① 대습상속인은 피대습자의 직계비속 또는 배우자에 한하며 직계존속은 대습상속을 할 수 없다(제1001조·제1003조 제2항). 태아도 대습상속을 할 수 있다는 것이 통설이다(제1000조 제3항의 유추적용).
② 대습상속도 상속이므로 대습상속인은 상속인의 자격이 있어야 한다.

3. 대습상속의 효과
대습상속에 의해 대습자는 피대습자의 순위에 의해 피대습자의 상속분을 상속한다(제1010조). 대습자가 수인인 경우에는 그 법정상속분에 의해 대습상속을 한다

4. 재대습
① 대습자가 대습상속 이전에 사망하거나 결격된 경우에는 대습자를 다시 대습하는 재대습상속도 인정되며, 그에 의해 대습자의 대습자는 본래의 피대습자의 상속분을 상속한다.
② 재대습에서의 피대습자도 직계비속 또는 형제자매에 한한다.
상속인이 될 자(사망자 또는 결격자)의 배우자는 제1003조에 의하여 대습상속인이 될 수는 있으나, 피대습자(사망자 또는 결격자)의 배우자가 대습상속의 상속개시 전에 사망하거나 결격자가 된 경우, 그 배우자에게 다시 피대습자로서의 지위가 인정될 수는 없다(1999.7.9. 98다64318 등). 따라서 사망한 계부의 父가 사망하기 전에 母가 사망한 경우, 母는 계부의 父를 대습상속할 수 있으나 피대습자는 될 수 없으므로, 그 母의 子가 母와 계부를 순차대습하여 피상속인인 계부의 父를 대습상속할 수는 없다(98다64318).

제3절 공동상속

I 서설

① 공동상속이란, 순위가 동일한 수인의 상속인 또는 피상속인의 배우자가 공동으로 피상속인을 상속하는 것을 말한다. 공동상속인은 각자의 상속분에 응하여 피상속인의 권리의무를 승계한다(제1007조).
② 상속재산은 상속개시시에 공동상속인에게 상속분에 따라 귀속하며, 이후 상속재산분할에 의해 단독소유로 된다. 상속개시 이후 분할되기까지 실제로는 상당한 시간이 걸릴 수 있는데, 그때까지는 상속재산은 공동상속인의 공유가 된다.

II 공동상속재산

1. 공동상속재산에 대한 공유의 성격

① 합유설 : 공동상속인은 친족관계에 의해 결합된 공동체이므로 공동상속인은 상속재산을 합유한다는 견해이다. 공동상속재산의 가산(家産)으로서의 성격과 공동상속인의 특수한 인적 관계를 중시하는 입장이다.
② 공유설(다수설) : 민법상 상속제도는 개인주의적 상속에 입각하고 있으며, 제1015조 단서는 상속재산에 대한 지분처분을 전제하는 것이므로, 공동상속인은 공동상속재산을 공유한다는 견해이다.
③ 판례 : 판례는 "공동상속재산은 상속인들의 공유이고, 또 부동산의 공유자인 한 사람은 그 공유물에 대한 보존행위로서 그 공유물에 관한 원인무효의 등기 전부의 말소를 구할 수 있다(94다61649)."고 하여, 공유설을 취하고 있다. 판례는 채무의 상속에 대해서도, "금전채무와 같이 급부의 내용이 가분인 채무가 공동상속된 경우, 이는 상속 개시와 동시에 당연히 법정상속분에 따라 공동상속인에게 분할되어 귀속되는 것이므로, 상속재산 분할의 대상이 될 여지가 없다(97다8809)."고 하였다.

2. 채권의 공동상속

(1) 가분채권

(가) 학설

당연분할설(분할채권설)은 다수당사자의 채권관계에서 민법 제408조의 분할채권이 원칙이므로 가분채권은 상속개시와 동시에 공동상속인 사이에 상속분에 따라 당연히 분할되어 귀속된다는 견해이다. 불가분채권설은 합유설을 취하면서 불가분채권설을 취하는 견해도 있지만, 공유설을 취하면서도 가분채권의 경우에 이를 분할채권으로 본다면 상속채무자에게 상속인 중 1인이 상속분의 범위는 넘는 변제를 하면 이로써 다른 공동상속인에게 대항할 수 없는 문제가 발생하므로 상속채무자의 보호를 위하여 상속재산의 분할 이전까지는 공동상속인의 불가분채권으로 보아야 한다는 견해가 있다.

(나) 판례

금전채권과 같이 급부의 내용이 가분인 채권은 공동상속되는 경우 상속개시와 동시에 당연히 법정상속분에 따라 공동상속인들에게 분할되어 귀속되므로 상속재산분할의 대상이 될 수 없는 것이 원칙이다. 그러나 가분채권을 일률적으로 상속재산분할의 대상에서 제외하면 부당한 결과가 발생할 수 있다. 예를 들어 공동상속인들 중에 초과특별수익자가 있는 경우 초과특별수익자는 초과분을 반환하지 아니하면서도 가분채권은 법정상속분대로 상속받게 되는 부당한 결과가 나타난다. 그 외에도 특별수익이 존재하거나 기여분이 인정되어 구체적인 상속분이 법정상속분과 달라질 수 있는 상황에서 상속재산으로 가분채권만이 있는 경우에는 모든 상속재산이 법정상속분에 따라 승계되므로 수증재산과 기여분을 참작한 구체적 상속분에 따라 상속을 받도록 함으로써 공동상속인들 사이의 공평을 도모하려는 민법 제1008조, 제1008조의2의 취지에 어긋나게 된다. 따라서 이와 같은 특별한 사정이 있는 때는 상속재산분할을 통하여 공동상속인들 사이에 형평을 기할 필요가 있으므로 가분채권도 예외적으로 상속재산분할의 대상이 될 수 있다(대결 2016.5.4. 2014스122).

(2) 불가분채권

피상속인의 불가분채권이 상속개시시에 공동상속인에게 불가분채권으로 귀속된다.

3. 채무의 공동상속

(1) 가분채무

(가) 학설

당연분할설(분할채무설)은 피상속인의 금전채무 기타의 가분채무는 법률상 당연히 분할되어 각 상속인은 그 상속분에 따라 이를 승계한다는 견해이다. 따라서 상속재산분할의 대상이 될 수 없고, 공동상속인 중 무자력자가 있으면 추심불능의 불이익을 입게 된다. 불가분채무설은 합유설을 따르면서 불가분채무로 보는 견해도 있지만, 공유설을 따르면서도 채권자의 의사에 무관하게 채권이 분할되게 되는 점이 부당하므로 채권자 보호를 위하여 상속분할 이전까지는 분할되지 않고 불가분채무 또는 연대채무를 부담하여야 한다는 견해가 있다.

(나) 판례

대법원은 "금전채무와 같이 급부의 내용이 가분인 채무가 공동상속된 경우, 이는 상속 개시와 동시에 당연히 법정상속분에 따라 공동상속인에게 분할되어 귀속되는 것이므로, 상속재산 분할의 대상이 될 여지가 없다(97다8809).", "공동상속인들을 상대로 하여 소유권이전등기청구를 하는 것은 반드시 그 공동상속인들을 필수적 공동소송인으로 삼아야 될 이유는 없다 할 것이다. 왜냐하면 공동상속인들은 그 공동상속재산에 관하여 저마다의 지분권을 가지고 있는 것이고 이 각자의 지분권의 처분에 관하여 반드시 원고와의 사이에서 합일적으로 처리되어야 할 이유는 없기 때문이다(64다1054)."고 판시하여 분할채무설(당연분할설)의 입장이다.

(2) 불가분채무

(가) 학설

피상속인이 부담하는 불가분채무가 상속개시시에 공동상속인에게 불가분채무로 귀속된다고 보는 것이 통설이다. 따라서 채권자는 공동상속인 1인에 대하여 전부를 청구할 수 있고, 공동상속인 1인이 채권자에 대하여 이행을 하면 채무는 소멸한다. 예컨대 피상속인이 타인의 토지를 불법으로 점유하고 사용·수익함으로써 발생한 부당이득반환의무를 상속한 공동상속인들은 각자 전액에 대한 반환의무를 부담한다.

(나) 판례

판례도 학설과 같이 불가분채무가 공동상속인에게 불가분채무로 귀속된다고 본다. 다만 "공동상속인들의 건물철거의무는 그 성질상 불가분채무라고 할 것이고 각자 그 지분의 한도 내에서 건물 전체에 대한 철거의무를 지는 것이다(80다756).", "건물의 공동상속인 전원을 피고로 하여서만 건물의 철거청구를 할 수 있는 것은 아니고 공동상속인 중의 한 사람만을 상대로 그 상속분의 한도에서만 건물의 철거를 청구할 수 있다(68다1102).", "공유물의 반환 또는 철거에 관한 소송은 필수적 공동소송이 아니다(69다609)."라고 판시하여 공동상속인의 건물철거·토지인도의무를 불가분채무로 보면서도 수동소송의 형태에 대하여 필수적 공동소송이 아닌 통상공동소송으로 본다.

4. 공동상속재산의 보존·관리·이용·처분

상속재산의 보존·관리 : 공동상속재산이 분할되기 이전에는 공동상속재산을 공동으로 보존·관리하여야 한다. 공동상속재산의 성격에 관한 다수설·판례인 공유설에 따른다면, 공동상속재산의 보존·관리에는 제262조 이하의 규정이 적용된다.

> [판례] ① 공동상속인의 한 사람은 공유자이므로 그 보존행위로서 단독으로서도 상속재산에 대한 원인무효인 등기의 말소를 청구할 수 있다(대판 1966.4.19. 66다415).
> ② 공유자 사이에 공유물을 사용·수익할 구체적인 방법을 정하는 것은 공유물의 관리에 관한 사항으로서 공유자의 지분의 과반수로써 결정할 것임은 민법 제265조에 규정하는 바로서, 부동산의 공유자는 그 공유물의 일부라 하더라도 협의 없이 이를 배타적으로 사용·수익할 수는 없는 것이므로 공동상속재산인 건물을 상속인 중 1인이 배타적으로 사용하는 것은 공유지분 과반수의 결의에 의한 것이 아닌 한 부적법하다(대판 1982.12.28. 81다454).

① **상속재산관리인의 선임에 의한 공동상속재산의 관리** : 상속인이 수인인 경우에는 법원은 각 상속인 기타 이해관계인의 청구에 의하여 공동상속인 중에서 상속재산관리인을 선임할 수 있다(제1040조 제1항).

제1040조에 의하면 법원이 공동상속재산에 관한 관리인을 선임할 경우에는 반드시 그 공동상속인 중에서 관리인을 선임하여야 하도록 되어 있으므로, 공동상속인 아닌 다른 사람을 선임한 결정은 위법하다(76ㄱ2).

상속재산관리인은 공동상속인을 대표하여 상속재산의 관리와 채무의 변제에 관한 모든 행위를 할 권리·의무가 있다(제1040조 제2항).

상속재산관리인은 그 고유재산에 대하는 것과 동일한 주의로 상속재산을 관리하여야 하며(제1040조 제3항 본문·제1022조), 한정승인에서의 청산절차(제1032조 내지 제1039조)에 따라 청산을 하여야 한다(제1040조 제3항 본문). 다만, 제1032조의 규정에 의하여 공고할 5일의 기간은 관리인이 그 선임을 안 날로부터 기산한다(제1040조 제3항 단서).

② **상속재산의 이용** : 공동상속인은 공동상속재산을 그 지분의 비율에 따라 사용·수익할 수 있다(제263조)(공유설).

③ **상속재산의 처분** : 공동상속인은 상속재산 전체에 대한 상속분을 전체로서 처분할 수 있다(제1011조 참조). 개별상속재산도 각자의 상속지분의 범위내에서 단독으로 처분할 수 있다(공유설). 그러나 다른 공동상속인의 동의없이 상속재산 전부를 처분하거나 변경하지는 못한다(제264조).

III 상속분

1. 서설

① 상속분이란, 2인 이상의 상속인이 공동상속하는 경우에 각 공동상속인이 상속재산에 대해서 갖는 권리·의무의 비율을 말한다. 각 상속인이 받을 구체적 상속가액은 적극·소극재산을 모두 포함한 상속재산에 상속분을 곱하여 산정하게 된다.

② 민법은 '균분상속의 원칙'에 따라 상속분을 법정하고 있으며, 특별수익자 및 기여상속인이 있는 경우의 상속분을 규율하고 있다. 지정상속분이나 법정상속분이 곧 공동상속인의 상속분이 되는 것은 아니고 특별수익이나 기여분이 있는 한 그에 의하여 수정된 것이 재산분할의 기준이 되는 구체적 상속분이 된다(2000다51797).

③ 피상속인이 유언에 의해 상속분을 지정할 수는 없다. 상속분의 지정은 유언사항이 아니기 때문이다. 다만, 피상속인은 유언에 의해 포괄적 유증을 할 수 있으므로(제1074조 참조), 피상속인은 특정한 상속인에 대하여 상속재산의 일정비율을 지정하여 유증함으로써 상속분을 지정하는 것과 같은 결과를 가져오게 할 수 있다.

2. 법정상속분

동순위의 상속인이 수인인 때에는 그 상속분은 균분으로 한다(제1009조 제1항). 피상속인의 배우자의 상속분은 직계비속·직계존속과 공동으로 상속하는 때에는 직계비속·직계존속의 상속분의 5할을 가산한다(제1009조 제2항).

3. 특별수익자의 상속분

(1) 의의

특별수익자란, 피상속인으로부터 재산의 증여 또는 유증을 받은 상속인을 말한다. 민법은 특별수익자의 구체적 상속분 산정에서 그 증여와 유증을 공제하도록 하고 있다(제1008조). 이는 공동상속인 중에 피상속인으로부터 재산의 증여 또는 유증을 받은 특별수익자가 있는 경우에 공동상속인들 사이의 공평을 기하기 위하여 그 수증재산을 상속분의 선급(先給)으로 다루어 구체적인 상속분을 산정함에 있어 이를 참작하도록 하려는데 그 취지가 있다(94다16571).

(2) 특별수익자의 범위

① 특별수익은 상속인에 대한 증여 또는 유증이다. 특별수익자는 상속을 승인한 공동상속인에 한한다.
② 공동상속인이라고 하더라도 상속을 포기한 자는 특별수익자가 아니며, 공동상속인이 아닌 포괄수증자도 특별수익자가 아니다.
③ 상속을 포기한 자나 포괄수증자가 받은 증여·유증도 유류분반환청구의 대상이 될 수 있다.[54]

→ **공동상속인의 직계비속·배우자에 대한 증여·유증** : 공동상속인의 직계비속이나 배우자가 증여나 유증을 받았다고 하더라도 그것은 특별수익에 해당하지 않는다. 다만, 판례는 "상속분의 산정에서 증여 또는 유증을 참작하게 되는 것은 원칙적으로 상속인이 유증 또는 증여를 받은 경우에만 발생하고, 그 상속인의 직계비속, 배우자, 직계존속이 유증 또는 증여를 받은 경우에는 그 상속인의 반환의무를 지지 않는다고 할 것이나, 증여 또는 유증의 경위, 증여나 유증된 물건의 가치, 성질, 수증자와 관계된 상속인이 실제 받은 이익 등을 고려하여 실질적으로 피상속인으로부터 상속인에게 직접 증여된 것과 다르지 않다고 인정되는 경우에는 상속인의 직계비속, 배우자, 직계존속 등에게 이루어진 증여나 유증도 특별수익으로서 이를 고려할 수 있다(2006스3 등)."고 한다.

→ **대습상속에서의 특별수익의 반환** : 공동상속인이 상속개시 전에 사망하거나 상속결격자가 되어 그 직계비속이나 배우자가 대습상속을 하는 경우, 피대습자가 받은 증여나 유증을 특별수익으로서 반환해야 하는지가 문제된다. 이에 대해서는 ㉠ 대습상속인이 피대습자의 특별수익에 의하여 현실적으로 경제적 이익을 받은 경우에 한하여 피대습자의 특별수익을 반환할 의무가 있다는 견해와 ㉡ 현실적으로 경제적 이익을 받았는지 여부를 묻지 않고 피대습자의 특별수익을 반환할 의무를 진다는 견해가 있다. 판례는 피대습자가 대습원인의 발생 이전에 피상속인으로부터 생전 증여로 특별수익을 받은 경우, 생전 증여를 대습상속인의 특별수익으로 보아야 한다는 입장이다.[55]

한편, 공동상속인이 상속개시전에 사망하거나 상속결격자가 되어 그 직계비속이나 배우자가 대습상속을 하는 경우, 대습상속인이 받은 증여나 유증을 특별수익으로서 반환해야 하는지도 문제된다. 이에 대해서는 ㉠ 공평의 원칙에 비추어 대습상속인은 특별수익자로서 증여·유증에 대한 반환의무를 진다는 견해와 ㉡ 대습자가 상속인의 지위를 취득한 때를 기준으로 하여 그 후에 받은 것에 대해서만 특별수익으로서 반환의무를 진다는 견해가 있다.

---

[54] 상속결격사유가 발생한 이후에 결격된 자가 피상속인에게서 직접 증여를 받은 경우, 그 수익은 상속인의 지위에서 받은 것이 아니어서 원칙적으로 상속분의 선급으로 볼 수 없다. 따라서 결격된 자의 수익은 특별한 사정이 없는 한 특별수익에 해당하지 않는다(대결 2015.7.17. 2014스2060).
[55] 피대습인이 대습원인의 발생 이전에 피상속인으로부터 생전 증여로 특별수익을 받은 경우 그 생전 증여는 대습상속인의 특별수익으로 봄이 타당하다(대판 2022.3.17. 2020다267620).

(3) 특별수익의 범위

① 증여 : 어떠한 생전증여가 특별수익에 해당하는지는 피상속인의 생전의 자산, 수입, 생활수준, 가정상황 등을 참작하고 공동상속인들 사이의 형평을 고려하여 당해 생전 증여가 장차 상속인으로 될 자에게 돌아갈 상속재산 등의 그의 몫의 일부를 미리 주는 것이라고는 볼 수 있는 지에 의하여 결정하여야 한다(97므513). 친권자가 행하는 교육·양육비용의 출현은 특별수익에 해당하지 않는다. 성년 이후의 교육비도 사회적 통념이나 피상속인의 재산상태를 고려할 때 과다하지 않으면 특별수익이라고 할 수 없다. 그러나 혼인시 주어진 주거비용이나 사업자금의 지원은 특별수익에 해당한다. 공동상속인이 특별한 기여의 대가로 증여를 받은 경우에는 특별수익에 해당하지 않는다.

→ 배우자에 대한 생전증여와 특별수익 : 부부 사이에 증여가 있었던 경우, 그 재산이 부부 일방의 명의였다고 하더라도 실제로는 다른 일방이 그 재산형성에 기여했을 수 있고 부양의 의미가 있을 수도 있으므로, 이를 전부 특별수익으로 보는 것은 불합리할 수 있다. 판례는 "생전증여를 받은 상속인이 배우자로서의 일생 동안 피상속인의 반려가 되어 그와 함께 가정공동체를 형성하고 이를 토대로 서로 헌신하며 가족의 경제적 기반인 재산을 획득·유지하고 자녀들에게 양육과 지원을 계속해 온 경우, 생전증여에는 위와 같은 배우자의 기여나 노력에 대한 보상 내지 평가, 실질적 공동재산의 청산, 배우자는 여생에 대한 부양의무 이행 등의 의미도 함께 담겨 있다고 봄이 타당하므로 그러한 한도 내에서는 생전증여를 특별수익에서 제외하더라도 자녀인 공동상속인들과의 관계에서 공평을 해친다고 말할 수 없다(2010다66644)."고 하였다.

[판례] 피상속인의 생전 증여에 상속인의 특별한 부양 내지 기여에 대한 대가의 의미가 포함되어 있는 경우 생전 증여를 특별수익에서 제외할 수 있는지 여부(대판 2022.3.17. 2021다230083, 230090)

<u>피상속인으로부터 생전 증여를 받은 상속인이 피상속인을 특별히 부양하였거나 피상속인의 재산의 유지 또는 증가에 특별히 기여하였고, 피상속인의 생전 증여에 상속인의 위와 같은 특별한 부양 내지 기여에 대한 대가의 의미가 포함되어 있는 경우와 같이 상속인이 증여받은 재산을 상속분의 선급으로 취급한다면 오히려 공동상속인들 사이의 실질적인 형평을 해치는 결과가 초래되는 경우에는 그러한 한도 내에서 생전 증여를 특별수익에서 제외할 수 있다.</u> 여기서 피상속인이 한 생전 증여에 상속인의 특별한 부양 내지 기여에 대한 대가의 의미가 포함되어 있는지 여부는 당사자들의 의사에 따라 판단하되, 당사자들의 의사가 명확하지 않은 경우에는 피상속인과 상속인 사이의 개인적 유대관계, 상속인의 특별한 부양 내지 기여의 구체적 내용과 정도, 생전 증여 목적물의 종류 및 가액과 상속재산에서 차지하는 비율, 생전 증여 당시의 피상속인과 상속인의 자산, 수입, 생활수준 등을 종합적으로 고려하여 형평의 이념에 맞도록 사회일반의 상식과 사회통념에 따라 판단하여야 한다. 다만 유류분제도가 피상속인의 재산처분행위로부터 유족의 생존권을 보호하고 법정상속분의 일정비율에 해당하는 부분을 유류분으로 산정하여 상속인의 상속재산 형성에 대한 기여와 상속재산에 대한 기대를 보장하는 데 그 목적이 있는 점을 고려할 때, 피상속인의 생전 증여를 만연히 특별수익에서 제외하여 유류분제도를 형해화시키지 않도록 신중하게 판단하여야 한다.

② 유증 : 유증은 그 목적을 불문하고 특별수익에 포함된다. 공동상속인이 수익자로서 취득하는 생명보험금도 피상속인의 보험금지급에 대한 대가이고 유증 또는 사인증여에 준하는 것이므로 특별수익에 해당한다고 볼 수 있다.

(4) 특별수익자의 상속분의 산정

① 특별수익자는 그 수증재산이 자기의 법정상속분에 달하지 못한 때에는 그 부족한 부분의 한도에서 상속분이 있다(제1008조). 따라서 수증재산이 법정상속분에 달하지 못하는 경우의 특별수익자의 구체적 상속분은 '(상속개시시의 상속재산 가액 + 생전증여)[56] × 법정상속분의 비율 - (생전증여 + 유증)'이 된다. 여기서 이러한 계산의 기초가 되는 재산의 가액은 상속재산 가운데 적극재산의 전액을 가리키는 것으로 보아야 한다(94다16571).

---

[56] 사인증여와 유증은 아직 이행되지 않아 상속개시시의 상속재산에 포함되어 있으므로 별도로 합산하지 않는다.

② **특별수익의 가액의 평가** : 증여 또는 유증을 받은 재산이 금전이 아닌 경우에는 그 가액을 특별수익으로 보아야 한다.

(5) 특별수익자의 상속분의 산정에 따른 처리

① 특별수익이 그 수익자의 상속분에 달하지 못한 경우에는 그 부족한 부분의 한도에서 상속분을 더 받는다(제1008조). 특별수익이 상속분을 초과하는 경우에는 더 이상 상속재산으로부터 받을 수 있는 것이 없다.
② 특별수익이 다른 공동상속인의 유류분을 침해하였다면 유류분반환청구에 따라 반환하여야 한다.

4. 기여상속인의 상속분

(1) 의의

① 기여상속인이란, 상당한 기간 동거·간호 그 밖의 방법으로 피상속인을 특별히 부양하거나 피상속인의 재산의 유지 또는 증가에 대하여 특별히 기여한 상속인을 말한다(제1008조의2 제1항).
② 민법은 기여상속인이 기여한 기여분을 상속재산에서 공제하면서 이를 기여상속인의 상속분에 가산하도록 하고 있다(제1008조의2 제1항). 이는 공동상속인에 실질적인 공평을 도모하기 위한 것이다.

(2) 기여상속인의 범위

① **공동상속인** : 기여분권리자는 공동상속인에 한한다. 공동상속인이 아닌 자는 피상속인의 재산의 유지 또는 증가에 특별히 기여하였거나 피상속인을 특별히 부양하였더라도(예컨대, 사실혼의 배우자가 피상속인을 부양했던 경우) 기여분권리자가 되지 못하며, 상속인이 없는 경우에 한하여 분여를 청구할 수 있을 뿐이다(제1057조의2). 상속결격자나 상속을 포기한 자도 기여상속인이 되지 못한다. 포괄수증자도 기여상속인이 될 수 없다.
  ㉠ 특별한 기여를 한 공동상속인이 수인이라면 모두 기여상속인이 될 수 있다.
  ㉡ 선순위상속인이 있다면 후순위상속인은 기여상속인이 되지 못한다.
② **대습상속인** : 대습상속인은 기여상속인이 될 수 있다. 대습상속인은 자신의 기여뿐만 아니라 피대습자의 기여도 주장할 수 있다. 피대습자는 기여분을 받을 기회를 갖지 못하였기 때문이다.

(3) 기여분의 범위

상당한 기간의 동거·간호 등에 의한 피상속인에 대한 특별한 부양 또는 피상속인의 재산의 유지·증가에 대한 특별한 기여가 '기여'로서 평가된다. 공동상속인 중 1인이 피상속인의 사업에 장기간 무상으로 노무를 제공한 경우에도 기여분을 주장할 수 있다. 그러나 배우자는 부부로서 상호협력할 의무가 있으므로 배우자의 가사노동이나 간병은 특별한 기여라고 하기 어렵다(95스30).

> [판례] ① 성년인 子가 부양의무의 존부나 그 순위에 구애됨이 없이 스스로 장기간 그 부모와 동거하면서 생계유지의 수준을 넘는 부양자 자신과 같은 생활수준을 유지하는 부양을 한 경우에는 각 공동상속인간의 공평을 도모한다는 측면에서 그 부모의 상속재산에 대하여 기여분을 인정하여야 한다(대판 1998.12.8. 97므513 등).
> ② 배우자가 장기간 피상속인과 동거하면서 피상속인을 간호한 경우, 민법 제1008조의2의 해석상 가정법원은 배우자의 동거·간호가 부부 사이의 제1차 부양의무 이행을 넘어서 '특별한 부양'에 이르는지 여부와 더불어 동거·간호의 시기와 방법 및 정도뿐 아니라 동거·간호에 따른 부양비용의 부담 주체, 상속재산의 규모와 배우자에 대한 특별수익액, 다른 공동상속인이 숫자와 배우자의 법정상속분 등 일체의 사정을 종합적으로 고려하여 공동상속들 사이의 실질적 공평을 도모하기 위하여 배우자의 상속분을 조정할 필요성이 인정되는지 여부를 가려서 기여분 인정 여부와 그 정도를 판단하여야 한다. 배우자의 장기간 동거·간호에 따른 무형의 기여행위를 기여분을 인정하는 요소 중 하나로 적극적으로 고려할 수 있다. 다만 이러한 배우자에게 기여분을 인정하기 위해서는 앞서 본 바와 같은 일체의 사정을 종합적으로 고려하여 공동상속들 사이의 실질적 공평을 도모하기 위하여 배우자의 상속분을 조정할 필요성이 인정되어야 한다(대결 2019.11.21. 2014스44,45 전원합의체).

(4) 기여분의 결정

① 기여분은 먼저 공동상속인의 협의로 정하고(제1008조의2 제1항), 협의가 되지 않거나 불가능한 경우에는 가정법원이 기여자의 청구에 의하여 기여의 시기·방법 및 정도와 상속재산의 액 기타의 사정을 참작하여 기여분을 정한다(제1008조의2 제2항).

피상속인이 기여분을 지정하는 유언은 효력이 없다. 기여분의 지정은 법정 유언사항이 아니기 때문이다.

② **상속재산분할청구·상속분가액청구에 의한 기여분 결정** : 가정법원에의 청구는 법원에 대하여 상속재산의 분할을 청구하는 경우(제1013조 제2항) 또는 상속개시후의 인지 또는 재판의 확정에 의하여 공동상속인이 된 자가 다른 공동상속인의 분할 후 상속분가액을 청구하는 경우(제1014조)에 할 수 있다(제1008조의2 제4항).

㉠ 상속재산분할의 심판청구 또는 분할 후 상속분가액의 청구가 없다면 유류분반환청구가 있다고 하여 기여분결정청구가 허용되지 않으며(99스28), 기여분이 결정되기 전에는 유류분반환청구소송에서 피고가 된 기여상속인의 상속재산 중 자신의 기여분을 공제할 것을 항변으로 주장할 수도 없다(94다8334).

㉡ 기여분의 결정은 가사소송법상 마류비송사건이므로 먼저 조정을 거쳐야 한다(가사소송법 제50조).

③ **유증과의 관계** : 기여분은 상속이 개시된 때의 피상속인의 재산가액에서 유증의 가액을 공제한 액을 넘지 못한다(제1008조의2 제3항). 즉, 유증은 기여분에 우선한다. 상속인의 기여에도 불구하고 피상속인의 유언을 우선시키고자 하는 것이다. 기여분을 우선시킨다면 공동상속인들이 기여분을 과대평가함으로써 수증자를 해할 수 있다는 문제도 있다.

(5) 기여상속인의 상속분의 산정

① 상속개시시의 피상속인의 재산가액에서 기여분을 공제한 것을 상속재산으로 보고, 법정상속분에 따라 산정한 상속분에 기여분을 가산한 액을 기여상속인의 상속분으로 한다(제1008조의2 제1항).

② **특별수익과의 관계** : 공동상속인 중 기여상속인과 특별수익자가 병존하는 경우에는, 먼저 기여분을 공제한 후 나머지 상속재산에 생전증여를 가산한 가액을 공동상속인에게 분배해야 한다. 기여상속인의 그 분배액에 기여분을 가산한 액을 상속받게 된다.

(6) 기여분과 유증·유류분과의 관계

유증은 기여분에 우선하고(제1008조의2 제3항) 유류분은 유증에 우선하지만(제1115조), 기여분과 유류분은 아무런 관계가 없다. 즉, 기여분은 아무리 많아도 유류분에 대한 침해가 되지 않는다. 유류분은 기여분을 제외한 상속재산에 대한 일정한 비율을 의미하기 때문이다.

> [판례] 민법 제1008조의2, 제1112조, 제1113조 제1항, 제1118조에 비추어 보면, 기여분은 상속재산분할의 전제문제로서의 성격을 가지는 것으로서, 상속인들의 상속분을 일정 부분 보장하기 위하여 피상속인의 재산처분의 자유를 제한하는 유류분과는 서로 관계가 없다. 따라서 공동상속인 중에 상당한 기간 동거·간호 그 밖의 방법으로 피상속인을 특별히 부양하거나 피상속인의 재산의 유지 또는 증가에 특별히 기여한 사람이 있을지라도 공동상속인의 협의 또는 가정법원의 심판으로 기여분이 결정되지 않은 이상 유류분반환청구소송에서 기여분을 주장할 수 없음은 물론이거니와, 설령 공동상속인의 협의 또는 가정법원의 심판으로 기여분이 결정되었다고 하더라도 유류분을 산정함에 있어 기여분을 공제할 수 없고, 기여분으로 유류분에 부족이 생겼다고 하여 기여분에 대하여 반환을 청구할 수도 없다(대판 2015.10.29. 2013다60753).

(7) 기여분의 양도·상속

공동상속인의 협의나 가정법원의 조정·심판에 의해 기여분이 결정된 이후에는 이를 양도할 수 있고 상속도 된다. 기여분이 결정되기 이전에 양도·상속할 수 있는지가 문제인데, 학설은 상속은 인정되지만 양도는 할 수 없다고 한다. 기여분의 협의는 그 성질상 공동상속인 사이에 이루어지는 것인데, 기여분의 양도를 인정하여 양수인이 상속인의 기여분을 주장할 수 있도록 하는 것은 기여분의 성질에 부합하지 않는다고 보기 때문이다.

5. 상속분의 양도와 양수

(1) 상속분의 양도

공동상속인은 상속개시 후 상속재산의 분할 전에 상속분을 자유로이 양도할 수 있으며, 양수인은 상속인의 같은 지위에서 상속재판을 관리하고 상속재판의 분할에도 참여하게 된다.

(2) 상속분의 양수

① 민법은 공동상속인 중에 그 상속분을 제3자에게 양도한 자가 있는 때에는 다른 공동상속인은 그 가액과 양도비용을 상환하고 상속분을 양수할 수 있도록 하고 있다(제1011조 제1항). 이는 제3자가 상속재산의 분할에 참가하는 것을 방지하여 가산을 유지할 수 있도록 하기 위한 것이다. 여기서의 '제3자'는 공동상속인 이외의 제3자를 말한다.

상속분의 양도는 상속재산분할 전에 적극재산과 소극재산을 모두 포함한 상속재산 전부에 관하여 공동상속인이 가지는 포괄적 상속분, 즉 상속인 지위의 양도를 의미하여, 상속재산을 구성하는 개개의 물건 또는 권리에 대한 개개의 물권적 양도는 그에 해당하지 않는다(2006다2179)[57].

② **상속분 양수권의 행사방법** : 상속분 양수권의 행사는 상속분의 양수인 또는 전득자에 대한 일방적 의사표시로 하며, 양수인 또는 전득자의 동의나 승낙을 요하지 않는다(형성권). 다만, 가액과 양도비용은 현실로 제공하여야 한다.

상속분의 양수인 또는 전득자가 양수권행사를 거절하더라도 양수권 행사의 효과에 영향이 없다.

③ **상속분 양수권의 행사와 제척기간** : 양수권의 행사는 그 사유를 안 날로부터 3월, 그 사유가 있는 날로부터 1년내에 행사하여야 한다(제1011조 제2항). 이 기간은 세척기간이나.

④ **상속분 양수권 행사의 효과** : 상속분의 양수권을 공동상속인 전원이 공동으로 행사한 경우에는 양도되었던 상속분은 공동상속인에게 그 상속분에 따라 귀속된다. 공동상속인 중 1인이 상속분 양수권을 행사한 경우에 대해서는 ㉠ 이 경우에도 양도되었던 상속분이 모든 공동상속인에게 그 상속분에 따라 귀속된다는 견해와 ㉡ 상속분 양수권을 행사한 자에게 독점적으로 귀속된다는 견해가 있다. 전자의 견해에서는 양수권의 행사에 필요한 가액과 양도비용도 공동상속인 모두가 그 상속분에 따라 부담한다고 한다.

상속분 양수권의 행사에 의해 양도인과 제3자 사이의 양도가 무효로 되는 것은 아니다.

---

[57] 공동사옥인 중 일부가 상속재산인 임야 중 자신들의 상속지분을 양도한 경우, 이는 민법 제1011조 제1항에 규정된 '상속분의 양도'에 해당하지 아니하고 상속받은 임야에 관한 공유지분을 양도한 것에 불과하여, 다른 공동상속인에게 민법 제1011조 제1항에 규정된 상속분 양수권이 있다고 볼 수 없다(동 판결).

Ⅳ 상속재산의 분할

1. 의의

① 상속재산의 분할이란, 상속개시로 인하여 생긴 공동상속인 사이의 공유관계를 종료시키고 상속분에 따라 그 배분·귀속을 확정하는 것을 말한다.
② 민법은 유언에 의해 분할지정이 되거나 분할금지가 된 경우(제1012조)를 제외하고는 공동상속인이 언제든지 협의에 의해 분할을 할 수 있도록 하고(제1013조 제1항), 분할의 방법에 관하여 협의가 성립되지 아니한 때에는 법원에 그 분할을 청구할 수 있도록 하고 있다(제1013조 제2항·제269조 제1항).

2. 상속재산분할의 전제

(1) 상속재산범위의 확정

① 상속재산의 분할을 위해서는 분할의 대상이 되는 상속재산의 범위가 확정되어야 한다. 한정승인이나 재산분리의 청구가 있는 경우에는 청산이 필요하기는 하나, 우리 민법이 한정승인 절차가 상속재산분할 절차보다 선행하여야 한다는 명문의 규정을 두고 있지 않고, 공동상속인들 중 일부가 한정승인을 하였다고 하여 상속재산분할이 불가능하다거나 분할로 인하여 공동상속인들 사이에 불공평이 발생한다고 보기 어려우며, 상속재산분할의 대상이 되는 상속재산의 범위에 관하여 공동상속인들 사이에 분쟁이 있을 경우에는 한정승인에 따른 청산절차가 제대로 이루어지지 못할 우려가 있는데 그럴 때에는 상속재산분할청구 절차를 통하여 분할의 대상이 되는 상속재산의 범위를 한꺼번에 확정하는 것이 상속채권자의 보호나 청산절차의 신속한 진행을 위하여 필요하다는 점 등을 고려하면, 한정승인에 따른 청산절차가 종료되지 않은 경우에도 상속재산분할청구가 가능하다(2011스226 결정).
공동상속인은 상속재산의 범위를 확정하기 위해 상속재산 확인의 소를 제기할 수 있다[58]. 공동상속인이 다른 공동상속인을 상대로 어떤 재산이 상속재산임의 확인을 구하는 소는 고유필수적 공동소송이다(2006다40980).
② 상속재산은 원칙적으로 모두 분할의 대상이 된다. 또한, 상속재산 자체는 아니더라도 상속재산의 매각·멸실 등에 의해 받은 물건이나 상속재산으로부터 발생한 수익도 분할의 대상이 된다.[59]

(2) 상속인의 확정

① 상속재산의 분할을 위해서는 상속인이 확정되어야 한다. 공동상속인 중 일부가 상속의 승인 또는 포기를 하지 않고 있는 동안에는 상속재산을 분할할 수 없다.

---

[58] 공동상속인 사이에 어떤 재산이 피상속인의 상속재산에 속하는지 여부에 관하여 다툼이 있어 일부 공동상속인이 다른 공동상속인을 상대로 그 재산이 상속재산임의 확인을 구하는 소를 제기한 경우, 이는 그 재산이 현재 공동상속인들의 상속재산분할 전 공유관계에 있음의 확인을 구하는 소를 제기한 경우, 이는 그 재산이 현재 공동상속인들의 상속재산분할 전 공유관계에 있음의 확인을 구하는 소송으로서, 그 승소확정판결에 의하여 그 재산이 상속재산분할의 대상이라는 점이 확정되어 상속재산분할 심판절차 또는 분할심판이 확정된 후에 다시 그 재산이 상속재산분할의 대상이라는 점에 대하여 다툴 수 없게 되고, 그 결과 공동상속인간의 상속재산분할의 대상인지 여부에 관한 분쟁을 종국적으로 해결할 수 있으므로 확인의 이익이 있다(대판 2007.8.24. 2006다40980).
[59] 공무원들의 불법행위로 말미암아 분배농지에 관한 권리를 상실한 피상속인이 사망한 이후 상속인들이 위 분배농지에 관한 손해배상청구권에 관하여 상속재산분할협의를 하였는데, 위 채권이 상속재산분할의 대상이 될 수 있는지 문제 된 사안에서, 상속재산분할협의 당시에는 수분배의 대상재산인 손해배상청구권이 상속재산분할의 대상이 된다고 본 원심판단이 정당하다고 한 사례(대판 2020.4.9. 2018다238865).

② 태아에게도 상속능력이 인정된다. 그런데 태아가 상속재산의 분할에 참여할 수 있는지에 대해서는 태아의 상속능력 취득시기를 어떻게 이해할 것인지에 따라 달리 보게 된다. 태아의 권리능력의 취득시기에 관하여 정지조건설을 취하는 경우에는 태아를 제외하고 상속재산분할을 할 수 있으며, 태아가 출생한 후에는 제1014조를 유추적용하여 가액지급을 하여야 한다고 해석할 수 있다.

태아의 권리능력의 취득시기에 관하여 해제조건설을 취하는 경우에는 태아도 법정대리인을 통해 상속재산의 분할에 참가할 수 있다고 보게 된다. 그런데 상속재산분할의 협의는 태아의 모(母)가 법정대리인으로서 해야 한다고 하겠으나, 태아의 모(母)도 공동상속인일 것이고, 상속재산의 분할은 이해상반행위에 해당한다(85므80).

(3) 분할이 금지되지 않았을 것

피상속인은 유언으로 상속개시의 날로부터 5년을 초과하지 아니하는 기간내에서 상속재산의 분할을 금지할 수 있다(제1012조). 또한 상속재산이 공동상속인들의 공유에 속한다고 본다면 공동상속인 사이의 합의에 의해 5년을 초과하지 않는 기간내에서 분할금지를 약정할 수도 있다(제268조).

3. 분할청구권자

공동상속인뿐만 아니라 포괄수증자(제1078조), 공동상속인의 상속인, 대습상속인, 상속분을 양수한 제3자도 분할청구를 할 수 있다.

상속재산의 분할청구권은 일신전속적 권리가 아니므로, 상속인의 채권자도 상속인을 대위하여 분할청구권을 행사할 수 있다는 것이 통설이다.

4. 상속재산분할의 방법

(1) 유언에 의한 분할

피상속인은 유언으로 상속재산의 분할방법을 정하거나 이를 정할 것을 제3자에게 위탁할 수 있다(제1012조). 분할방법의 지정은 반드시 유언으로 하여야 한다. 생전행위에 의한 분할방법의 지정은 그 효력이 없으며, 상속인들은 피상속인의 의사에 구속되지 않는다(2001다28299).

(2) 협의에 의한 분할

① **협의분할의 자유** : 유언에 의한 분할지정 또는 분할금지가 없는 경우에는 공동상속인은 언제든지 그 협의에 의하여 상속재산을 분할할 수 있다(제1013조 제1항).
② **협의분할의 당사자** : 분할의 협의에는 공동상속인 전원이 참여해야 한다. 포괄수증자도 공동상속인과 동일한 자격으로 분할에 참여한다(제1078조). 분할 전에 상속분을 양수한 제3자도 다른 공동상속인의 양수권(제1011조)의 행사가 없는 이상 분할에 참여한다. 상속재산의 협의분할은 공동상속인 간의 일종의 계약으로서 공동상속인 전원이 참여하여야 하고 일부 상속인만으로 한 협의분할은 무효이다(2008다96963 등).

다만 상속포기의 신고가 아직 행하여지지 않거나 법원에 의하여 아직 수리되지 아니하고 있는 동안에 포기자를 제외한 나머지 공동상속인들 사이에 이루어진 상속재산분할협의는 후에 상속포기자의 신고가 적법하게 수리되어 상속포기의 효력이 발생하게 됨으로써 공동상속인의 자격을 가지는 사람들 전원이 행한 것이 되어 소급적으로 유효하게 된다(2011다29307). 또한 상속재산분할협의에 이미 상속을 포기한 자가 참여하였다 하더라도 그 분할협의의 내용이 이미 포기한 상속지분을 다른 상속인에게 귀속시킨다는 것에 불과하여 나머지 상속인들 사이의 상속재산분할에 관한 실질적인 협의에 영향을 미치지 않은 경우라면 그 상속재산분할협의는 효력이 있다(2007다30447).

미성년후견, 성년후견, 한정후견에서 후견인이 상속재산분할의 협의를 대리 또는 동의하는 경우에는 후견감독인이 있으면 그의 동의를 받아야 한다(제950조 제1항 제6호·제959조의6).

③ **협의분할과 이해상반행위** : 상속재산의 분할은 제921조의 이해상반행위에 해당하므로 미성년자와 그 친권자가 공동상속인으로서 분할협의를 하는 경우에는 특별대리인을 선임하여야 하며, 친권자가 미성년자의 특별대리인을 선임하지 아니하고서 한 상속재산분할의 협의는 무효이다(85므80).

미성년후견, 성년후견, 한정후견에서 후견인에 의한 상속재산분할의 협의의 대리 또는 동의가 이해상반행위에 해당하는 경우에는 후견감독인이 있으면 후견감독인이 대리 또는 동의하도록 하여야 한다(제940조의6 제3항·제959조의5).

[판례] ① 공동상속인인 친권자와 미성년인 수인의 子 사이에 상속재산분할협의를 하게 되는 경우에는 미성년자와 각자마다 특별대리인을 선임하여 각 특별대리인이 각 미성년자인 子를 대리하여 상속재산분할의 협의를 하여야 하며, 친권자가 수인의 미성년자의 법정대리인으로서 상속재산분할협의를 한 것이라면 이는 민법 제921조에 위반된 것으로서 이러한 대리행위에 의하여 성립된 상속재산분할협의는 피대리자 전원에 의한 추인이 없는 한 무효이다(대판 1993.4.13. 92다54524).

② 피상속인의 사망으로 인하여 1차 상속이 개시되고 그 1차 상속인 중 1인이 다시 사망하여 2차 상속이 개시된 후 1차 상속의 상속인들과 2차 상속의 상속인들이 1차 상속의 상속재산에 관하여 분할협의를 하는 경우에 2차 상속인 중에 수인의 미성년자가 있다면 이들 미성년자 각자마다 특별대리인을 선임하여 각 특별대리인이 각 미성년자를 대리하여 상속재산 분할협의를 하여야 하고, 만약 2차 상속의 공동상속인인 친권자가 수인의 미성년자 법정대리인으로서 상속재산 분할협의를 한다면 이는 민법 제921조에 위배되는 것이며 이러한 대리행위에 의하여 성립된 상속재산 분할협의는 피대리자 전원에 의한 추인이 없는 한 전체가 무효이다(대판 2011.3.10. 2007다17482)[60].

④ **협의분할의 방법** : 협의분할은 현물분할, 환가에 의한 대금분할, 가격배상에 의한 분할 등에 의해 할 수 있으며, 어떤 방법에 의하건 문제되지 않는다. 협의에 의해 취득한 가액이 상속분에 합치할 것은 요하지 않는다(2001두441).

㉠ 상속재산분할의 협의는 반드시 한 자리에서 이루어질 필요는 없고, 순차적으로 이루어질 수도 있으며 (2000두9731), 상속인 중 한 사람이 만든 분할 원안을 다른 상속인이 후에 돌아가며 승인하여도 무방하다(2003다65438).

㉡ 공동상속인 사이의 상속지분의 양도가 공동상속인 전원의 약정에 기한 경우, 이를 상속재산의 협의분할의 취지로 한 것으로 볼 수 있다(94다23067).

[판례] 상속재산을 공동상속인 1인에게 상속시킬 방편으로 나머지 상속인들이 한 상속포기 신고가 민법 제1019조 제1항 소정의 기간을 경과한 후에 신고된 것이어서 상속포기로서의 효력이 없다고 하더라도, 공동상속인들 사이에서는 1인이 고유한 상속분을 초과하여 상속재산 전부를 취득하고 나머지 상속인들은 이를 전혀 취득하지 않기로 하는 내용의 상속재산에 관한 협의분할이 이루어진 것으로 볼 수 있다(대판 1996.3.26. 95다45545 등).

⑤ **협의분할의 무효** : 협의에 의한 상속재산의 분할은 공동상속인 전원의 동의가 있어야 유효하고 공동상속인 중 일부의 동의가 없거나 그 의사표시에 대리권의 흠결이 있다면 분할은 무효이다(2001다28299). 협의분할이 제103조에 의해 무효로 될 수도 있으며(95다54426 등 참조), 통정허위표시인 경우에는 제108조에 의해 무효가 될 수도 있다. 그러한 경우 분할협의의 무효확인 및 재분할을 청구할 수 있으며(가사소송법 제2조 마류 제10호), 상속회복의 청구로서 상속을 원인으로 한 상속부동산에 관한 소유권이전등기의 말소를 구할 수도 있다 (2007다17428).

---

60) 강행법규인 민법 제921조에 위배되는 위 상속재산 분할협의에 참가한 1차 상속의 공동상속인 중 1인이 그 상속재산 분할협의가 무효라고 주장하는 것이 모순행위금지의 원칙이나 신의칙에 반하는 것이라고 할 수 없고, 민법 제921조에 의하여 무효가 되는 것은 위 상속재산 분할협의 전체이며, 2차 상속의 공동상속인 사이의 상속재산 분할협의에 한정되는 것이 아니다(동 판결).

[판례] 상속재산 협의분할로 부동산을 단독으로 상속한 자가 협의분할 이전에 공동상속인 중 1인이 그 부동산을 제3자에게 매도한 사실을 알면서도 상속재산 협의분할을 하였을 뿐 아니라, 그 매도인의 배임행위(또는 배신행위)를 유인·교사하거나 이에 협력하는 등 적극적으로 가담한 경우에는 그 상속재산 협의분할 중 그 매도인의 법정상속분에 관한 부분은 민법 제103조의 반사회질서 법률행위에 해당한다(대판 1996.4.26. 95다54426 등).

⑥ **협의분할의 취소** : 착오·사기·강박에 의한 분할협의는 제109조·제110조에 의해 취소할 수 있다.

[판례] 이미 채무초과 상태에 있는 채무자가 상속재산의 분할협의를 하면서 유일한 상속재산인 부동산에 관하여는 자신의 상속분을 포기하고 대신 소비하기 쉬운 현금을 지급받기로 하였다면, 이러한 행위는 실질적으로 채무자가 자기의 유일한 재산인 부동산을 매각하여 소비하기 쉬운 금전으로 바꾸는 것과 다르지 아니하여 특별한 사정이 없는 한 채권자에 대하여 사해행위가 된다고 할 것이며, 이와 같은 금전의 성격에 비추어 상속재산 중에 위 부동산 외에 현금이 다소 있다 하여도 마찬가지로 보아야 할 것이다(대판 2008.3.13. 2007다73765).

⑦ **협의분할의 해제** : 상속재산 분할협의는 공동상속인들 사이에 이루어지는 일종의 계약으로서, 공동상속인들은 이미 이루어진 상속재산 분할협의의 전부 또는 일부를 전원의 합의에 의하여 해제한 다음 다시 새로운 분할협의를 할 수 있다(2002다73203). 상속재산 분할협의가 합의해제되면 그 협의에 따른 이행으로 변동이 생겼던 물권은 당연히 그 분할협의가 없었던 원상태로 복귀하지만, 제548조 제1항 단서의 규정상 이러한 합의해제를 가지고서는 그 해제 전의 분할협의로부터 생긴 법률효과를 기초로 하여 새로운 이해관계를 가지게 되고 등기·인도 등으로 완전한 권리를 취득한 제3자의 권리를 해하지 못한다(2002다73203).

(3) 조정·심판에 의한 분할

① 분할의 방법에 관하여 협의가 성립되지 아니한 때에는 법원에 그 분할을 청구할 수 있다(제1013조 제2항·제269조 제1항).61) 상속재산의 분할에 대해서는 공유물분할에 대한 제269조가 준용되므로 법원은 공유물분할의 경우에 준하여 상속재산을 분할할 수 없거나 분할로 인하여 그 가액이 감손될 염려가 있는 때에는 법원은 물건의 경매를 명할 수 있다(제1013조 제2항·제269조 제2항).

② **상속재산 평가의 기준시** : 상속재산분할에 있어서의 상속재산 평가의 기준시가 문제되는데, 상속이 소급효를 가진다는 점에서는 상속개시시를 기준으로 상속재산을 평가하는 것이 합리적이다.

5. 분할의 효과

(1) 분할의 소급효

상속재산의 분할은 상속개시된 때에 소급하여 그 효력이 있다(제1015조 본문). 공유물의 분할에는 원칙적으로 소급효가 인정되지 않으나, 상속재산의 분할은 상속의 일반원칙에 따라 소급효를 인정하는 것이다. 상속재산분할의 소급효는 현물분할의 경우에만 인정된다.

[판례] ① 피상속인으로부터 매수한 부동산에 관하여 그 공동상속인들의 협의분할에 의하여 그 중 1인만이 단독으로 그 상속등기까지 마쳤다면 협의분할의 소급효에 의하여 나머지 공동상속인들은 이 사건 부동산을 상속한 것이 아니라 할 것이고 현재 등기부상의 등기명의자가 아니라서 등기의무자가 될 수도 없다 할 것이므로 그에 대한 지분소유권이전등기절차를 이행할 의무가 없다(대판 1991.8.27. 90다8237).

---

61) 공동상속인은 상속재산의 분할에 관하여 공동상속인 사이에 협의가 성립되지 아니하거나 협의할 수 없는 경우에 가사소송법이 정하는 바에 따라 가정법원에 상속재산분할심판을 청구할 수 있을 뿐이고, 상속재산에 속하는 개별 재산에 관하여 민법 제268조의 규정에 따라 공유물분할청구의 소를 제기하는 것은 허용되지 않는다(대판 2015.8.13. 2015다18367).

② 공동상속인 상호간에 협의분할이 이루어짐으로써 공동상속인 중 일부가 고유의 상속분을 초과하는 재산을 취득하게 되었다고 하여도 이는 상속개시 당시에 소급하여 피상속인으로부터 승계받은 것으로 보아야 하고 다른 공동상속인으로부터 증여받은 것으로 볼 수 없다(대판 2002.7.12. 2001두441).

③ 상속개시 후 상속재산분할이 완료되기 전까지 상속재산으로부터 발생하는 과실(이하 '상속재산 과실'이라 한다)은 상속개시 당시에는 존재하지 않았던 것이다. 상속재산분할심판에서 이러한 상속재산 과실을 고려하지 않은 채, 분할의 대상이 된 상속재산 중 특정 상속재산을 상속인 중 1인의 단독소유로 하고 그의 구체적 상속분과 특정 상속재산의 가액과의 차액을 현금으로 정산하는 방법(이른바 대상분할의 방법)으로 상속재산을 분할한 경우, 그 특정 상속재산을 분할받은 상속인은 민법 제1015조 본문에 따라 상속개시된 때에 소급하여 이를 단독소유한 것으로 보게 되지만, 상속재산 과실까지도 소급하여 상속인이 단독으로 차지하게 된다고 볼 수는 없다. 이러한 경우 상속재산 과실은 특별한 사정이 없는 한, 공동상속인들이 수증재산과 기여분 등을 참작하여 상속개시 당시를 기준으로 산정되는 '구체적 상속분'의 비율에 따라, 이를 취득한다고 보는 것이 타당하다(대판 2018.8.30. 2015다27132, 27149).

(2) 제3자의 보호

상속재산분할의 소급효는 제3자의 권리를 해하지 못한다(제1015조 단서). 여기서의 '제3자'는 상속재산분할 이전에 상속재산에 대하여 이해관계를 갖게 된 특별승계인을 말한다. 특별승계인에 한하므로 상속분의 양수인 등 포괄승계인은 제1015조 단서의 '제3자'에 해당하지 않는다. 제3자의 선의·악의는 묻지 않으나, 제3자는 일반적으로 상속재산분할의 대상이 된 상속재산에 관하여 상속재산분할 전에 새로운 이해관계를 가졌을 뿐만 아니라 등기, 인도 등으로 권리를 취득한 사람을 말한다(2019다249312). 분할에 따른 점유이전 또는 이전등기 이전에 선의로 이해관계를 갖게 된 특별승계인도 제1015조 단서에 의해 보호된다.

6. 분할 후 피인지자 등의 가액지급청구

① 피상속인의 사망후 그 子가 인지되는 경우 인지의 효력은 출생시에 소급하므로(제860조 본문) 그 피인지자는 상속개시 당시에 상속인이었던 것이 되며, 이혼·파양의 무효소송이나 친생자관계존재확인소송에 의해 공동상속인의 자격을 얻은 자도 상속개시 당시부터 상속인이었던 것이 된다. 그런데 그러한 재판의 확정이전에 분할이 완료된 경우에 상속재산분할의 효력을 부인한다면 거래의 안전을 해하게 되므로, 민법은 그러한 분할을 유효한 것으로 인정하면서 피인지자 등의 상속분에 대한 가액지급청구를 인정하고 있다. 즉, 상속개시후의 인지 또는 재판의 확정에 의하여 공동상속인이 된 자가 상속재산의 분할을 청구할 경우에 다른 공동상속인이 이미 분할 기타 처분을 한 때에는 그 상속분에 상당한 가액의 지급을 청구할 수 있다(제1014조). 제1014조는 상속재산의 새로운 분할에 갈음하는 권리를 인정함으로써 피인지자 등의 이익과 기존의 권리관계를 합리적으로 조정하고자 하는 것이다(2006다83797).

② **가액반환의 범위** : 판례는 가액의 범위에 관하여 부당이득반환의 범위에 관한 민법규정을 유추적용할 수 없고, 다른 공동상속인들이 분할 기타의 처분시에 피인지자의 존재를 알았는지의 여부에 의하여 그 지급할 가액의 범위가 달라지는 것도 아니라고 한다(93다12).

③ **가액산정의 기준시점** : 피인지자 등이 제1014조에 의해 상속분의 가액지급 청구소송을 청구하는 경우 상속재산가액은 사실심변론종결시의 시가를 기준으로 산정하여야 한다(2002므1398).

④ **가액지급청구권의 성질과 제척기간** : 제1014조의 가액지급청구권은 상속회복청구권이므로 제999조 제2항의 제척기간내에 행사되어야 한다는 것이 통설·판례(79다2052)이다.

7. 공동상속인의 담보책임

① 공동상속인은 다른 공동상속인이 분할로 인하여 취득한 재산에 대하여 그 상속분에 응하여 매도인과 같은 담보책임이 있다(제1016조). 따라서 분할로 인해 취득한 목적물에 하자가 있는 경우에는 이를 취득한 공동상속인은 다른 공동상속인에 대해 손해배상을 청구할 수 있고, 그 하자로 인해 분할의 목적을 달성할 수 없는 때에는 상속재산의 협의분할을 해제할 수 있다.

② 공동상속인은 다른 상속인이 분할로 인하여 취득한 채권에 대하여 분할당시의 채무자의 자력을 담보하며(제1017조 제1항), 변제기에 달하지 아니한 채권이나 정지조건있는 채권에 대하여는 변제를 청구할 수 있는 때의 채무자의 자력을 담보한다(제1017조 제2항).

③ 담보책임있는 공동상속인 중에 상환의 자력이 없는 자가 있는 때에는 그 부담부분은 구상권자와 자력있는 다른 공동상속인이 그 상속분에 응하여 분담한다(제1018조 본문). 그러나 구상권자의 과실로 인하여 상환을 받지 못한 때에는 다른 공동상속인에게 분담을 청구하지 못한다(제1018조 단서).

제4절 상속의 승인과 포기

I 서설

1. 의의

상속의 포기란 상속의 효과를 부인하는 의사표시를 말하며, 상속의 승인이란 상속의 포기를 하지 않는다는 의사표시를 말한다. 상속의 승인에는 피상속인의 권리·의무의 승계를 전면적으로 승인하는 단순승인과 피상속인의 채무를 상속재산의 한도에서 변제한다는 한정승인이 있다.

상속의 승인과 포기는 전체로서의 상속재산에 대한 것이며, 특정재산에 대해서만 승인하거나 포기할 수는 없다. 또한 상속의 승인과 포기는 상대방 없는 단독행위이다. 승인과 포기는 단독행위이므로 조건이나 기한을 붙이지 못한다. 상속의 포기와 한정승인은 법원에 대한 신고로서 하여야 한다(제1030조·제1041조). 포기와 한정승인은 법원에 대한 신고로써 하여야 하므로 요식행위이지만, 단순승인은 불요식행위이다.

2. 승인·포기의 당사자

① 상속의 승인 또는 포기는 상속인이 한다. 상속포기로 상속인이 된 후순위 상속인과 대습상속인도 승인 또는 포기를 할 수 있다. 상속인이 승인·포기의 고려기간 내에 승인·포기를 하지 않고 사망한 경우에는 그의 상속인도 자기의 상속개시있음을 안 날로부터 3월내에 승인 또는 포기를 할 수 있다(제1021조).

② 상속의 승인과 포기는 재산상 법률행위로서의 성격을 가지므로 승인 또는 포기를 하기 위해서는 행위능력이 있어야 한다. 상속인이 미성년자 또는 제한능력자인 경우에는 친권자·후견인의 대리 또는 동의에 의해 하여야 한다. 미성년후견, 성년후견, 한정후견에서 후견인이 상속의 승인, 한정승인 또는 포기를 대리 또는 동의하는 경우에 후견감독인이 있으면 그의 동의를 얻어야 한다(제950조 제1항 제6호·제959조의6).

3. 승인·포기를 위한 고려기간

① 상속인은 상속개시있음을 안 날로부터 3개월 내에 승인 또는 포기를 할 수 있다(제1019조 제1항 본문). 법적 불안상태를 막기 위해 마련된 제척기간이다(2003스32). 이 기간을 고려기간 또는 숙려기간이라고 한다. 고려기간은 이해관계인 또는 검사의 청구에 의하여 가정법원이 연장할 수 있다(제1019조 제1항 단서).

② '상속개시 있음을 안 날' : '상속개시 있음을 안 날'이란 상속인이 상속개시의 원인되는 사실의 발생(피상속인의 사망)을 알게 됨으로써 자기의 상속인이 되었음을 안 날을 말하는 것이지 상속재산의 유무를 안 날을 뜻하거나 상속포기제도를 안 날을 의미하는 것이 아니다(88스10 등). 상속재산 또는 상속채무의 존재를 알아야만 고려기간이 진행되는 것도 아니다(91스1). 상속개시 있음을 알아야 하므로 사실의 오인 또는 법률의 부지로 자기가 상속인이 되었음을 알지 못한 경우에는 고려기간은 진행하지 않는다.

상속인이 제한능력자인 경우에는 고려기간은 그의 친권자 또는 후견인이 상속이 개시된 것을 안 날부터 기산한다(제1020조). 상속인이 승인이나 포기를 하지 아니하고 고려기간내에 사망한 때에는 그의 상속인이 자기의 상속개시있음을 안 날로부터 고려기간을 기산한다(제1021조).

[판례] 선순위 상속인으로서 피상속인의 처와 자녀들이 모두 적법하게 상속을 포기한 경우에는 피상속인의 손(孫) 등 그 다음의 상속순위에 있는 사람이 상속인이 되는 것이나, 일반인의 입장에서는 그러한 법리를 안다는 것은 오히려 이례에 속하므로, 피상속인의 손자녀가 상속인의 상속개시의 원인사실을 아는 것만으로 자신이 상속인이 된 사실을 알기 어려운 특별한 사정이 있었던 경우에 해당한다(대판 2005.7.22. 2003다43681).

③ 고려기간 중의 상속재산조사 : 고려기간 중에 상속인은 승인 또는 포기를 하기 전에 상속재산을 조사할 수 있다(제1019조 제2항).

4. 상속의 승인·포기 전의 상속재산의 관리

① 상속인의 관리의무 : 상속인은 자기 고유재산에 대한 것과 동일한 주의로써 상속재산을 관리하여야 한다(제1022조 본문). 상속재산의 관리는 단순승인 또는 포기할 때까지 계속하는 것이 원칙이다(제1022조 단서). 다만, 상속을 포기한 자는 그 포기로 인하여 상속인이 된 자가 상속재산을 관리할 수 있을 때까지 그 재산의 관리를 계속하여야 한다(제1044조 제1항). 상속인이 한정승인을 한 경우에도 상속인은 상속재산의 청산이 종료될 때까지 고유재산에 대한 것과 동일한 주의로써 상속재산을 관리하여야 한다(제1040조 제3항·제1022조). 단순승인을 한 경우에는 상속재산이 상속인에게 귀속되므로 관리의무가 없어진다. 다만, 상속인이 단순승인을 한 후에도 재산분리의 명령이 있는 때에는 상속재산에 대하여 자기의 고유재산과 동일한 주의로 관리하여야 한다(제1048조 제1항).

② 법원에 의한 관리·처분 : 법원은 이해관계인 또는 검사의 청구에 의하여 상속재산의 관리에 필요한 처분을 명할 수 있다(제1023조 제1항). 법원이 재산관리임을 선임한 경우에는 부재자의 재산관리인에 관한 제24조 내지 제26조의 규정을 준용한다(제1023조 제2항).

③ 변제거절권 : 상속인은 그 승인·포기 이전에 상속채권자로부터 청구를 받은 경우에는 그 변제를 거절할 수 있다. 상속인이 상속채권자에 대한 변제로써 처분행위를 한다면 제1036조 제1호에 의해 단순승인으로 간주되기 때문이다.

④ 상속채권자에 의한 가압류 : 상속채권자는 상속 승인, 포기 등으로 상속관계가 확정되지 않은 동안 상속인을 상대로 상속재산에 관한 가압류결정을 받아 이를 집행할 수 있으며 그 후 상속인이 상속포기로 인하여 상속인의 지위를 소급하여 상실한다고 하더라도 이미 발생한 가압류의 효력에 영향을 미치지 않는다[62].

5. 승인·포기의 철회·취소·무효

① 승인·포기의 철회 : 상속의 승인과 포기는 고려기간내일지라도 취소할 수 없다(제1024조 제1항). 이를 인정한다면 이해관계인의 법적 안정성을 해할 수 있기 때문이다.

제1024조 제1항의 '취소'는 의사표시의 하자를 이유로 하는 것이 아니므로 '철회'를 의미한다.

---

[62] 대판 2021.9.15. 2021다224446

[판례] 공동재산상속인이 협의하여 상속재산을 분할한 때는 민법 제1026조 제1호에 규정된 상속재산에 대한 처분행위를 한 때에 해당되어 단순승인을 한 것으로 보게 되고 그와 같은 상속 승인이 있은 후에는 기간 내라 할지라도 이를 취소할 수 없는 것이므로, 가정법원에 상속포기신고를 하여 수리되었다 하여도 포기의 효력이 생기지 않는다(대판 1983.6.28. 82도2421).

② 승인·포기의 취소 : 민법총칙에 의한 승인·포기의 취소는 인정된다(제1024조 제2항 본문). 다만, 승인 또는 포기의 취소권은 추인할 수 있는 날로부터 3월, 승인 또는 포기한 날로부터 1년내에 행사하지 않으면 시효로 인하여 소멸한다(제1024조 제2항 단서).

③ 승인·포기의 무효 : 상속의 승인·포기도 무효가 될 수 있다. 승인·포기의 의사가 없이 외형만이 작출된 경우 무권대리에 의한 경우, 그 승인·포기는 무효가 된다.

II 단순승인

1. 의의

상속의 단순승인이란, 피상속인의 권리·의무를 무제한·무조건으로 승계하는 상속형태 또는 그것을 승인하는 상속방법을 말한다. 단순승인에 의해 원칙적으로 상속의 법률효과가 확정되며, 예외적으로 단순승인 후에도 한정승인을 할 수 있는 경우가 있다(제1019조 제3항).

2. 단순승인의 방식

민법은 상속인의 의사에 기한 단순승인의 방식에 대해서는 아무런 규정을 두지 않고 있다. 따라서 상속의 포기나 한정승인과는 달리 법원에의 신고를 요하지 않으며, 어떠한 형식으로든지 단순승인을 한다는 의사가 표시되면 족하다고 해석된다.

3. 법정단순승인

(1) 법정단순승인의 사유

(가) 상속인이 상속재산에 대한 처분행위를 한 때

① 상속인이 상속재산에 대한 처분행위를 한 때에는 단순승인한 것으로 간주된다(제1026조 제1호). 처분 후에 한정승인이나 포기를 허용한다면 상속채권자나 공동상속인·후순위상속인을 해할 수 있으며, 상속인의 처분행위를 신뢰한 제3자도 보호해야 하기 때문이다.

② 처분행위 : 처분행위는 상속재산의 전부에 대한 행위이건 일부에 대한 행위이건 묻지 않으며, 법률행위뿐만 아니라 사실행위도 포함된다. 상속인중 1인이 다른 공동재산상속인과 협의하여 상속재산을 분할한 것도 상속재산에 대한 처분행위를 한 때에 해당된다(82도2421).

③ 한정승인·포기 이전의 처분행위 : 단순승인으로 간주되는 처분행위는 한정승인 또는 포기를 하기 이전의 처분행위에 한한다. 상속인이 한정승인 또는 포기를 한 후에 상속재산을 처분한 때에는 그로 인하여 상속채권자나 다른 상속인에 대하여 손해배상책임을 지게 될 경우가 있음은 별론으로 하고, 그것이 부정소비에 해당되는 경우에만 상속인이 단순승인을 한 것으로 보아야 한다(2003다63586).

④ 상속재산임을 알고 한 처분행위 : 단순승인으로 간주되는 처분행위는 상속인이 상속재산임을 알고 한 처분행위에 한한다. 착오에 의해 상속재산임을 알지 못하고 처분한 경우에는 단순 승인으로서의 효과가 발생하지 않는다.

⑤ **보존·관리행위** : 단순승인으로 간주되는 것은 처분행위에 한하며, 보존행위나 관리행위는 포함되지 않는다. 상속인은 승인 또는 포기를 할 때까지 상속재산을 관리할 의무를 지는데, 이를 단순승인으로 간주할 수는 없기 때문이다. 예컨대, 권한없이 공유물을 점유하는 자에 대한 공유물의 반환청구는 공유물의 보존행위이므로, 상속인들이 상속포기신고를 하기에 앞서 점유자를 상대로 피상속인의 소유였던 주권에 관하여 주권반환청구 소송을 제기한 것은 제1026조 제1호가 정하는 상속재산의 처분행위에 해당하지 아니한다(96다23283).

[판례] 민법 제1026조 제1호는 상속인이 상속재산에 대한 처분행위를 한 때에는 단순승인을 한 것으로 본다고 규정하고 있다. 그런데 상속의 한정승인이나 포기의 효력이 생긴 이후에는 더 이상 단순승인으로 간주할 여지가 없으므로, 이 규정은 한정승인이나 포기의 효력이 생기기 전에 상속재산을 처분한 경우에만 적용된다. 한편 상속의 한정승인이나 포기는 상속인의 의사표시만으로 효력이 발생하는 것이 아니라 가정법원에 신고를 하여 가정법원의 심판을 받아야 하며, 심판은 당사자가 이를 고지받음으로써 효력이 발생한다. 이는 한정승인이나 포기의 의사표시의 존재를 명확히 하여 상속으로 인한 법률관계가 획일적으로 처리되도록 함으로써, 상속재산에 이해관계를 가지는 공동상속인이나 차순위 상속인, 상속채권자, 상속재산의 처분 상대방 등 제3자의 신뢰를 보호하고 법적 안정성을 도모하고자 하는 것이다. 따라서 <u>상속인이 가정법원에 상속포기의 신고를 하였더라도 이를 수리하는 가정법원의 심판이 고지되기 이전에 상속재산을 처분하였다면, 이는 상속포기의 효력 발생 전에 처분행위를 한 것이므로 민법 제1026조 제1호에 따라 상속의 단순승인을 한 것으로 보아야 한다</u>(대판 2016.12.29. 2013다73520).

(나) 상속인이 고려기간내에 한정승인 또는 포기를 하지 않은 때

상속인이 상속개시 있음을 안 날로부터 3월내에 한정승인 또는 포기를 하지 않은 때에는 단순승인한 것으로 간주된다(제1026조 제2호).

(다) 상속인이 한정승인·포기 이후 상속재산을 은닉 등 한 때

상속인이 한정승인 또는 포기를 한 후에 상속재산을 은닉하거나 부정소비하거나 고의로 재산목록에 기입하지 아니한 때에는 단순승인한 것으로 간주된다(제1026조 제3호).

[판례] ① 상속인이 상속재산을 처분하여 그 처분대금 전액을 우선변제권자에게 귀속시킨 것이라면, 그러한 상속인의 행위는 상속재산의 부정소비에 해당한다고 할 수 없다(대판 2004.3.12. 2003다63586).

② 상속부동산에 대하여 이미 상당한 금액의 근저당권이 설정되어 있어서 일반 상속채권자들에게는 강제집행을 통하여 배당될 금액이 전혀 없거나 그 지목이 하천 및 제방이어서 강제집행의 실익이 없는 것이라면, 상속인들이 한정승인의 신고 후에 그 중 1인에게만 상속부동산에 대하여 협의분할에 의한 소유권이전등기를 하였다고 하더라도, 이를 상속재산의 부정소비에 해당한다고 할 수 없다(대판 2004.12.9. 2004다5209).

③ 민법 제1026조 각호의 사유가 있으면 단순승인을 한 것으로 보게 되는데, 민법 제1026조에 정해진 법정단순승인 사유 중 제3호는 "상속인이 한정승인이나 포기를 한 후에 상속재산을 은닉하거나 부정소비하거나 고의로 재산목록에 기입하지 아니한 때"이다. 이러한 제3호의 법정단순승인 사유가 있으면 그 전에 상속인이 한 한정승인 또는 포기의 효력이 소멸하고 단순승인의 효과가 발생하여 상속인의 고유재산에 대하여도 집행할 수 있게 된다. 이러한 점 때문에 민법 제1026조 제3호는 상속인의 배신적 행위에 대한 제재로서 의미를 가지고 있다.

"상속인이 한정승인이나 포기를 한 후에 상속재산을 은닉하거나 부정소비하거나 고의로 재산목록에 기입하지 아니한 때"(민법 제1026조 제3호)에서 '고의로 재산목록에 기입하지 아니한 때'라 함은 한정승인을 함에 있어 상속재산을 은닉하여 상속채권자를 사해할 의사로써 상속재산을 재산목록에 기입하지 않는 것을 뜻하므로, 위 규정에 해당하기 위해서는 상속인이 어떠한 상속재산이 있음을 알면서 이를 재산목록에 기입하지 아니하였다는 사정만으로는 부족하고, 상속재산을 은닉하여 상속채권자를 사해할 의사, 즉 그 재산의 존재를 쉽게 알 수 없게 만들려는 의사가 있을 것을 필요로 한다. 위 사정은 이를 주장하는 측에서 증명하여야 한다(대판 2022.7.28. 2019다29853).

(2) 법정단순승인의 예외

상속인이 상속을 포기한 이후에 차순위 상속인이 상속을 승인한 후에는 본래의 상속인이 상속재산을 은닉하거나 부정소비하거나 고의로 재산목록에 기입하지 아니하였더라도 본래의 상속인이 단순승인한 것으로 간주되지 않는다(제1027조).

4. 단순승인의 효과

① 단순승인에 의해 상속인은 피상속인의 일신전속권을 제외한 모든 권리·의무를 승계하며, 상속인의 고유재산과 상속재산은 혼합된다. 상속인의 상속재산에 대한 관리의무도 종료한다.

단순승인의 효과가 확정되면, 그 후에 한정승인 또는 포기의 신고가 수리되더라도 무효이다.

② **공동상속인 중 일부의 단순승인** : 공동상속인 중 일부가 단순승인을 하고 다른 공동상속인은 한정승인을 한 경우, 한정승인의 절차가 종료된 이후 단순승인을 한 상속인이 나머지 상속채무에 대하여 자기 상속분의 비율로 자기의 고유재산으로 변제하여야 한다.

③ **단순승인 후의 한정승인(특별한정승인)** : 상속인은 상속채무가 상속재산을 초과하는 사실을 중대한 과실없이 상속개시가 있음을 안 날로부터 3개월 내에 알지 못하고 단순승인을 한 경우(한정승인 또는 포기를 하지 아니하거나 상속재산에 대한 처분행위로 인한 단순승인으로 간주되는 경우를 포함한다)에는 그 사실을 안 날로부터 3개월 내에 한정승인을 할 수 있다(제1019조 제3항). 예컨대, 상속인들이 상속재산 협의분할을 통해 이미 상속재산을 처분한 바 있다고 하더라도 상속인들은 여전히 제1019조 제3항의 규정에 의하여 한정승인을 할 수 있다(2003다29562).

헌법재판소는 상속인이 귀책사유 없이 상속채무가 적극재산을 초과하는 사실을 알지 못하여 상속개시 있음을 안 날로부터 3월내에 한정승인 또는 포기를 하지 못한 경우에도 단순승인을 한 것으로 보는 것은 재산권을 보장한 헌법 제23조 제1항, 사적 자치권을 보장한 헌법 제10조에 위반된다고 하여, '상속인이 제1019조 제1항의 기간 내에 한정승인 또는 포기를 하지 아니한 때'에 한정승인으로 간주하는 개정 전 제1026조에 대해 헌법불합치결정(적용중지)을 하였다(96헌가22등). 그에 따라 2002년 개정민법이 상속인이 상속채무가 상속재산을 초과하는 사실을 중대한 과실없이 고려기간내에 알지 못하고 단순승인을 한 경우에는 그 사실을 안 날로부터 3개월 내에 한정승인을 할 수 있도록 개정된 것이다. 헌법재판소는 개정된 제1019조 제3항에 대해서는, 상속인이 귀책사유 없이 제1019조 제1항의 고려기간이 경과되었다는 이유만으로 일률적으로 단순승인이 의제되는 법률효과가 발생하지 않고, 상속인에게 3월의 추가적 고려기간 내에 다시 '특별한정승인신고'를 할 수 있는 절차적 기회가 제공되며, 그러한 특별한정승인신고가 적법하게 이루어진 경우 그 상속인은 피상속재산을 한도로 하는 유한책임만을 부담하게 되어 상속인에 대한 일방적인 불이익이 발생하지는 않기 때문에, 1998.8.27. 96헌가22등 결정에서 지적된 상속인의 기본권 침해적 상황은 효과적으로 제거되었다고 하여 합헌으로 판단하였다(2002헌바91).

④ **미성년자의 특별한정승인** : 미성년자의 경우 스스로 법률행위를 할 수 없기 때문에 법정대리인을 통해 상속 관련 법률관계를 처리해야 하는데, 상속채무가 상속재산을 초과하는 경우, 법정대리인이 상속을 단순승인하거나, 특별한정승인을 하지 않으면 미성년자가 본인 의사와 무관하게 빚을 상속(빚의 대물림) 받게 되는 문제가 있어 왔다. 따라서 민법 개정(2022.12.13.)을 통하여 미성년자인 상속인이 상속채무가 상속재산을 초과하는 상속을 성년이 되기 전에 단순승인한 경우에는 성년이 된 후 그 상속의 상속채무 초과사실을 안 날부터 3개월 내에 한정승인을 할 수 있다. 미성년자인 상속인이 특별한정승인을 하지 아니하였거나 할 수 없었던 경우에도 또한 같다고 하여 미성년자 상속인을 보호하도록 개정되었다.

이와 관련하여 상속채무가 상속재산을 초과함에도 미성년자 상속인의 법정대리인이 한정승인이나 포기를 하지 않는 경우, 미성년자 상속인을 특별히 보호하기 위하여 별도의 입법조치가 바람직하다는 다수의견이 있었다(대판 2020.11.19., 2019다232918).

III 한정승인

1. 의의

한정승인이란 상속인이 상속으로 인하여 얻은 재산의 한도에서 피상속인의 채무와 유증을 전제하는 상속형태 또는 그와 같은 조건으로 상속을 승인하는 것을 말한다(제1028조).

상속을 단순승인하는 경우 상속재산이 상속채무 보다 많다면 문제가 없으나, 상속채무가 상속재산보다 많다면 상속인이 상속재산뿐만 아니라 그의 고유재산에 의해 피상속인의 채무를 변제해야 하게 되어, 상속채권자에게 유리한 반면 상속인 및 상속인의 채권자에게는 불리하게 된다. 이는 피상속인의 사망이라는 사건으로 인해 이해관계인에게 예기치 못한 이익 또는 불이익을 주는 결과가 되므로 불합리하다. 이에 민법은 상속인으로 하여금 한정승인을 할 수 있도록 하여 상속의 법률효과는 발생시키면서도 상속인이 상속재산의 한도에서 피상속인의 채무를 변제하도록 한다.

2. 한정승인의 기한과 방법

① **법원에 대한 신고** : 상속인이 한정승인을 함에는 상속개시 있음을 안 날로부터 3월내에 상속재산의 목록을 첨부하여 법원에 한정승인의 신고를 하여야 한다(제1030조 제1항). 상속인이 한정승인의 신고를 하면서 고의로 상속재산의 일부를 재산목록에 기입하지 아니한 때에는 한정승인은 무효가 되고 단순승인을 한 것으로 간주된다(제1026조 제3호).

② **특별한정승인** : 상속인은 상속채무가 상속재산을 초과하는 사실을 중대한 과실없이 상속 개시있음을 안 날로부터 3개월 내에 알지 못하고 단순승인을 한 경우에는 그 사실을 안 날로부터 3개월 내에 한정승인을 할 수 있다(제1019조 제3항). 또한 미성년자인 상속인이 상속채무가 상속재산을 초과하는 상속을 성년이 되기 전에 단순승인한 경우에는 성년이 된 후 그 상속의 상속채무 초과사실을 안 날로부터 3개월 내에 한정승인을 할 수 있다. 미성년자인 상속인이 한정승인을 하지 아니하였거나 할 수 없었던 경우에도 또한 같다(제1019조 제4항; 2022.12.13. 신설).

상속인이 상속개시 있음을 안 날로부터 3월내에 한정승인을 하지 못한 경우에는 단순승인을 한 것으로 간주되는데(제1026조 제2호), 상속인이 귀책사유없이 상속채무가 적극재산을 초과하는 사실을 알지 못하여 상속개시 있음을 알지 못하여 한정승인 또는 포기를 하지 못한 경우에도 단순승인을 한 것으로 보는 것은 재산권을 보장한 헌법 제23조 제1항, 사적 자치권을 보장한 헌법 제10조에 위반되므로(96헌가22), 중대한 과실이 없었던 경우에는 상속개시 있음을 안 날로부터 3월이 경과하였더라도 상속채무가 상속재산을 초과하는 사실을 안 날로부터 3개월의 기간을 주어 그 기간 이내에 한정승인을 할 수 있도록 하는 것이다. 이 경우 상속재산 중 이미 처분한 재산이 있는 때에는 그 목록과 가액을 함께 제출하여야 한다(제1030조 제2항).

㉠ 상속인이 상속채무가 상속재산을 초과하는 사실을 중대한 과실 없이 상속개시있음을 안날로부터 3개월 내에 알지 못하였다는 것에 대한 입증책임은 상속인에게 있다(2003다30517, 2015다59801).

㉡ 상속인이 제한능력자인 때에는 제1019조 제3항의 '3개월'의 고려기간도 그 법정대리인이 상속개시 있음을 안 날로부터 기산해야 하고 이후 상속인이 성년에 이르더라도 상속개시 있음과 상속채무 초과사실에 관하여 상속인 본인 스스로의 인식을 기준으로 특별한정승인 규정이 적용되고 제척기간이 별도로 기산되어야 함을 내세워 새롭게 특별한정승인을 할 수는 없다(2019다232918 전원합의체).

[판례] ① 피상속인을 상대로 한 손해배상청구소송의 제1·2심에서 모두 소멸시효 완성을 이유로 원고 패소 판결이 선고된 후 상고심 계속 중에 피상속인이 사망함으로써 상속인들이 소송을 수계하였는데 상고심에서 소멸시효의 항변이 배척되었고, 그 이후에 한정승인을 하였는바, 그 시점이 피상속인 사망후 3개월이 경과한 이후였던 경우, 소멸시효 항변이 신의칙에 반하여 권리남용이 되는 것은 예외적인 법 현상인 점, 상속인들로서는 제1·2심판결의 내용을 신뢰하여 원고의 피상속인에 대한 채권에 관하여 소멸시효가 완성된 것으로 믿을 수도 있어 법률전문가가 아닌 상속인들에게 제1·2심 의 판단과는 달리 상고심에서 소멸시효 항변이 배척될 것을 전제로 미리 상속포기나 한정승인을 해야 할 것이라고 기대하기는 어려운 점 등의 사정들에 비추어 보면, 그 후 상고심에서 위 소멸시효 항변이 신의성실의 원칙에 반하여 권리남용에 해당함을 이유로 원고승소 취지의 파기환송판결이 선고되었다고 하여 위 소송수계일 무렵부터 위 파기환송 판결선고일까지 사이에 상속인들이 위 원고의 채권이 존재하거나 상속채무가 상속재산을 초과하는 사실을 알았다거나 또는 조금만 주의를 기울였다면 이를 알 수 있었음에도 이를 게을리한 '중대한 과실'로 그러한 사실을 알지 못하였다고 볼 수는 없다(대판 2002.11.8. 2002다21882).

② 가정법원의 한정승인신고 수리의 심판은 일응 한정승인의 요건을 구비한 것으로 인정한다는 것일 뿐 그 효력을 확정하는 것이 아니고, 한정승인의 효력이 있는지 여부에 대한 최종적인 판단은 실체법에 따라 민사소송에서 결정될 문제이다. 가사소송규칙 제75조 제3항은 가정법원의 한정승인신고 수리 심판서에 신고 일자와 대리인에 관한 사항을 기재하도록 정할 뿐 민법 제1019조 제1항의 한정승인과 같은 조 제3항의 특별한정승인을 구분하여 사건명이나 근거조문 등을 기재하도록 정하고 있지 않고, 재판실무상으로도 이를 특별히 구분하여 기재하지 않고 있다. 따라서 민법 제1019조 제3항이 신설된 후 상속인이 단순승인을 하거나 단순승인한 것으로 간주된 후에 한정승인신고를 하고 가정법원이 특별한정승인의 요건을 갖추었다는 취지에서 수리심판을 하였다면 상속인이 특별한정승인을 한 것으로 보아야 한다.

그렇다면 민법 제1019조 제3항이 적용되는 사건에서 상속인이 단순승인을 하거나 민법 제1026조 제1호, 제2호에 따라 단순승인한 것으로 간주된 다음 한정승인신고를 하여 이를 수리하는 심판을 받았다면, 상속채권에 관한 청구를 심리하는 법원은 위 한정승인이 민법 제1019조 제3항에서 정한 요건을 갖춘 특별한정승인으로서 유효한지 여부를 심리·판단하여야 한다(대판 2021.2.25. 2017다289651).

3. 공동상속인의 한정승인

상속인이 수인인 때에는 각상속인은 그 상속분에 응하여 취득할 재산의 한도에서 그 상속분에 의한 피상속인의 채무와 유증을 변제할 것을 조건으로 상속을 승인할 수 있다.

4. 한정승인의 효과

① **채무와 책임의 분리** : 상속인은 상속채무 전액을 승계하지만, 상속에 의해 취득할 재산의 한도에서만 책임을 진다. 한정승인에 의해 채무와 책임이 분리되어, 상속인은 상속재산을 책임재산으로 하는 유한책임을 지는 것이다. 한정승인을 한 상속인은 피상속인의 채권자에 대하여 상속재산의 범위내에서 변제하겠다는 항변을 할 수 있으며, 그러한 상속인의 한정승인의 항변권은 영구적 항변권이다.

상속인이 한정승인 이전에 피상속인의 채무에 대하여 보증을 한 경우에는 한정승인에도 불구하고 상속채무 전액에 대하여 책임을 진다는 것을 주의해야 한다. 그러한 경우의 보증채무는 피상속인의 채무가 아니라 상속인 자신의 채무이기 때문이다.

한정승인에 의해 채무 자체가 감축되는 것은 아니므로 상속인이 자신의 고유재산으로서 상속채무를 변제하였더라도 비채변제가 되는 것이 아니며, 부당이득으로 반환청구할 수도 없다. 상속의 한정승인이 인정되는 경우에도 상속채무가 존재하는 것으로 인정되는 이상, 법원으로서는 상속재산이 없거나 그 상속재산이 상속채무의 변제에 부족하다고 하더라도 상속채무 전부에 대한 이행판결을 선고하여야 하고, 다만 그 채무가 상속인의 고유재산에 대해서는 강제집행을 할 수 없는 성질을 가지고 있으므로, 집행력을 제한하기 위하여 이행판결의 주문에 상속재산의 한도에서만 집행할 수 있다는 취지를 명시하여야 한다(2003다30968).

② **상속재산과 고유재산의 분리** : 상속인이 한정승인을 한 때에는 피상속인에 대한 상속인의 재산상 권리·의무는 소멸하지 아니한다(제1031조). 즉, 상속인은 상속재산에 대하여 제3자와 같은 지위에 서게 된다. 상속인이 피상속인에 대해 채권을 가지고 있었을 경우에는 상속재산으로부터 변제받게 되고, 피상속인에 대해 채무가 있었을 경우에는 상속채권자로부터 추심을 당하게 된다.

③ **상속재산의 관리** : 한정승인자는 그 고유재산에 대하는 것과 동일한 주의로 상속재산을 관리하여야 한다(제1040조 제3항·제1022조).

　상속인이 수인인 경우에는 법원은 각 상속인 기타 이해관계인의 청구에 의하여 공동상속인 중에서 상속재산관리인을 선임할 수 있다(제1040조 제1항). 상속재산관리인은 청산절차(제1032조 내지 제1039조)에 따라 청산을 하여야 한다(제1040조 제3항).

5. 한정승인에 따른 청산

① **채권자에 대한 공고와 최고** : 한정승인자는 한정승인을 한 날로부터 5일내에 일반채권자와 유증받은 자에 대하여 한정승인의 사실과 2월 이상의 일정한 기간내에 그 채권 또는 수증을 신고할 것을 공고하여야 한다(제1032조 제1항). 상속재산관리인이 선임된 경우에는 관리인이 그 선임을 안 날로부터 5일내에 그러한 공고를 하여야 한다(제1040조 제3항·제1032조 제1항). 공고에는 채권자가 그 기간내에 신고하지 아니하면 청산으로부터 제외될 것을 표시하여야 하며(제1032조 제2항·제88조 제2항), 공고는 법원의 등기사항의 공고와 동일한 방법으로 하여야 한다(제1032조 제2항·제88조 제3항). 이미 알고 있는 채권자에 대해서는 공고외에 각각 채권신고를 최고하여야 하며, 알고 있는 채권자는 청산으로부터 제외하지 못한다(제1032조 제2항·제89조).

② **변제의 방법** : 한정승인자는 채권신고기간의 기간만료후에 상속재산으로써 그 기간내에 신고한 채권자와 한정승인자가 알고 있는 채권자에 대하여 각 채권액의 비율로 변제하여야 한다(제1034조 제1항 본문). 그러나 우선권있는 채권자의 권리를 해하지 못한다(제1034조 제1항 단서). 제1019조 제3항 또는 제4항에 따라 한정승인을 한 경우에는 그 상속인은 상속재산 중에서 남아 있는 상속재산과 함께 이미 처분한 재산의 가액을 합하여 변제를 하여야 한다(제1034조 제2항 본문, 2022.12.13. 개정). 다만, 한정승인을 하기 전에 상속채권자나 유증받은 자에 대하여 변제한 가액은 이미 처분한 재산의 가액에서 제외한다(제1034조 제2항 단서). 한정승인자는 변제기에 이르지 아니한 채권에 대하여도 변제하여야 하며(제1035조 제1항), 조건있는 채권이나 존속기간의 불확정한 채권은 법원의 선임한 감정인의 평가에 의하여 변제하여야 한다(제1035조 제2항). 한정승인자는 그러한 변제를 한 후에야 유증받은 자에게 변제할 수 있다(제1036조).

③ **부당변제로 인한 손해배상 및 구상** : 한정승인자가 채권자에 대한 공고나 최고를 해태하거나 제1033조 내지 제1036조의 규정에 위반하여 어느 상속채권자나 유증받은 자에게 변제함으로 인하여 다른 상속채권자나 유증받은 자에 대하여 변제할 수 없게 된 때에는 한정승인자는 그 손해를 배상하여야 한다(제1038조 제1항 1문). 제1019조 제3항 또는 제4항에 따라 한정승인을 한 경우, 그 이전에 상속채무가 상속재산을 초과함을 알지 못한 데 과실이 있는 상속인이 상속채권자나 유증받은 자에게 변제한 때에도 또한 같다(제1038조 제2항 2문; 2022.12.13. 개정).

　손해배상청구권 및 구상권은 손해 및 가해자를 안 날로부터 3년, 부당변제의 날로부터 10년을 경과하면 소멸한다(제1038조 제3항·제766조).

Ⅳ 상속의 포기

1. 의의
상속의 포기란 상속으로 인한 모든 권리·의무의 승계를 부인하고 처음부터 상속인이 아니었던 효과를 발생하게 하는 상속인의 단독행위이다. 상속인으로 하여금 상속재산을 무조건 승계하도록 강제하는 것은 자기책임의 원칙에 반하며, 상속인의 재산권을 침해하는 것이 될 수 있다. 특히, 상속재산이 채무초과의 상태인 경우에 그러하다. 따라서 민법은 상속의 포기를 인정한다. 상속포기의 자유는 절대적인 것으로서 피상속인이 유언으로 이를 금지하였더라도 포기할 수 있다.

2. 상속포기의 기한과 방법
① **상속포기의 기한** : 상속의 포기는 승인의 효력이 발생하기 전에 하여야 한다. 한정승인을 했거나, 상속재산의 처분 등으로 단순승인의 효력이 생긴 후에는 포기할 수 없다.

② **상속포기의 방법** : 상속인이 상속을 포기할 때에는 상속개시 있음을 안 날로부터 3월내에 가정법원에 포기의 신고를 하여야 한다(제1041조). 상속관계를 조속히 확정하도록 하면서, 이를 명확히 하기 위해 일정기간 내에 가정법원에 신고하도록 하는 것이다. 상속의 포기는 민법에 그 방식이 법정되어 있으므로 이에 따라서 행하여져야 유효하고 그렇지 못한 경우에는 효력이 없다(88스10).

> [판례] ① 상속의 포기는 상속이 개시된 후 일정한 기간 내에만 가능하고 가정법원에 신고하는 등 일정한 절차와 방식을 따라야만 그 효력이 있으므로, 상속개시 전에 한 상속포기약정은 그와 같은 절차와 방식에 따르지 아니한 것으로 효력이 없다(대판 1998.7.24. 98다9021).
>
> ② 상속의 포기는 상속인이 법원에 대하여 하는 단독의 의사표시로서 포괄적·무조건적으로 하여야 하므로, 상속포기는 재산목록을 첨부하거나 특정할 필요가 없다(대판 1995.11.14. 95다27554)[63].

3. 상속포기의 효과
① **상속포기의 소급효** : 상속의 포기는 상속개시된 때에 소급하여 그 효력이 있다(제1042조). 즉, 상속을 포기한 자는 상속개시시부터 상속인이 아니었던 것으로 된다(2011다29307).

> [판례] [1] 피상속인의 사망으로 상속이 개시된 후 상속인이 상속을 포기하면 상속이 개시된 때에 소급하여 그 효력이 생긴다(민법 제1042조). 따라서 제1순위 상속권자인 배우자와 자녀들이 상속을 포기하면 제2순위에 있는 사람이 상속인이 된다. 상속포기의 효력은 피상속인의 사망으로 개시된 상속에만 미치고, 그 후 피상속인을 피대습자로 하여 개시된 대습상속에까지 미치지는 않는다.
>
> 대습상속은 상속과는 별개의 원인으로 발생하는 것인 데다가 대습상속이 개시되기 전에는 이를 포기하는 것이 허용되지 않기 때문이다. 이는 종전에 상속인의 상속포기로 피대습자의 직계존속이 피대습자를 상속한 경우에도 마찬가지이다. 또한 피대습자의 직계존속이 사망할 당시 피대습자로부터 상속받은 재산 외에 적극재산이든 소극재산이든 고유재산을 소유하고 있었는지에 따라 달리 볼 이유도 없다.
>
> [2] 따라서 피상속인의 사망 후 상속채무가 상속재산을 초과하여 상속인인 배우자와 자녀들이 상속포기를 하였는데, 그 후 피상속인의 직계존속이 사망하여 민법 제1001조, 제1003조 제2항에 따라 대습상속이 개시된 경우에 대습상속인이 민법이 정한 절차와 방식에 따라 한정승인이나 상속포기를 하지 않으면 단순승인을 한 것으로 간주된다. 위와 같은 경우에 이미 사망한 피상속인의 배우자와 자녀들에게 피상속인의 직계존속의 사망으로 인한 대습상속도 포기하려는 의사가 있다고 볼 수 있지만, 그들이 상속포기의 절차와 방식에 따라 피상속인의 직계존속에 대한 상속포기를 하지 않으면 효력이 생기지 않는다. 이와 달리 피상속인에 대한 상속포기를 이유로 대습상속 포기의 효력까지 인정한다면 상속포기의 의사를 명확히 하고 법률관계를 획일적으로 처리함으로써 법적 안정성을 꾀하고자 하는 상속포기제도가 잠탈 될 우려가 있다(대판 2017.1.12. 2014다39824).

---

[63] 상속포기서에 상속재산의 목록을 첨부했다 하더라도 그 목록에 기재된 부동산 및 누락된 부동산의 수효 등과 제반 사정에 비추어 상속재산을 참고 자료로 예시한 것에 불과하다고 보여지는 이상, 포기 당시 첨부된 재산 목록에 포함되어 있지 않은 재산의 경우에도 상속포기의 효력은 미친다(동 판결).

② **포기한 상속재산의 귀속** : 상속인이 수인인 경우에 어느 상속인이 상속을 포기한 때에는 그 상속분은 다른 상속인의 상속분의 비율로 그 상속인에게 귀속된다(제1043조).

자기의 상속분을 특정인에게 주는 포기는 허용되지 않는다. 상속분의 양도에 의해 그러한 목적을 달성할 수 있다. 단독상속인이 포기하거나 공동상속인 전원이 포기한 경우에는 차순위상속인이 상속인이 된다. 예컨대, 제1순위 상속권자인 처(妻)와 자(子)들이 모두 상속을 포기한 경우에는 孫이 직계비속으로서 상속인이 된다(94다11835). 4촌의 방계혈족인 단독상속인이 상속을 포기하면 상속인의 부존재가 된다.

③ **상속재산의 관리** : 상속을 포기한 자는 그 포기로 인하여 상속인이 된 자가 상속재산을 관리할 수 있을 때까지 그 고유재산에 대한 것과 동일한 주의로 상속재산을 관리하여야 한다(제1044조 제1항·제1044조 제2항·제1022조).

즉, 상속을 포기하였더라도 상속인의 상속재산에 대한 의무가 곧바로 소멸하는 것이 아니다.

법원은 이해관계인 또는 검사의 청구에 의하여 상속재산에 필요한 처분을 명할 수 있다(제1044조 제2항·제1023조 제1항). 법원이 재산관리인을 선임한 경우에는 부재자 재산관리인에 관한 제24조 내지 제26조가 준용된다(제1044조 제2항·제1023조 제2항).

제5절 재산의 분리

I 서설

재산의 분리란, 상속개시 후에 상속채권자나 유증을 받은 자 또는 상속인의 채권자의 청구에 의하여 상속재산과 상속인의 고유재산을 분리시키는 가정법원의 처분을 말한다. 재산의 분리는 피상속인 또는 상속인의 각각의 고유재산을 책임재산으로 신뢰하고 거래한 채권자가 상속으로 인하여 양 재산이 혼합됨으로써 받게 될 불이익을 방지하려는 제도이다.

II 재산분리의 청구

① **재산분리의 청구권자** : 재산분리를 청구할 수 있는 자는 상속채권자나 유증받은 자 또는 상속인의 채권자이다. 상속개시 이후에 상속인으로부터 채권을 취득한 상속인의 채권자도 재산분리를 청구할 수 있다. 포괄수증자는 상속인과 동일한 지위에 있으므로 재산분리를 청구할 수 없다고 해석된다.
② **재산분리청구의 상대방** : 재산분리청구의 상대방에 대해서는 민법에 규정이 없는데, 상속인 또는 상속재산관리인·유언집행자가 그 상대방이라고 해석된다.
③ **재산분리청구의 기한** : 상속채권자 등은 상속개시된 날로부터 3월내에 재산분리를 청구할 수 있다(제1045조 제1항). 상속인이 상속의 승인이나 포기를 하지 아니한 동안은 상속이 개시된 날로부터 3월이 경과한 후에도 재산의 분리를 청구할 수 있다(제1045조 제2항).

III 재산분리의 효과

1. 재산분리의 공고와 최고

법원이 재산분리의 청구에 의하여 재산의 분리를 명한 때에는 그 청구자는 5일내에 일반상속채권자와 유증받은 자에 대하여 재산분리의 명령있는 사실과 2월 이상의 일정한 기간내에 그 채권 또는 수증을 신고할 것을 공고하여야 한다(제1046조 제1항). 공고에는 채권자가 기간내에 신고하지 아니하면 배당에서 제외될 것을 표시하여야 하며(제1046조 제2항·제88조 제2항), 공고는 법원의 등기사항의 공고와 동일한 방법으로 하여야 한다(제1051조 제2항 참조).

2. 상속재산과 고유재산의 분리

상속재산과 상속인의 고유재산이 아직 혼합되지 않은 경우에는 상속인은 그 상태를 유지하여야 하며, 이미 혼합된 경우에는 양 재산을 분리하여야 한다. 양 재산이 분리됨으로써 상속재산과 상속인의 재산이 혼동되지 않게 된다. 피상속인에 대한 상속인의 재산상 권리·의무는 소멸하지 않는다(제1050조).

재산의 분리는 상속재산인 부동산에 관하여는 이를 등기하지 아니하면 제3자에게 대항하지 못한다(제1049조).

3. 상속재산의 관리

① **법원의 처분** : 법원이 재산의 분리를 명한 때에는 상속재산의 관리에 관하여 필요한 처분을 명할 수 있으며, 법원이 재산관리인을 선임한 경우에는 부재자 재산관리인에 관한 규정(제24조 내지 제26조)이 준용된다(제1047조).

② **상속인의 관리의무** : 상속인은 단순승인을 한 후에도 재산분리의 명령이 있는 때에는 상속재산에 대하여 자기의 고유재산과 동일한 주의로 관리하여야 한다(제1048조 제1항). 상속인의 재산관리에 대해서는 위임에서의 수임인의 보고의무(제683조), 취득물 등의 인도·이전의무(제684조), 금전소비의 책임(제685조), 비용상환청구권(제688조 제1항·제2항)의 규정이 준용된다(제1048조 제2항).

4. 재산분리에 따른 변제

① **최고기간중의 변제거절** : 상속인은 재산분리를 청구할 수 있는 기간 및 채권과 유증의 신고기간의 만료전에는 상속채권자와 유증받은 자에 대하여 변제를 거절할 수 있다(제1051조 제1항). 일부의 채권자에 대한 변제로 인해 채권자들 사이에 불공평한 결과가 생기는 것을 방지하기 위한 것이다.

② **배당변제** : 재산분리를 청구할 수 있는 기간 및 채권과 유증의 신고기간의 만료후에 상속인은 상속재산으로써 재산분리의 청구 또는 그 기간내에 신고한 상속채권자, 유증받은 자와 상속인이 알고 있는 상속채권자, 유증받은 자에 대하여 각 채권액 또는 수증액의 비율로 변제하여야 한다(제1051조 제2항 본문). 그러나 우선권 있는 채권자의 권리를 해하지 못한다(제1051조 제2항 단서).

③ **고유재산으로부터의 변제** : 상속채권자와 유증받은 자는 상속재산으로부터 전액의 변제를 받을 수 없는 경우에 한하여 상속인의 고유재산으로부터 그 변제를 받을 수 있으며, 상속인의 채권자는 그 상속인의 고유재산으로부터 우선변제를 받을 권리가 있다(제1052조).

제6절　상속인의 부존재

I 서설

상속인의 부존재란, 상속인의 존부가 분명하지 않은 것을 말한다. 상속인이 있는 것이 명백하면서 그 소재가 분명하지 않은 경우는 상속인이 부존재하는 경우가 아니다. 그러한 경우에는 부재자재산관리제도 또는 실종선고제도에 의해 규율된다.

II 상속재산의 관리와 청산

1. 상속재산의 관리

① **상속재산관리인의 선임** : 상속인의 존부가 분명하지 아니한 때에는 법원은 피상속인의 친족 기타 이해관계인 또는 검사의 청구에 의하여 상속재산관리인을 선임하고 지체없이 이를 공고하여야 한다(제1053조 제1항). 상속재산의 관리인은 상속인일 필요는 없다(76다184 등).

② **상속재산관리인의 사무 등** : 상속재산관리인에 대해서는 부재자재산관리인에 관한 제24조 내지 제26조를 준용한다(제1053조 제2항). 상속재산관리인은 상속채권자나 유증받은 자의 청구가 있는 때에는 언제든지 상속재산의 목록을 제시하고 그 상황을 보고하여야 한다(제1054조).
→ **상속인의 부존재의 경우의 상속재산에 관한 소송에서의 당사자** : 재산상속인의 존재가 분명하지 아니한 상속재산에 관한 소송에 있어서 정당한 피고는 법원에서 선임된 상속재산관리인이며(2005다55879), 상속재산관리인이 피상속인이 수행하는 소송을 수계한다(민사소송법 제233조 제1항).

③ **상속재산관리인의 임무 종료** : 상속재산관리인의 임무는 그 상속인이 상속의 승인을 한 때에 종료한다(제1055조 제1항). 상속인의 승인에 의해 상속재산관리인의 임무가 종료한 경우 상속재산 관리인은 지체없이 관리의 계산을 하여야 한다(제1055조 제2항).

2. 상속재산의 청산

① 법원이 상속재산관리인의 선임을 공고한 날로부터 3월내에 상속인의 존부를 알 수 없는 때에는 상속재산관리인은 지체없이 일반채권자와 유증받은 자에 대하여 2월 이상의 일정한 기간 내에 그 채권 또는 수증을 신고할 것을 공고하여야 한다(제1056조 제1항). 공고절차는 비영리법인 청산의 공고절차가 준용된다(제1056조 제2항). 공고에는 채권자가 그 기간내에 신고하지 아니하면 청산으로부터 제외될 것을 표시하여야 하며(제1056조 제2항·제88조 제2항), 공고는 법원의 등기사항의 공고와 동일한 방법으로 하여야 한다(제1056조 제2항·제88조 제3항). 이미 알고 있는 채권자에 대해서는 공고외에 각각 채권신고를 최고하여야 하며, 알고 있는 채권자는 청산으로부터 제외하지 못한다(제1056조 제2항·제89조).

② 상속재산관리인은 공고절차를 취한 후 상속채권자와 유증받은 자에 대하여 한정승인에서와 동일한 방법으로 변제하여야 한다(제1056조 제2항·제1033조 내지 제103조).

3. 상속인 수색의 공고

상속재산관리인선임의 공고와 채권신고에 대한 최고의 공고의 기간이 경과하여도 상속인의 존부를 알 수 없는 때에는 법원은 관리인의 청구에 의하여 상속인이 있으면 일정한 기간내에 그 권리를 주장할 것을 공고하여야 한다(제1057조 1문). 그 기간은 1년 이상이어야 한다(제1057조 2문).

Ⅲ 특별연고자에 대한 분여

1. 의의

민법은 상속인이 존재하지 않는 경우에 피상속인과 생계를 같이 하고 있던 자 등 피상속인과 특별한 연고가 있던 자에게 상속재산의 전부 또는 일부를 분여할 수 있도록 하고 있다(제1057조의2). 이는 피상속인의 사실상의 배우자 등 피상속인과 가까우면서도 법률상 상속권이 없는 자에게 상속재산을 분여하는 것이 피상속인의 유지에 부합될 뿐 아니라, 상속인 없는 자에 대한 요양을 장려하는 정책적 취지상 인정되는 것이다.

「주택임대차보호법」은 임차인이 상속인없이 사망한 경우에 그 주택에서 가정공동생활을 하던 사실상의 혼인관계에 있는 자는 임차인의 권리와 의무를 승계하며(동법 제9조 제1항), 임차인이 사망한 경우에 사망당시 상속권자가 그 주택에서 가정공동생활을 하지 아니한 때에는 그 주택에서 가정공동생활을 하던 사실상 혼인관계에 있는 자와 2촌 이내의 친족은 공동으로 임차인의 권리와 의무를 승계하도록 하고 있는데(동법 제9조 제2항), 이는 사실혼관계의 배우자에 대하여 재산분여를 하는 것과 유사한 의미를 가진다. 다만, 「주택임대차보호법」에 의한 임차권의 승계는 상속인이 존재하는 경우에도 가능하고 권리뿐만 아니라 의무도 승계되는데 대하여, 특별연고자에 대한 분여는 상속인이 부존재하는 경우에만 가능하고, 재산만이 분여될 뿐 의무는 승계되지 않는다는 점에서 다르다.

2. 분여의 조건

특별연고자에 대한 분여를 위해서는 ⊙ 상속인수색의 공고기간 내에 상속권을 주장하는 자가 없어야 하며, ⓒ 특별연고자의 청구가 있어야 하고, ⓒ 재산분여의 상당성이 인정되어야 한다(제1057조의2).

3. 분여의 효과

재산분여의 청구가 인용되면 청구인에게 상속재산의 전부 또는 일부가 분여된다. 분여심판의 확정시점에 그 재산에 대한 권리가 이전된다. 상속채무 등의 의무는 승계되지 않는다.

Ⅳ 상속재산의 국가귀속

① 특별연고자에 대한 분여에 의해서도 분여되지 아니한 상속재산은 국가에 귀속한다(제1058조 제1항). 이는 법률의 규정에 의한 원시취득이다(나수실). 국가는 적극재산만을 취득하고 채무는 부담하지 않는다.

② 상속재산이 국가에 귀속하는 경우에도 상속재산관리인은 지체없이 관리의 계산을 하여야 한다(제1058조 제2항·제1055조 제2항).

③ 상속재산이 국가에 귀속된 후에는 변제받지 못한 상속채권자나 유증받은 자는 국가에 대하여 그 변제를 청구하지 못한다(제1059조).

제2장 유언

제1절 총설

I 서설

① 유언이란, 유언자가 자기의 사망과 동시에 일정한 법률효과를 발생시킬 목적으로 일정한 방식에 따라 행하는 상대방없는 단독행위를 말한다.
② 유언의 자유 : 유언의 자유는 의사능력이 있는 한 누구든지 자신의 의사에 따라 유언을 할 수 있는 자유이다.
③ 유언자유의 원칙 : 사유재산제도를 취하는 자본주의에서는 법률행위 자유의 원칙과 더불어 유언자유의 원칙이 확립되어 있다. 헌법재판소도 유언자가 생전에 최종적으로 자신의 재산권에 대하여 처분할 수 있는 법적 가능성을 의미하는 유언의 자유는 생전증여에 의한 처분과 마찬가지로 헌법상 재산권 보장에 의한 보호를 받는다고 하였다(2006헌바82). 따라서 유언으로 인하여 상속인의 법정 상속분이 변경된다고 하더라도 이것만으로 유언이 무효라고 볼 수는 없다.
④ 유언의 자유에 대한 제한 : 유언을 법정사항에 한해서만 할 수 있도록 하는 것과 일정한 방식에 의해서만 할 수 있도록 하는 것도 유언의 자유에 대한 제한에 해당한다(2006헌바82). 유류분제도도 유언의 자유에 대한 제한으로 기능한다.

II 유언의 법적 성격

단독행위, 요식행위, 일신전속적 행위, 사인행위

III 유언사항

민법이 인정하는 유언사항에는 재단법인의 설립(제47조 제2항), 친생부인(제850조), 인지(제859조 제2항), 후견인 지정(제931조 제1항), 상속재산분할방법의 지정 또는 지정의 위탁 및 상속재산의 분할금지(제1012조), 유증(제1074조 이하), 유언집행자의 지정 또는 지정의 위탁(제1093조) 등이 있다.
법률상 유언이 아닌 것을 유언이라고 시인하였다 하여 그것이 곧 유언이 될 수는 없다.

IV 유언능력

① 유언능력이란, 유언을 단독으로 유효하게 할 수 있는 능력을 말한다. 17세에 달한 의사능력이 있는 자에게는 유언능력이 인정된다(제1061조).
② 유언능력은 유언을 하는 때에 있으면 족하다. 따라서 유언을 한 후에 의사능력이 상실되더라도 유언의 효력에 영향이 없다.

제2절 유언의 방식과 효력

I 유언의 요식성
① 유언은 민법이 정한 방식에 의하지 아니하면 효력이 생기지 아니한다(제1060조).
② 민법은 유언의 방식으로서 다섯 가지만을 인정하고 있다. 법정된 요건과 방식에 어긋난 유언은 그것이 유언자의 진정한 의사에 합치하더라도 무효다(98다17800).

II 유언의 증인
① 민법은 유언에 있어서 자필증서에 의한 유언만을 제외하고는 모두 증인이 관여하도록 하고 있다. 이는 유언의 요식성에 더하여, 유언자의 진의를 명확히 하고 사후의 분쟁을 예방하려는 것이다.
② 증인의 결격사유 : 증인의 관여는 유언의 효력을 판단하는 중요한 자료가 되므로 민법은 증인의 결격사유에 대하여 규정하고 있다. 즉, ㉠ 미성년자, ㉡ 피성년후견인과 피한정후견인 ㉢ 유언에 의하여 이익을 받을 사람, 그의 배우자와 직계혈족은 유언에 참여하는 증인이 되지 못한다(제1072조 제1항). ㉣ 공정증서에 의한 유언에는 「공증인법」에 의한 결격자는 증인이 되지 못한다(제1072조 제2항).

[판례] 유언에 참여할 수 없는 증인결격자의 하나로 민법 제1072조 제1항 제3호가 규정하고 있는 '유언에 의하여 이익을 받을 자'라 함은 유언자의 상속인으로 될 자 또는 유증을 받게 될 수증자 등을 말하는 것이므로, 유언집행자는 증인결격자에 해당한다고 볼 수 없다(대판 1999.11.26. 97다57733).

③ 증인이 관여하여야 하는 유언에 증인결격자가 증인으로 참여한 경우에는 유언 전체가 무효가 된다. 유언에 증인이 참여하지 않은 것과 마찬가지이기 때문이다.

III 유언방식의 종류

1. 자필증서에 의한 유언
① 자필증서에 의한 유언은 유언자가 그 전문과 연월일·주소·성명을 자서하고 날인하여야 한다(제1066조 제1항)[64].
② 자필증서에 의한 유언은 문자를 쓸 줄만 알면 다 할 수 있고 증인의 관여도 요하지 않는다는 점에서 가장 손쉽게 할 수 있는 유언의 방식이다. 다만, 유언자의 사망 이후 유언서의 존재를 확인하기 어려울 수 있고, 위조·변조의 우려가 있다는 것이 단점이다.
③ 자서(自書) : 자필증서에 의한 유언은 유언자가 그 전문과 연월일·주소 및 성명을 자서하는 것이 절대적 요건이다. 타인에게 구수하거나 필기시켰다면 자필증서에 의한 유언으로는 무효이다. 전자복사기를 이용하여 작성한 복사본도 자필증서에 의한 유언서가 될 수 없다(97다38510).
④ 연월일의 기재 : 연월일은 유언능력 및 유인의 선후를 판단하는 기준이 되므로, 연월일의 기재가 없는 유언서는 무효이다. 자필유언증서의 연월일은 이를 작성한 날로서 유언능력의 유무를 판단하거나 다른 유언증서와 사이에 유언 성립의 선후를 결정하는 기준일이 되므로 그 작성일을 특정할 수 있게 기재하여야 한다(2009다9768).

---
[64] 제1066조 제1항이 날인을 요구하는 것과 주소를 자서할 것을 요구하는 것에 대해 위헌소원이 제기된 바 있는데, 헌법재판소는 이를 합헌으로 판단하였다(헌재결 2008.3.27. 2006헌바82, 헌재결 2008.12.26. 2007헌바128, 헌재결 2011.9.29. 2010헌바250 등).

년·월만 기재하고 일의 기재가 없는 자필유언증서도 그 작성일을 특정할 수 없으므로 효력이 없다. 다만, 날짜의 기재가 없거나 불완전하더라도 유언장의 내용이나 외부적 사정에 의해 확정될 수 있는 경에는 유효하다고 해석된다.

⑤ 성명·주소의 기재 : 성명의 기재는 유언자가 누구인지를 알 수 있을 정도이면 족하다. 유언자의 주소는 반드시 유언 전문과 동일한 지편에 기재하여야 하는 것은 아니고, 유언증서로서 일체성이 인정되는 이상 그 전문을 담은 봉투에 기재하더라도 무방하다(97다38503).

⑥ 날인 : 유언자의 날인이 없는 유언장은 자필증서에 의한 유언으로서의 효력이 없다(2006다25103). 날인은 반드시 실인(實印)이어야 하는 것은 아니며 무인(無印)도 무방하다(97다38503).

유언증서에 문자의 삽입·삭제 또는 변경을 하는 경우에도 유언자가 이를 자서하고 날인하여야 한다(제1066조 제2항). 다만 증서의 기재 자체로 보아 명백한 오기를 정정함에 지나지 아니하는 경우에는 그 정정 부분에 날인을 하지 않았다고 하더라도 그 효력에 영향이 없다(97다38503).

[판례] 민법 제1065조 내지 제1070조가 유언의 방식을 엄격하게 규정한 것은 유언자의 진의를 명확히 하고 그로 인한 법적 분쟁과 혼란을 예방하기 위한 것이므로, 법정된 요건과 방식에 어긋난 유언은 그것이 유언자의 진정한 의사에 합치하더라도 무효이다. 따라서 <u>자필증서에 의한 유언은 민법 제1066조 제1항의 규정에 따라 유언자가 전문과 연월일, 주소, 성명을 모두 자서하고 날인하여야만 효력이 있고, 유언자가 주소를 자서하지 않았다면 이는 법정된 요건과 방식에 어긋난 유언으로서 효력을 부정하지 않을 수 없으며, 유언자의 특정에 지장이 없다고 하여 달리 볼 수 없다. 여기서 자서가 필요한 주소는 반드시 주민등록법에 의하여 등록된 곳일 필요는 없으나, 적어도 민법 제18조에서 정한 생활의 근거되는 곳으로서 다른 장소와 구별되는 정도의 표시를 갖추어야 한다.</u>(대판 2014.9.26. 2012다71688)

2. 녹음에 의한 유언

① 녹음에 의한 유언은 유언자가 유언의 취지, 그 성명과 年月日을 구술하고 이에 참여한 증인이 유언의 정확함과 그 성명을 구술하여야 한다(제1067조).
② 피성년후견인이 그 의사능력이 회복되어 녹음에 의한 유언을 할 경우에는, 의사가 심신회복의 상태를 녹음기에 구술함으로써 확인하여야 하는 것으로 해석된다(제1063조 제2항 참조).

3. 공정증서에 의한 유언

① 공정증서에 의한 유언은 유언자가 증인 2인이 참여한 공증인의 면전에서 유언의 취지를 구수하고 공증인이 이를 필기낭독(筆記朗讀)하여 유언자와 증인이 그 정확함을 승인한 후 각자 기명 또는 서명날인하여야 한다(제1068조).
② 공정증서에 의한 유언은 가장 확실한 방식의 유언이다. 유언증서를 공증인이 보관하므로 그 존재가 분명하고, 위조·변조의 가능성도 적다. 따라서 유언증서의 검인도 요구되지 않는다(제1092조 제2항 참조).
③ 유언취지의 구수와 필기낭독 : 구수(口授)는 유언의 내용이 유언자 자신의 의사에 기한 것임을 확실히 하기 위한 절차로서, 구수가 없었다면 공정증서에 의한 유언으로서의 효력이 인정되지 않는다.

[판례] ① 뇌혈전증으로 병원에 입원치료 중인 유언자가 불완전한 의식상태와 언어장애 때문에 말을 못하고 고개만 끄덕거리면서 반응을 할 수 있을 뿐인 의학상 소위 가면성 정신상태하에서 공증인이 유언내용의 취지를 유언자에게 말하여 주고 "그렇소?"하고 물으면 유언자는 말을 하지 않고 고개만 끄덕거리면 공증인의 사무원이 그 내용을 필기하고 이를 공증인이 낭독하는 방법으로 유언서가 작성되었다면 이는 유언자가 구수한 것이라고 할 수 없으므로 무효이다(대판 1980.12.23. 80므18).
② 공증업무를 취급하는 변호사가 반혼수상태로 병원에 입원중인 유언자에게 유언취지를 묻자 유언자가 고개를 끄덕거린 것만으로는 민법 제1068조 소정의 공정증서가 작성된 것이라고 볼 수 없으므로 그 유언은 무효이다(대판 1993.6.8. 92다8750).

③ 공증 변호사가 미리 작성하여 온 공정증서에 따라, 의식이 명료하고 언어소통에 지장이 없는 유언자에게 질문하여 유증의사를 확인하고 그 증서의 내용을 읽어주어 이의 여부도 확인한 다음 자필서명을 받은 경우, 그 공정증서에 의한 유언은 민법 제1068조에서 정한 요건을 모두 갖추었다(대판 2007.10.25. 2007다51550).

④ 제3자에 의하여 미리 작성된 유언의 취지가 적혀 있는 서면에 따라 유언자에게 질문을 하고 유언자가 동작이나 한 두 마디의 간략한 답변으로 긍정하는 경우에는 원칙적으로 민법 제1068조에 정한 '유언취지의 구수'라고 보기 어렵지만 공증인이 사전에 전달받은 유언자의 의사에 따라 유언의 취지를 작성한 다음 그 서면에 따라 유증 대상과 수증자에 관하여 유언자에게 질문을 하고 이에 대해 유언자가 한 답변을 통해 유언자의 의사를 구체적으로 확인할 수 있어 그 답변이 실질적으로 유의 취지를 진술한 것이나 마찬가지로 볼 수 있고, 유언자의 의사능력이나 유언의 내용, 유언의 전체 경위 등으로 보아 그 답변을 통하여 인정되는 유언취지가 유언자의 진정한 의사에 기한 것으로 인정할 수 있는 경우에는 유언취지의 구수 요건을 갖추었다고 볼 수 있다(대판 2008.2.28. 2005다75019등).

④ **유언자와 증인의 서명 또는 기명날인** : 유언자와 증인이 필기가 정확함을 승인한 후 각자 서명 또는 기명날인하여야 한다(제1068조). 필기의 정확함의 승인은 유언서가 유언의 취지를 제대로 반영하였다는 것에 대한 승인을 의미한다. 유언자 및 증인의 서명 또는 기명날인이 없으면 유언은 무효이다(2002다35386).

[판례] 유언장에 대하여 공증사무실에서 인증을 받았으나 그 유언장이 증인 2명의 참여가 없고 자서된 것도 아니라면 공정증서에 의한 유언이나 자필증서에 의한 유언으로서의 방식이 결여되어 있으므로 유언으로서의 효력을 발생할 수 없다(대판 1994.12.22. 94다13695).

4. 비밀증서에 의한 유언

① 비밀증서에 의한 유언은 유언자가 필자의 성명을 기입한 증서를 엄봉날인하고 이를 2인 이상의 증인의 면전에 제출하여 자기의 유언서임을 표시한 후 그 봉서표면에 제출 연월일을 기재하고 유언자와 증인이 각자 서명 또는 기명날인하여야 한다(제1069조 제1항). 비밀증서에 의한 유언은 유언서의 존재를 확실하게 하면서도 유언내용의 비밀을 유지할 수 있다는 점에 유용성이 있다.

② **확정일자** : 비밀증서에 의한 유언의 봉서는 그 표면에 기재한 날로부터 5일내에 공증인 또는 법원서기에게 제출하여 그 봉인상 확정일자를 받아야 한다(제1069조 제2항).

③ **비밀증서에 의한 유언의 전환** : 비밀증서에 의한 유언이 그 방식에 흠결이 있는 경우에 그 증서가 자필증서의 방식에 적합한 때에는 자필증서에 의한 유언으로 본다(제1071조). 이는 민법이 명시적으로 인정하는 무효행위의 전환이다.

5. 구수증서에 의한 유언

① 구수증서에 의한 유언은 질병 기타 급박한 사유로 인하여 자필증서에 의한 유언 등의 방식에 의할 수 없는 경우에 유언자가 2인 이상의 증인의 참여로 그 1인에게 유언의 취지를 구수하고 그 구수를 받은 자가 이를 필기낭독하여 유언자와 증인이 그 정확함을 승인한 후 각자 서명 또는 기명날인하여야 한다(제1070조 제1항). 자필증서에 의한 유언 등의 방식에 의한 유언을 할 수 없는 경우에 보충적으로 인정되는 유언의 방식이다.

② **급박한 사유** : 구수증서에 의한 유언을 위해서는 질병 기타 급박한 사유가 있어야 한다. 판례는 자필증서·녹음·공정증서 및 비밀증서의 방식에 의한 유언이 객관적으로 가능한 경우에 구수증서에 의한 유언을 하였다면 그 유언은 무효라고 하였다(98다17800).

③ **형식의 완화** : 구수증서에 의한 유언은 긴박한 사유가 있는 경우에 한하여 인정되는 방식이므로 다른 방식에 비해 그 형식이 간단하다. 급박한 사유의 종료 이후 검인을 받게 되므로(제1070조 제2항), 작성년월일을 기재할 것도 요하지 않는다. 피성년후견인이 구수증서에 의한 유언을 하는 경우에도 그 의사능력은 회복되어야 하지만(제1063조 제1항), 의사가 심신회복의 상태를 유언증서에 부기하고 서명날인할 것을 요하지 않는다(제1070조 제3항).

구수증서에 의한 유언은 의사능력이 있는 피성년후견인이 의사의 관여없이 할 수 있는 유일한 유언의 방식이다. 판례는 "구수증서에 의한 유언은 민법상 유언의 보통방식의 하나로 규정되어 있으나 그 실질에 있어서는 다른 방식의 유언과는 다르므로 유언요건을 완화하여 해석하여야 한다."(76므15)고 한다.

[판례] ① '유언취지의 구수'라 함은 말로써 유언의 내용을 상대방에게 전달하는 것을 뜻하는 것이므로, 증인이 제3자에 의하여 미리 작성된 유언의 취지가 적혀 있는 서면에 따라 유언자에게 질문을 하고 유언자가 동작이나 간략한 답변으로 긍정하는 방식은, 유언 당시 유언자의 의사능력이나 유언에 이르게 된 경위 등에 비추어 그 서면이 유언자의 진의에 따라 작성되었음이 분명하다고 인정되는 등의 특별한 사정이 없는 한 민법 제1070조 소정의 유언취지의 구수에 해당한다고 볼 수 없다(대판 2006.3.9. 2005다57899).

② 유언 당시에 자신의 의사를 제대로 말로 표현할 수 없는 유언자가 유언취지의 확인을 구하는 변호사의 질문에 대하여 고개를 끄덕이거나 "음", "어"라고 말한 것만으로는 민법 제1070조가 정한 유언의 취지를 구수한 것으로 볼 수 없다(대판 2006.3.9. 2005다57899).

④ 법원의 검인 : 구수증서에 의한 유언은 그 증인 또는 이해관계인이 급박한 사유의 종료한 날로부터 7일내에 법원에 그 검인을 신청하여야 한다(제1070조 제2항). 급박한 사정이 종료한 날로부터 7일 이내에 법원의 검인을 받지 못한 경우에는 그 유언은 무효라는 것이 판례(91다39719)의 입장이다.

Ⅳ 유언의 철회

1. 유언철회의 자유

① 유언자는 언제든지 유언 또는 생전행위로써 유언의 전부나 일부를 철회할 수 있다(제1108조 제1항).
② 유언은 유언자의 진의가 절대적으로 존중되어야 하는 일신전속적 행위이므로, 유언의 철회권도 일신전속성을 가진다. 즉, 유언의 철회는 유언자만이 할 수 있고, 대리는 허용되지 않는다. 미성년자·제한능력자가 유언을 철회함에 있어서도 친권자·후견인의 동의를 요하지 않는다.
③ 유언자는 그 유언을 철회할 권리를 포기하지 못한다(제1108조 제2항).
④ 사인증여도 제1108조가 적용되는지 여부 : 민법 제562조는 사인증여에는 유증에 관한 규정을 준용한다고 정하고 있고, 민법 제1108조 제1항은 유증자는 유증의 효력이 발생하기 전에 언제든지 유언 또는 생전행위로써 유증 전부나 일부를 철회할 수 있다고 정하고 있다. 사인증여는 증여자의 사망으로 인하여 효력이 발생하는 무상행위로 실제적 기능이 유증과 다르지 않으므로, 증여자의 사망 후 재산 처분에 관하여 유증과 같이 증여자의 최종적인 의사를 존중할 필요가 있다. 또한 증여자가 사망하지 않아 사인증여의 효력이 발생하기 전임에도 사인증여가 계약이라는 이유만으로 법적 성질상 철회가 인정되지 않는다고 볼 것은 아니다. 이러한 사정을 고려하면 특별한 사정이 없는 한 유증의 철회에 관한 민법 제1108조 제1항은 사인증여에 준용된다고 해석함이 타당하다(대판 2022.7.28. 2017다245330).

2. 유언철회의 방법

① 임의철회 : 유언자는 유언의 전부 또는 일부를 자유로이 철회할 수 있다. 유언자의 의사에 의한 임의철회의 방식에는 아무런 제한이 없다. 철회는 반드시 유언으로 할 것을 요하지 않으며, 생전행위로도 가능하다.
② 법정철회 : 전후의 유언이 저촉되거나 유언후의 생전행위가 유언과 저촉되는 경우에는 그 저촉된 부분의 전유언은 이를 철회한 것으로 본다(제1109조). 여기서 말하는 '저촉'이라 함은 전의 유언을 실효시키지 않고서는 유언 후의 생전행위가 유효로 될 수 없음을 가리키되 법률상 또는 물리적인 집행불능만을 뜻하는 것이 아니라 후의 행위가 전의 유언과 양립될 수 없는 취지로 행하여졌음이 명백하면 족하다(97다38510).

유언후의 유언과 저촉되는 생전행위는 유언자의 자유의사에 의한 것이어야 한다. 따라서 유언자의 법정대리인이 유언과 저촉되는 생전행위를 한 경우에는 유언이 철회된 것으로 보아서는 안된다.

유언자가 고의로 유언증서 또는 유증의 목적물을 파훼(破毁)한 경우에도 그 파훼한 부분에 관한 유언은 이를 철회한 것으로 간주한다(제1110조).

[판례] ① 유언과 저촉되는 생전행위가 유언의 철회로 의제되는 것은 유언자 자신이 할 때에 한하며, 타인이 유언자의 명의를 이용하여 임의로 유언의 목적인 특정 재산에 관하여 처분행위를 하더라도 유언 철회로서의 효력은 발생하지 않는다(대판 1998.6.12. 97다38510).

② 망인이 유언증서를 작성한 후 재혼하였다거나, 유언증서에서 유증하기로 한 일부 재산을 처분한 사실이 있다고 하여 다른 재산에 관한 유언을 철회한 것으로 볼 수 없다(대판 1998.5.29. 97다38503).

3. 철회의 효과

유언의 철회에 의해 유언은 처음부터 없었던 것과 같이 되어, 유언자가 사망하여도 철회된 유언은 아무런 효력을 가지지 못한다. 유언의 철회를 다시 철회한 경우에는 처음의 유언의 효력이 부활하는 것으로 해석된다.

Ⅴ 유언의 효력

1. 유언의 효력발생시기

① 유언은 유언자가 사망한 때로부터 그 효력이 생긴다(제1073조 제1항). 유언자의 사망은 유언의 효력을 발생하게 하는 특별효력요건이다.
  ㉠ 유언으로 인지를 하는 경우에도, 유언의 성질상 유언자가 사망한 때 인지의 효력이 발생한다는 것이 통설이다[65].
  ㉡ 유언에 의한 친생부인의 경우에는 유언만으로는 친생자관계가 소멸하지 않고, 유언집행자가 친생부인의 소를 제기하여 그 판결이 확정된 때에 친생자관계가 소멸한다.

② 조건부 유언의 효력발생시기 : 유언에 정지조건이 있는 경우에 그 조건이 유언자의 사망후에 성취한 때에는 그 조건성취한 때로부터 유언의 효력이 생긴다(제1073조 제2항).
  ㉠ 유언에 붙은 정지조건이 유언자의 사망 이전에 성취된 경우에는 그 유언은 조건없는 유언이 된다(제151조 제2항). 유언자의 사망 이전에 정지조건이 성취될 수 없는 것으로 확정된 경우에는 그 유언은 무효가 된다(제151조 제3항).
  ㉡ 해제조건이 있는 유언은 유언자가 사망한 때부터 효력을 발생하며, 조건이 성취되면 그 효력을 상실한다. 유언에 붙은 해제조건이 유언자의 사망 이전에 성취된 경우에는 유언은 그 효력을 발생하지 못한다(제151조 제2항). 유언자의 사망 이전에 해제조건이 성취될 수 없는 것으로 확정된 경우에는 조건없는 유언이 된다(제151조 제3항).

③ 기한부 유언의 효력발생시기 : 시기부(始期附) 유언은 유언자가 사망한 때부터 효력이 발생하지만, 유증을 받은 자는 그 시기가 도래하기 전에는 이행을 청구할 수 없다. 다만, 그 시기가 유언의 효력발생을 정지시키고자 하는 것인 경우에는 그 시기가 도래한 때에 유언의 효력이 발생한다. 종기부(終期附) 유언은 유언자가 사망한 때부터 효력이 발생하며, 종기의 도래로 유언의 효력이 소멸한다.

---

[65] 유언의 인지의 경우에도 인지의 효력은 자의 출생시로 소급한다(제860조).

2. 유언의 무효와 취소

① **유언의 무효** : 방식이 흠결된 유언, 유언능력없는 자의 유언, 증인의 관여를 요하는 유언에서 증인결격자가 증인으로 참여한 유언, 수증결격자에 대한 유증, 법정사항이외의 사항을 내용으로 하는 유언, 선량한 풍속 기타 사회질서에 반하는 유언, 강행법규에 위반하는 유언(예컨대, 유류분을 부정하는 유언) 등은 무효이다. 유언의 목적이 된 권리가 유언자의 사망당시에 상속재산에 속하지 않는 경우(제1087조)와 유언자의 사망 이전에 유증을 받을 자가 사망한 경우(제1089조 제1항)에도 그 유언은 무효가 된다.

② **유언의 취소** : 유언의 중요부분에 착오가 있거나 사기·강박에 의해 유언이 행해진 경우에는 취소할 수 있다. 그런데 유언자는 언제든지 유언을 철회할 수 있으므로, 유언의 취소가 문제되는 것은 유언자가 사망한 후 일 것이다. 취소권은 상속인에게 승계되므로 상속인이 취소권자가 된다. 부담있는 유증에 대해서는 민법이 별도의 취소원인을 인정하고 있다(제1111조).

제3절 유증

I 서설

1. 의의

유증이란, 유언자가 유언에 의하여 자기의 재산을 수증자에게 사후에 무상으로 양도하는 단독행위를 말한다. 유증은 유언에 의한 무상양도이므로 유언의 방식 등 유언의 효력요건을 갖추어야 한다.

2. 유증의 종류

유증은 포괄유증과 특정유증으로 구별된다. 포괄유증은 적극·소극재산을 포괄하는 상속재산의 전부 또는 일정한 비율의 유증을 말하며, 특정유증은 특정한 개별 재산의 유증을 말한다. 포괄유증과 특정유증은 각기 조건있는 유증, 기한있는 유증, 부담부 유증 및 그러한 조건·기한·부담이 없는 단순유증이 될 수 있다.

3. 수증자와 유증의무자

① **수증자** : 수증자란, 유증으로 인한 권리자를 말한다. 수증자는 권리능력이 있으면 족하다. 의사능력이 없는 자와 법인도 수증자가 될 수 있으며, 태아에게도 수증능력이 인정된다(제1064조·제1000조 제3항).
그러나 상속인의 결격사유에 해당하는 자는 수증능력이 없다(제1064조·제1004조).[66]
민법은 유증을 받는 자를 수증자라고 하여 증여를 받는 자와 용어상 구별하지 않고 있는데, 이를 구별하기 위하여 유증을 받는 자를 수유자라고 하기도 한다.

② **유증의무자** : 특정유증에 의한 재산권 이전의무는 유언자의 사망후에 집행되므로 별도로 유증의무자가 있어야 한다. 민법은 유언집행자(제1101조), 상속인(제1095조), 상속인부존재시의 상속재산관리인(제1056조)을 유증의무자로 하고 있다. 포괄유증의 수증자도 '수증자'이지만 상속재산의 포괄승계인으로서 상속인과 동일한 권리의무가 있으므로(제1078조) 특정유증에 대한 유증의무자가 된다.
유증의무자는 특정유증의 이행을 위해서 필요하며, 포괄유증에서는 문제되지 않는다. 포괄수증자는 유증자의 사망에 의해 그의 권리·의무를 포괄적으로 승계하므로 이행의 문제가 발생하지 않기 때문이다.

---

[66] 유증자가 상속결격자임을 알면서 그를 수증자로 한 경우에는 결격이 용서된 것으로 보아 수증자로 볼 수 있다는 견해가 있다.

4. 유증의 효력발생

① 유증도 유언자가 사망한 때로부터 그 효력이 생긴다(제1073조 제1항). 다만, 유언자의 사망전에 수증자가 사망한 때에는 유증의 효력이 생기지 않으며(제1089조 제1항)[67], 정지조건 있는 유증은 수증자가 그 조건성취 전에 사망한 때에는 그 효력이 생기지 않는다(제1089조 제2항). 즉, 수증자는 유언의 효력이 발생한 때에 생존하고 있어야 한다.

유언자와 수증자가 동시에 사망한 경우 및 동시에 사망한 것으로 추정되는 경우에도 유증의 효력이 발생하지 않는다고 해석된다.

② 유증이 그 효력이 생기지 아니한 때에는 유증의 목적인 재산은 상속인에게 귀속한다(제1090조 본문). 그러나 유언자가 유언으로 다른 의사를 표시한 때에는 그 의사에 의한다(제1090조 단서).

II 포괄유증

1. 의의

포괄유증이란, 적극·소극재산을 포괄하는 상속재산의 전부 또는 일정한 비율의 유증을 말한다.

2. 포괄유증의 효과

포괄적 유증을 받은 자는 상속인과 동일한 권리·의무가 있다(제1078조). 따라서 ㉠ 포괄수증자는 상속인과 마찬가지로 유언자의 일신전속적 권리를 제외하고는 유언자의 권리·의무를 포괄적으로 승계하며, 그 권리취득에 공시방법을 갖출 것을 요하지 않는다[68]. ㉡ 포괄수증자와 상속인 또는 수인의 포괄수증자 사이에는 상속재산의 공유관계가 발생하고 그 분할협의를 할 수 있다. ㉢ 상속인의 상속회복청구권 및 그 제척기간에 관하여 규정한 제999조는 포괄적 유증의 경우에도 유추적용된다(2000다22942). ㉣ 포괄수증자도 상속의 승인·포기에 관한 제1019조 내지 제1044조에 의해 포괄유증을 승인 또는 포기할 수 있다. 포괄수증자는 유증인의 채무도 승계하므로 포괄유증을 승인 또는 포기할 수 있도록 해야 하기 때문이다.

III 특정유증

1. 의의

① 특정유증이란, 구체적인 재산을 목적으로 하는 유증을 말한다.
② 특정유증은 구체적인 재산을 유증의 목적으로 하므로, 특정유증의 수증자는 그 재산에 대하여 증여계약에서의 수증자와 같은 지위를 가지게 된다.

2. 특정유증의 효과

(1) 유증목적물의 귀속시기

포괄유증을 받은 자는 제187조에 의하여 법률상 당연히 유증받은 물건의 소유권을 취득하게 되나, 특정유증을 받은 자는 유증의무자에게 유증을 이행할 것을 청구할 수 있는 채권을 취득할 뿐이다(2000다73445). 즉, 유증의 목적이 되는 권리는 유언자의 사망시에 이전되는 것이 아니라, 상속인 또는 유언집행자의 이행에 의해 이전된다.

---

[67] 즉, '대습유증'은 인정되지 않는다. 다만, 유언자는 수증자의 상속인을 보충적으로 수증자로 지정할 수 있다(제1090조 단서).
[68] 포괄적 유증을 받은 자는 민법 제187조에 의하여 법률상 당연히 유증받은 부동산의 소유권을 취득하게 된다(대판 2003.5.27. 2000다73445).

[판례] 특정유증을 받은 자는 유증받은 부동산의 소유권자가 아니어서 직접 진정한 등기명의의 회복을 원인으로 한 소유권이전등기를 구할 수 없다(대판 2003.5.27. 2000다73445).

(2) 유증의무자와 수증자 사이의 권리·의무

① **과실취득** : 수증자는 유증의 이행을 청구할 수 있는 때로부터 그 목적물의 과실을 취득한다(제1079조 제1항 본문). '청구한 때'부터가 아니라 '청구할 수 있는 때'부터 과실취득권이 인정되는 것이다. 여기서 '이행을 청구할 수 있는 때'란 유언자의 사망시를 말하며, 정지조건부 유증의 경우에는 정지조건의 성취시, 시기부 유증의 경우에는 시기의 도래시를 말한다.

과실취득에 관하여 유언자가 유언으로 다른 의사를 표시한 때에는 그 의사에 의한다(제1079조 제1항 단서).

② **비용상환청구** : 유증의무자가 유언자의 사망후에 그 목적물의 과실을 수취하기 위하여 필요비를 지출한 때에는 그 과실의 가액의 한도에서 과실을 취득한 수증자에게 상환을 청구할 수 있다(제1080조). 유증의무자가 유증자의 사망후에 그 목적물에 대하여 비용을 지출한 때에는 유치권자의 상환청구권에 관한 제325조의 규정을 준용한다(제1081조).

③ **유증의무자의 담보책임** : 불특정물을 유증의 목적으로 한 경우에는 유증의무자는 그 목적물에 대하여 매도인과 같은 담보책임이 있다(제1082조 제1항). 이 경우 목적물에 하자가 있는 때에는 유증의무자는 하자없는 물건으로 인도하여야 한다(제1082조 제2항). 즉, 불특정물에 대한 유증의무자의 담보책임은 완전물급부의무가 우선한다.

④ **유증의 물상대위성** : 유증자가 유증목적물의 멸실·훼손 또는 점유의 침해로 인하여 제3자에게 손해배상을 청구할 권리가 있는 때에는 그 의사에 의한다(제1086조).

⑤ **상속재산에 속하지 않은 권리의 유증** : 유언의 목적이 된 권리가 유언자의 사망당시에 상속재산에 속하지 아니한 때에는 유언은 그 효력이 없다(제1087조 제1항 본문). 그러나 유언자가 자기의 사망당시에 그 목적물이 상속재산에 속하지 아니한 경우에도 유언의 효력이 있게 할 의사인 때에는 유증의무자는 그 권리를 취득하여 수증자에게 이전할 의무가 있다(제1087조 제1항 단서). 이 경우 그 권리를 취득할 수 없거나 그 취득에 과다한 비용을 요할 때에는 그 가액으로 변상할 수 있다(제1087조 제2항).

[판례] 민법 제1085조는 "유증의 목적인 물건이나 권리가 유언자의 사망 당시에 제3자의 권리의 목적인 경우에는 수증자는 유증의무자에 대하여 그 제3자의 권리를 소멸시킬 것을 청구하지 못한다."라고 규정하고 있다. 이는 유언자가 다른 의사를 표시하지 않는 한 유증의 목적물을 유언의 효력발생 당시의 상태대로 수증자에게 주는 것이 유언자의 의사라는 점을 고려하여 수증자 역시 유증의 목적물을 유언의 효력발생 당시의 상태대로 취득하는 것이 원칙임을 확인한 것이다. 그러므로 <u>유증의 목적물이 유언자의 사망 당시에 제3자의 권리의 목적인 경우에는 그와 같은 제3자의 권리는 특별한 사정이 없는 한 유증의 목적물이 수증자에게 귀속된 후에도 그대로 존속하는 것으로 보아야 한다</u>(대판 2018.7.26. 2017다289040).

3. 특정유증의 승인과 포기

① **승인·포기의 자유** : 유증을 받을 자는 유언자의 사망후에 언제든지 유증을 승인 또는 포기할 수 있다(제1074조 제1항). 상속 및 포괄유증에서와는 달리, 승인·포기의 방식에 제한이 없으며 유증의무자에 대한 의사표시로서 충분하다. 승인·포기에 대한 기한의 제한도 없다. 특정수증자는 청구권만을 취득하므로 법률관계의 안정을 위해 승인·포기를 위한 기한에 제한을 둘 필요가 없는 것이다.

수증자가 승인이나 포기를 하지 아니하고 사망한 때에는 그 상속인은 상속분의 한도에서 승인 또는 포기할 수 있다(제1076조 본문). 그러나 유언자가 유언으로 다른 의사를 표시한 때에는 그 의사에 의한다(제1076조 단서).

② 승인·포기의 효과 : 수증자의 승인이나 포기는 유언자가 사망한 때에 소급하여 효력이 있다(제1074조 제2항). 수증자가 유증을 포기한 때에는 유증의 목적인 재산은 상속인에게 귀속한다(제1090조 본문). 그러나 유언자가 유언으로 다른 의사를 표시한 때에는 그 의사에 의한다(제1090조 단서).
③ 유증의무자의 최고권 : 유증의무자나 이해관계인은 상당한 기간을 정하여 그 기간내에 승인 또는 포기를 확답할 것을 수증자 또는 그 상속인에게 최고할 수 있다(제1077조 제1항). 그 기간내에 수증자 또는 상속인이 유언의무자에 대하여 최고에 대한 확답을 하지 아니한 때에는 유증을 승인한 것으로 본다(제1077조 제2항).
④ 승인·포기의 철회금지 : 유증의 승인이나 포기는 취소하지 못한다(제1075조 제1항). 여기서의 '취소'는 '철회'의 의미이다.
⑤ 승인·포기의 취소 : 유증의 승인·포기에 대해서도 민법총칙에 의한 취소는 인정된다(제1075조 제2항·제1024조 제2항 본문). 승인 또는 포기의 취소권은 추인할 수 있는 날로부터 3월, 승인 또는 포기한 날로부터 1년내에 행사하지 않으면 소멸한다(제1075조 제2항·제1024조 제2항 단서).

Ⅳ 부담있는 유증

1. 의의
① 부담있는 유증이란, 수증자에게 이익을 향수하게 하면서 그와 함께 부담의 구속을 주는 유증을 말한다.
② 부담있는 유증은 의무를 부담시킬 뿐이라는 점에서, 유증의 효력발생이나 소멸을 조건에 의존하게 하는 조건부 유증과 다르다. 부담있는 유증에서 부담의 불이행이 있더라도 유증의 효력이 당연히 상실되지는 않는 것이다.

2. 부담의 내용
부담은 유증의 목적물과 관계없는 사항이더라도 무방하며, 금전적 가치가 있는 것임을 요하지 않는다.

3. 부담있는 유증의 효과
① 부담의 이행의무자는 수증자이며, 부담의 청구권자는 상속인, 유언집행자, 부담의 이행청구권자로 지정된 자이다. 부담의 이행으로 이익을 받을 수익자가 부담의 이행을 청구할 수 있는지에 대해서는 긍정하는 견해와 부정하는 견해가 있다.
② 부담있는 유증을 받은 자는 유증의 목적의 가액을 초과하지 아니한 한도에서 부담한 의무를 이행할 책임이 있다(제1088조 제1항). 유증의 목적의 가액이 한정승인 또는 재산분리로 인하여 감소된 때에는 수증자는 그 감소된 한도에서 부담할 의무를 면한다(제1088조 제2항).

4. 부담있는 유증의 취소
① 부담있는 유증을 받은 자가 그 부담의무를 이행하지 아니한 때에는 상속인 또는 유언집행자는 상당한 기간을 정하여 이행할 것을 최고하고 그 기간내에 이행하지 아니한 때에는 법원에 유언의 취소를 청구할 수 있다(제1111조 본문).
② 취소의 효과는 소급하므로, 유증이 취소되면 처음부터 유증이 없었던 것이 된다. 따라서 유증의 목적물은 유언자의 상속인에게 귀속하고, 유증의 목적물이 이미 이행되었다면 수증자는 상속인에게 반환하여야 한다. 다만, 수증자가 목적물을 이미 처분한 경우 등에 전득자 등 제3자의 이익을 해하지 못한다(제1111조 단서).

제4절 유언의 집행

I 서설

① 유언의 집행이란, 유언의 효력이 발생한 후 그 내용을 실현하는 것을 말한다.
② 유언의 증서 또는 녹음이 존재하는 경우 우선 유언내용을 확인하여야 한다. 그 후 유언을 집행하게 되는데, 유언의 내용 중에는 후견인의 지정(제931조 제1항)이나 상속재산의 분할방법의 지정 또는 분할의 금지(제1012조) 등과 같이 그 실현을 위하여 특별한 행위를 필요로 하지 않는 경우도 있으나, 친생부인(제850조), 인지(제859조 제2항), 특정유증(제1017조 이하)과 같이 유언의 집행을 필요로 하는 경우가 있다. 따라서 민법은 유언자가 유언집행자를 지정할 수 있도록 하는 한편, 유언자가 유언집행자를 지정하지 않은 경우에 대비하여 법정유언집행자와 법원에 의해 선임되는 선임유언집행자를 규정하고 있다.

II 유언집행의 준비절차

① 유언서의 검인 : 유언의 집행을 위해서는 유언 내용의 확인을 요하는 바, 민법은 유언의 검인과 유언증서의 개봉에 대해서 정하고 있다. 즉, 유언의 증서나 녹음을 보관한 자 또는 이를 발견한 자는 유언자의 사망후 지체없이 법원에 제출하여 그 검인을 청구하여야 한다(제1091조 제1항). 다만, 공정증서나 구수증서에 의한 유언의 경우에는 그러하지 아니하다(제1091조 제2항). 공정증서는 공증인의 관여하에 작성되며, 구수증서의 경우에는 급박한 사유의 종료 이후에 법원의 검인을 받으므로, 공정증서와 구수증서는 증거보전이 확실하다고 보아 별도로 법원의 검인을 받을 것을 요구하지 않는 것이다. 유언서의 검인은 유언서의 위조·변조를 방지하고 유언자의 진의를 확보하기 위한 일종의 증거보전절차이다.

> [판례] ① 유언서의 검인은 유언의 방식에 관한 일체의 사실을 조사하여 유언서 자체의 상태를 확정하기 위한 것이지 유언의 효력을 판단하기 위한 것이 아니므로 검인청구가 된 유언서가 민법이 정한 방식에 따르지 아니한 것이라고 하더라도 그 청구를 각하할 것이 아니라 가사심판규칙 제101조에 의하여 조서를 작성하여야 한다(대결 1980.11.19. 80스23).
>
> ② 민법 제1091조에서 규정하고 있는 유언증서에 대한 법원이 검인은 유언증서의 형식·태양 등 유언의 방식에 관한 모든 사실을 조사·확인하고 그 위조·변조를 방지하며, 또한 보존을 확실히 하기 위한 일종의 검증절차 내지는 증거보전절차로서, 유언이 유언자의 진의에 의한 것인지 여부나 적법한지 여부를 심사하는 것이 아님은 물론 직접 유언의 유효 여부를 판단하는 심판이 아니고, 또한 민법 제1092조에서 규정하는 유언증서의 개봉절차는 봉인된 유언증서의 검인에는 반드시 개봉이 필요하므로 그에 관한 절차를 규정한 데에 지나지 아니하므로, 적법한 유언은 이러한 검인이나 개봉절차를 거치지 않더라도 유언자의 사망에 의하여 곧바로 그 효력이 생기는 것이며, 검인이나 개봉절차의 유무에 의하여 유언의 효력이 영향을 받는 것은 아니다(대판 1998.6.12. 97다38510).

② 유언서의 개봉 : 법원이 검인된 유언증서를 개봉할 때에는 유언자의 상속인 그 대리인 기타 이해관계인의 참여가 있어야 한다(제1092조).

III 유언집행자

1. 의의

유언집행자는 유언의 집행을 담당하는 자로서, 유언자에 갈음하여 유언의 내용을 실제로 실현하는 자이다. 유언집행자는 여럿이더라도 무방하다(제1102조 참조).

2. 유언집행자의 결정

(1) 지정유언집행자

① **유언에 의한 유언집행자의 지정 또는 지정위탁** : 유언자는 유언으로 유언집행자를 지정할 수 있고 그 지정을 제3자에게 위탁할 수 있다(제1093조). 유언집행자 지정의 위탁을 받은 제3자는 그 위탁이 있음을 안 후 지체없이 유언집행자를 지정하여 상속인에게 통지하여야 하며 그 위탁을 사퇴할 때에도 이를 상속인에게 통지하여야 한다(제1093조).

상속인 기타 이해관계인은 상당한 기간을 정하여 그 기간내에 유언집행자를 지정할 것을 위탁받은 자에게 최고할 수 있다(제1094조 제2항 1문). 그 기간내에 지정의 통지를 받지 못한 때에는 그 지정의 위탁을 사퇴한 것으로 본다(제1094조 제2항 2문).

② **유언집행자 지정의 승낙 또는 사퇴** : 지정에 의한 유언집행자는 유언자의 사망 후 지체없이 이를 승낙하거나 사퇴할 것을 상속인에게 통지하여야 한다(제1097조 제1항).

상속인 기타 이해관계인은 상당한 기간을 정하여 그 기간내에 승낙여부를 확답할 것을 지정에 의한 유언집행자에게 최고할 수 있다(제1097조 제3항 1문). 그 기간내에 최고에 대한 확답을 받지 못한 때에는 유언집행자가 그 취임을 승낙한 것으로 본다(제1097조 제3항 2문).

(2) 법정유언집행자(상속인)

유언에 의한 유언집행자의 지정 또는 유언집행자 지정의 위탁에 의하여 지정된 유언집행자가 없는 때에는 상속인이 유언집행자가 된다(제1095조).

[판례] ① 민법 제1095조는 유언자가 유언집행사의 지정 또는 지정위탁을 하지 아니하거나 유언집행자의 지정을 위탁받은 자가 위탁을 사퇴한 때에 한하여 적용되는 것이므로, 유언자가 지정 또는 시정위탁에 의하여 유언집행자의 지정을 한 이상 그 유언집행자가 사망·결격 기타 사유로 자격을 상실하였다고 하더라도 상속인이 민법 제1095조에 의하여 유언집행자가 될 수는 없다(대판 2010.10.28. 2009다20840). / 유언집행자 선임사유

② 유증 등을 위하여 유언집행자가 지정되어 있다가 그 유언집행자가 사망·결격 기타 사유로 자격을 상실한 때에는 상속인이 있더라도 유언집행자를 선임하여야 하는 것이므로, 유언집행자가 해임된 이후 법원에 의하여 새로운 유언집행자가 선임되지 아니하였다고 하더라도 유언집행에 필요한 한도에서 상속인의 상속재산에 대한 처분권은 여전히 제한되며, 그 제한 범위 내에서 상속인의 원고적격 역시 인정될 수 없다(대판 2010.10.28. 2009다20840).

(3) 신임유언집행자

① **법원에 의한 유언집행자의 선임** : 유언집행자가 없거나 사망·결격 기타 사유로 인하여 없게 된 때에는 법원은 이해관계인의 청구에 의하여 유언집행자를 선임하여야 한다(제1096조 제1항).

[판례] ① 유언집행자가 전혀 없게 된 경우뿐만 아니라 공동유언집행자에게 결원이 생긴 경우와 결원이 없이도 법원이 유언집행자의 추가선임이 필요하다고 판단한 경우에는 법원이 유언집행자를 선임할 수 있다고 한다(대결 1995.12.4. 95스32).

② 유언집행자로 지정된 자가 취임의 승낙을 하지 아니한 채 사망한 경우에 제1095조에 의해 상속인이 유언집행자로 되는 것이 아니다. 유언자가 지정 또는 지정위탁에 의하여 유언집행자의 지정을 한 이상 그 유언집행자가 취임의 승낙을 하였는지를 불문하고 사망·결격 기타 사유로 유언집행자의 자격을 상실한 때에는 제1096조에 의하여 이해관계인이 법원에 유언집행자의 선임을 청구할 수 있다(대결 2007.10.18. 2007스31).
③ 유언집행자가 2인인 경우 그 중 1인이 나머지 유언집행자의 찬성 내지 의견을 청취하지 아니하고도 단독으로 법원에 공동유언집행자의 추가선임을 신청할 수 있다(대결 1987.9.29. 86스11).
④ 누구를 유언집행자로 선임하느냐는 문제는 제1098조의 유언집행자의 결격사유에 해당하지 않는 한 법원의 재량에 속한다(대결 1995.12.4. 95스32).

② **유언집행자 선임의 승낙 또는 사퇴**: 선임에 의해 유언집행자는 선임의 통지를 받은 후 지체없이 이를 승낙하거나 사퇴할 것을 법원에 통지하여야 한다(제1097조 제2항).
상속인 기타 이해관계인은 상당한 기간을 정하여 그 기간내에 승낙여부를 확답할 것을 선임에 의한 유언집행자에게 최고할 수 있다(제1097조 제3항 1문). 그 기간내에 최고에 대한 확답을 받지 못한 때에는 유언집행자가 그 취임을 승낙한 것으로 본다(제1097조 제3항 2문).
③ **법원의 처분 명령**: 법원이 유언집행자를 선임한 경우에는 그 임무에 관하여 필요한 처분을 명할 수 있다(제1096조 제2항).

3. 유언집행자의 결격

제한능력자와 파산선고를 받은 자는 유언집행자가 되지 못한다(제1098조). 제한능력자와 파산선고를 받은 자를 유언집행자로 지정하더라도 무효이며, 가정법원은 그러한 자를 유언집행자로 선임할 수 없다.
제한능력자와 파산선고를 받은 자 외에는 의사능력이 있는 한 누구라도 유언집행자가 될 수 있다. 상속인[69]이나 유언집행자의 지정을 위탁받은 자도 유언집행자가 될 수 있다. 유언집행자의 지정을 위탁받은 자가 스스로를 유언집행자로 지정할 수도 있다. 법인도 유언집행자가 될 수 있다고 해석된다.

4. 유언집행자의 지위

① **상속인의 대리인**: 지정 또는 선임에 의한 유언집행자는 상속인의 대리인으로 본다(제1103조 제1항). 수임인의 의무에 관한 제681조 내지 제685조, 수임인의 비용선급청구권에 관한 제687조, 위임종료시의 긴급처리에 관한 제691조, 위임종료의 대항요건에 관한 제692조의 규정은 유언집행자에 준용한다(제1103조 제2항).
② **법정소송담당**: 유언집행자는 유언을 집행하기 위한 소송을 제기할 수 있으며, 그러한 소송에서 유언집행자는 법정소송담당으로서 원고적격을 가진다는 것이 다수설·판례이다.

5. 유언집행자의 임무

① 유언집행자는 유증의 목적인 재산의 관리 기타 유언의 집행에 필요한 행위를 할 권리·의무가 있다(제1101조)[70]. 유언집행자가 그 취임을 승낙한 때에는 지체없이 그 임무를 이행하여야 한다(제1099조).

---

[69] 민법 규정들의 내용 및 그 취지, 유언은 유언자가 사망한 때부터 그 효력이 생긴다는 점(제1073조 제1항) 등을 종합적으로 고려해 보면, 유언집행자가 유언자의 사망 전에 먼저 사망한 경우와 같이 유언의 효력 발생 이전에 지정된 유언집행자가 그 자격을 상실한 경우에는 '지정된 유언집행자가 없는 때'에 해당하므로, 특별한 사정이 없는 한 제1095조가 적용되어 상속인이 유언집행자가 된다. 이러한 경우 상속인이 존재함에도 불구하고 법원이 제1096조 제1항에 따라 유언집행자를 선임할 수는 없다(대결 2018.3.29. 2014스73).
[70] 유언집행자는 유증의 목적인 재산의 관리 기타 유언의 집행에 필요한 행위를 할 권리·의무가 있다. 유언집행자가 유증의 내용에 따라 보험자의 승낙을 받아서 보험계약상의 지위를 이전할 의무가 있는 경우에도 보험자가 승낙하기 전까지는 보험계약자의 지위가 변경되지 않는다(대판 2018.7.12. 2017다235647).

② **재산목록의 작성·교부** : 유언이 재산에 관한 것인 때에는 지정 또는 선임에 의한 유언집행자는 지체없이 그 재산목록을 작성하여 상속인에게 교부하여야 하며(제1100조 제1항), 상속인의 청구가 있는 때에는 재산목록작성에 상속인을 참여하게 하여야 한다(제1100조 제2항).
③ **수인의 유언집행자의 유언집행** : 유언집행자가 수인인 경우에는 임무의 집행은 그 과반수의 찬성으로 결정한다(제1102조 본문). 그러나 보존행위는 각자가 할 수 있다(제1102조 단서).

판례는 "상속인이 유언집행자가 되는 경우를 포함하여 유언집행자가 수인인 경우에는, 유언집행자를 지정하거나 지정위탁한 유언자나 유언집행자를 선임한 법원에 의한 임무의 분장이 있었다는 등의 특별한 사정이 없는 한, 유증 목적물에 대한 관리처분권은 유언의 본지에 따른 유언의 집행이라는 공동의 임무를 가진 수인의 유언집행자에게 합유적으로 귀속되고, 그 관리처분권 행사는 과반수의 찬성으로써 합일하여 결정하여야 하므로, 유언집행자가 수인인 경우 유언집행자에게 유증의무의 이행을 구하는 소송은 유언집행자 전원을 피고로 하는 고유필수적 공동소송으로 봄이 상당하다(2009다8345)."고 한다.

6. 유언집행자의 보수

유언자가 유언으로 그 집행자의 보수를 정하지 아니한 경우에는 법원은 상속재산의 상황 기타 사정을 참작하여 지정 또는 선임에 의한 유언집행자의 보수를 정할 수 있다(제1104조 제1항). 유언집행자가 보수를 받는 경우에는 수임인의 보수청구에 관한 제686조 제2항·제3항을 준용한다(제1104조 제2항).

7. 유언집행자의 사퇴·해임

① **유언집행자의 사퇴** : 지정 또는 선임에 의한 유언집행자는 정당한 이유가 있는 때에는 법원의 허가를 얻어 그 임무를 사퇴할 수 있다(제1105조).
② **유언집행자의 해임** : 지정 또는 선임에 의한 유언집행자에 그 임무를 해태하거나 적당하지 아니한 사유가 있는 때에는 법원은 상속인 기타 이해관계인의 청구에 의하여 유언집행자를 해임할 수 있다(제1106조).

8. 유언집행자의 임무종료

① **유언집행자의 임무종료원인** : 유언집행자의 임무종료원인에는 유언집행의 종료, 결격사유의 발생, 사퇴, 해임, 유언집행자의 사망 등이 있다.
② **임무종료시 위임에 관한 규정의 준용** : 유언집행이 종료된 경우에 유언집행자는 상속인에게 지체없이 그 전말을 보고하여야 한다(제1103조 제2항·제683조). 급박한 사정이 있는 때에는 유언집행자 또는 그 상속인은 유언자의 상속인이 유언집행에 관한 사무를 처리할 수 있을 때까지 그 사무를 처리하여야 하며, 이 경우 유언집행사무를 계속하는 것과 동일한 효력이 있다(제1103조 제2항·제691조).

Ⅳ 유언집행의 비용

유언의 집행에 관한 비용은 상속재산 중에서 이를 지급한다(제1107조).

제3장 유류분

I 서설

유류분이란, 상속인 중 일정한 근친자에게 보류된 상속재산에 대한 지분으로써, 피상속인의 생전처분 또는 사인행위에도 불구하고 상속인이 확보할 수 있는 것을 말한다. 상속인이 상속에 의해 얻을 수 있는 순이익의 법정의 최소한도를 의미한다.

유언의 자유를 무한정하게 인정한다면 피상속인이 그 재산을 전부 타인에게 유증하는 것을 막을 수 없고, 그로 인하여 상속인의 생활기반이 붕괴될 우려가 있다. 피상속인의 재산이더라도 실질적으로는 상속인의 재산이 혼재되어 있거나 상속인이 재산형성에 기여한 경우가 있을 수 있는데, 그 처분을 무한정하게 인정하는 것은 상속인의 재산권을 침해하는 것이 될 수도 있다. 이에 민법은 유류분제도를 두어 유언의 자유와 가족생활의 안정 및 가족재산의 공평한 분배를 조화시키고자 한다.

II 유류분권리자

① 유류분을 가지는 자는 피상속인의 직계비속·배우자·직계존속·형제자매이다(제1112조). 태아도 상속순위에 관하여는 이미 출생한 것으로 간주되므로(제1000조 제3항) 유류분권을 가진다.

대습상속에서의 피대습자의 직계비속도 유류분권을 가지며(제1118조·제1001조·제1010조), 피대습자의 배우자도 피대습자의 직계비속과 공동상속인이 되고 직계비속이 없는 때에는 단독상속인이 되므로(제1003조 제2항) 역시 유류분권을 가진다.

  ㉠ 유류분권자가 되기 위해서는 상속개시시에 상속권이 있어야 하므로 1순위 상속권자가 있는 경우에는 2순위 상속권자는 유류분권자가 아니다. 예컨대, 직계비속이 있는 경우에 직계존속은 유류분권자가 아니다.
  ㉡ 포괄수증자는 상속인과 동일한 권리의무를 가지지만 상속인이 아니므로 유류분권자가 아니다.

② 증여·유증을 받은 공동상속인의 유류분 : 공동상속인 중에 피상속인으로부터 재산의 증여 또는 유증을 받은 자가 있는 경우에 그 수증재산이 자기의 유류분에 달하지 못한 때에는 그 부족한 부분의 한도에서 유류분이 있다(제1118조·제1008조).

③ 상속의 결격·포기에 의한 유류분권 상실 : 유류분은 상속권에 기초하고 있으므로 상속인의 결격 또는 포기에 의해 상속권을 상실한 자는 유류분권도 당연히 상실한다(2011스191, 192).

III 유류분의 산정

1. 유류분의 기초재산

(1) 상속개시시에 가진 재산

상속개시시에 가진 재산은 상속재산 중 적극재산을 의미한다. 유증재산 및 사인증여의 재산도 포함된다. 아직 증여계약이 이행되지 아니하여 소유권이 피상속인에게 남아 있는 상태로 상속이 개시된 재산도 당연히 '피상속인의 상속개시시에 있어서 가진 재산'에 포함되며, 수증자가 공동상속인이든 제3자이든 가리지 아니하고 모두 유류분 산정의 기초가 되는 재산을 구성한다(96다13682).

(2) 증여재산의 가액

① 상속개시시의 재산의 가액에 가산되는 '증여재산'이란 상속개시 전에 이미 증여계약이 이행되어 소유권이 수증자에게 이전된 재산을 의미한다(96다13682).

② 상속개시전의 1년간에 행한 증여는 모두 유류분 산정에 산입된다(제1114조 1문). 당사자쌍방이 유류분 산정에 산입된다(제1114조 2문). 여기서의 '증여'는 널리 무상의 처분을 의미하며, 법인설립을 위한 출연행위나 무상의 채무면제도 포함된다.

'상속개시전의 1년간'은 증여계약이 상속개시전 1년간에 체결된 경우를 의미한다. 따라서 상속개시 1년 이전에 체결된 증여계약은 상속개시전 1년 이내에 이행되었더라도 '상속개시전의 1년간에 행한' 증여에 해당하지 않는다. 유류분권리자를 해할 목적이나 의사까지는 요구되지 않으며 손해를 가할 것을 알았다는 인식으로 족하다. 판례는 제3자에 대한 증여가 유류분권리자에게 손해를 가할 것을 알고 행해진 것이라고 보기 위해서는, 당사자 쌍방이 증여 당시 증여재산의 가액이 증여하고 남은 재산의 가액을 초과한다는 점을 알았던 사정뿐만 아니라, 장래 상속개시일에 이르기까지 피상속인의 재산이 증가하지 않으리라는 점까지 예견하고 증여를 행한 사정이 인정되어야 한다고 한다(2010다50809).

[판례] 피상속인으로부터 특별수익인 생전 증여를 받은 공동상속인이 상속을 포기한 경우, 민법 제1114조가 적용되는지 여부(대판 2022.3.17. 2020다267620)

유류분에 관한 민법 제1118조는 민법 제1008조를 준용하고 있으므로, 공동상속인 중에 피상속인으로부터 재산의 생전 증여로 민법 제1008조의 특별수익을 받은 사람이 있으면 민법 제1114조가 적용되지 않고, 그 증여가 상속개시 1년 이전의 것인지 여부 또는 당사자 쌍방이 유류분권리자에 손해를 가할 것을 알고서 하였는지 여부와 관계없이 증여를 받은 재산이 유류분 산정을 위한 기초재산에 산입된다.

그러나 피상속인으로부터 특별수익인 생전 증여를 받은 공동상속인이 상속을 포기한 경우에는 민법 제1114조가 적용되므로, 그 증여가 상속개시 전 1년간에 행한 것이거나 당사자 쌍방이 유류분권리자에 손해를 가할 것을 알고 한 경우에만 유류분 산정을 위한 기초재산에 산입된다고 보아야 한다. 민법 제1008조에 따라 구체적인 상속분을 산정하는 것은 상속인이 피상속인으로부터 실제로 특별수익을 받은 경우에 한정되는데, 상속의 포기는 상속이 개시된 때에 소급하여 그 효력이 있고(민법 제1042조), 상속포기자는 처음부터 상속인이 아니었던 것이 되므로, 상속포기자에게는 민법 제1008조가 적용될 여지가 없기 때문이다. 위와 같은 법리는 피대습인이 대습원인의 발생 이전에 피상속인으로부터 생전 증여로 특별수익을 받은 이후 대습상속인이 피상속인에 대한 대습상속을 포기한 경우에도 그대로 적용된다.

③ **공동상속인에 대한 증여** : 공동상속인이 받은 증여는 특별수익분으로서 상속개시보다 1년 이전에 행해진 것이더라도 유류분 산정에 산입된다(제1118조ㆍ제1008조). 당사자 쌍방이 손해를 가할 것을 알고서 하였는지 여부도 묻지 않는다(95다17885). 공동상속인 중에 피상속인으로부터 재산의 생전 증여에 의하여 특별수익을 한 자가 있는 경우에는 제1114조는 그 적용이 배제되는 것이다(95다17885). 여기서 말하는 재산의 증여에는 상속분의 양도도 포함된다. 따라서 피상속인이 생전에 자신의 상속분을 공동상속인에게 양도하였다면 그 상속분은 차후에 양도인의 사망으로 인한 상속에서 유류분 산정을 위한 기초재산에 산입된다(2016다210498).

④ **가액산정의 기준시** : 유류분 사정의 기초가 되는 증여 부동산의 가액산정 시기는 피상속인이 사망한 상속개시 당시의 가격이다(95다17885)[71]. 판례는 증여받은 재산이 금전일 경우에는 그 증여받은 금액을 상속개시 당시의 화폐가치로 환산하여 이를 증여재산의 가액으로 봄이 상당하고, 그러한 화폐가치의 환산은 증여 당시부터 상속개시 당시까지 사이의 물가변동률을 반영하는 방법으로 산정하는 것이 합리적이라고 한다(2006다28126).

---

[71] 유류분반환의 범위는 상속개시 당시 피상속인의 순재산과 문제 된 증여재산을 합한 재산을 평가하여 그 재산액에 유류분청구권자의 유류분비율을 곱하여 얻은 유류분액을 기준으로 산정하는데, 증여받은 재산의 시가는 상속개시 당시를 기준으로 하여 산정하여야 한다. 다만 증여 이후 수증자나 수증자에게서 증여재산을 양수한 사람이 자기 비용으로 증여재산의 성상 등을 변경하여 상속개시 당시 가액이 증가되어 있는 경우, 변경된 성상 등을 기준으로 상속개시 당시의 가액을 산정하면 유류분권리자에게 부당한 이익을 주게 되므로, 이러한 경우에는 그와 같은 변경을 고려하지 않고 증여 당시의 성상 등을 기준으로 상속개시 당시의 가액을 산정하여야 한다(대판 2015.11.12. 2010다104768).

⑤ 유류분 제도 시행 전에 이행이 완료된 증여재산은 유류분 산정 기초재산에서 포함되지 않지만(2010다78722 참고), 판례는 그러한 재산도 당해 유류분 반환청구자의 유류분 부족액 산정 시 특별수익으로 공제되어야 한다(2017다278422)고 하여 특별수익에는 포함된다.

(3) 채무의 공제

공제되는 채무에는 사법상의 채무는 물론 공법상의 채무도 포함된다. 유증에 의해 상속인이 부담하게 되는 채무는 포함되지 않는다.

상속재산의 관리비용 등 상속비용이나 유언집행비용이 공제되어야 할 채무에 해당하는지에 대해서는 긍정하는 견해와 부정하는 견해가 있다.

2. 유류분의 비율

피상속인의 직계비속과 배우자의 유류분은 그 법정상속분의 1/2이고, 직계존속과 형제자매는 그 법정상속분의 1/3이다(제1112조).

3. 유류분액의 산정

유류분액은 유류분산정의 기초가 되는 재산액에 각 상속인의 상속분의 비율과 유류분의 비율을 곱하여 계산한다. 즉, 유류분액은 유류분의 기초재산 × 유류분의 비율이 된다.

4. 유류분의 구체적 산정방법

(1) 유류분액과 유류분 부족액

위에서 산정한 기초재산에 유류분의 비율을 곱한 액이 유류분액이며, 유류분권자가 피상속인으로부터 증여 등의 특별수익을 받은 때에는 그 특별수익의 가액을 공제한 나머지가 그 상속인의 유류분액으로 된다(제1118조·제1008조). 유류분반환청구를 할 수 있는 유류분 부족액은 유류분액에서 순상속액(상속적극재산 - 상속채무)을 공제한 액이 된다.

> [판례] 유류분 부족액을 산정할 때 유류분액에서 공제하여야 하는 순상속분액을 산정하는 방법 및 유류분권리자의 구체적인 상속분보다 그가 부담하는 상속채무가 더 많은 경우라도 유류분권리자가 한정승인을 한 때에는 순상속분액을 0으로 보아 유류분 부족액을 산정하여야 하는지 여부(적극) (대판 2022.8.11. 2020다247428)
>
> 공동상속인이 아닌 제3자에 대한 증여는 원칙적으로 상속개시 전의 1년간에 행한 것에 한하여 유류분반환청구를 할 수 있고, 다만 당사자 쌍방이 증여 당시에 유류분권리자에 손해를 가할 것을 알고 증여를 한 때에는 상속개시 1년 전에 한 것에 대하여도 유류분반환청구가 허용된다(민법 제1114조 참조). 증여 당시 법정상속분의 2분의 1을 유류분으로 갖는 배우자나 직계비속이 공동상속인으로서 유류분권리자가 되리라고 예상할 수 있는 경우에, 제3자에 대한 증여가 유류분권리자에게 손해를 가할 것을 알고 행해진 것이라고 보기 위해서는, 당사자 쌍방이 증여 당시 증여재산의 가액이 증여하고 남은 재산의 가액을 초과한다는 점을 알았던 사정뿐만 아니라, 장래 상속개시일에 이르기까지 피상속인의 재산이 증가하지 않으리라는 점까지 예견하고 증여를 행한 사정이 인정되어야 하고, 이러한 당사자 쌍방의 가해의 인식은 증여 당시를 기준으로 판단하여야 하는데, 그 증명책임은 유류분반환청구권을 행사하는 상속인에게 있다.

Ⅳ 유류분반환청구권

1. 의의

① 유류분반환청구권이란, 유류분이 침해된 경우에 유류분권리자가 유류분이 부족한 한도에서 유증 또는 증여된 재산의 반환을 청구할 수 있는 권리를 말한다(제1115조 제1항). 각 상속인은 유류분의 기초재산에 근거하여 산정한 유류분액에 대하여 유류분권을 가지는데, 실제 상속액이 그에 미치지 못하는 경우에는 유류분이 침해된 것이 되고, 유류분권자는 유류분반환청구권을 행사할 수 있다.

② 법적 성격 : 유류분반환청구권의 법적 성격에 대해서는 견해의 대립이 있다.

㉠ **채권적 청구권설** : 유류분반환청구권은 채권적 청구권으로서, 반환청구에 의해 이행을 받아야만 재산권을 회복하게 된다는 견해이다. 유류분반환청구권을 형성권이라고 본다면 증여의 목적물이 부동산인 경우 유류분권자가 선의의 제3취득자로부터도 목적물을 회복할 수 있게 되어 거래의 안전을 해하게 된다고 한다.

유류분반환청구권자는 유류분에 부족한 만큼의 재산의 인도를 유증 또는 증여받은 자에게 청구할 수 있을 뿐이고, 아직 이행하지 않은 증여나 유증에 대해서는 이행을 거절할 수 있다고 보게 된다.

㉡ **형성권설** : 유류분반환청구권은 그 의사표시만으로 재산권을 회복할 수 있는 형성권이라는 견해이다. 유류분반환청구권은 유증이나 증여가 아직 이행되지 않았을 때에도 행사하게 되므로 목적물의 반환을 구하는 청구권이라고 할 것이 아니라 그 의사표시에 의해 유증이나 증여를 실효시키는 형성권이라고 보는 것이 타당하다고 한다.

유류분반환청구권을 행사하면 유증 또는 증여계약은 실효하여 유류분권리자는 물권적 청구권에 기하여 목적물의 반환을 청구할 수 있고, 유증 또는 증여가 이행되지 않았을 때에는 이행의무를 면한다고 보게 된다.

증여의 목적물이 부동산이고 제3자에게 특정승계된 경우에는 제1014조를 유추적용하여 유류분권자는 가액의 반환을 청구할 수 있음에 그친다고 한다.

2. 유류분반환청구권의 행사

① 반환청구권자 : 유류분반환청구권자는 유류분권리자이다. 학설은 유류분반환청구권은 일신전속권이 아니므로, 유류분권리자 이외에도 유류분권리자의 상속인, 상속분의 양수인, 유류분반환청구권의 양수인도 행사할 수 있으며, 유류분반환청구를 할 수 있는 유류분권자 등의 채권자도 채권자대위권에 기하여 유류분반환청구권을 대위행사할 수 있다는 견해가 많다. 그러나 판례는 "유류분반환청구권은 그 행사 여부가 유류분권리자의 인격적 이익을 위하여 그의 자유로운 의사결정에 전적으로 맡겨진 권리로서 행사상의 일신전속성을 가진다고 보아야 하므로, 유류분권리자에게 그 권리행사의 확정적 의사가 있다고 인정되는 경우가 아니라면 채권자대위권의 목적이 될 수 없다(2009다93992)."고 하였다.

[판례] 공동상속인이 아닌 제3자에 대한 증여는 원칙적으로 상속개시 전의 1년간에 행한 것에 한하여 유류분반환청구를 할 수 있고, 다만 당사자 쌍방이 증여 당시에 유류분권리자에 손해를 가할 것을 알고 증여를 한 때에는 상속개시 1년 전에 한 것에 대하여도 유류분반환청구가 허용된다(민법 제1114조 참조). 증여 당시 법정상속분의 2분의 1을 유류분으로 갖는 배우자나 직계비속이 공동상속인으로서 유류분권리자가 되리라고 예상할 수 있는 경우에, 제3자에 대한 증여가 유류분권리자에게 손해를 가할 것을 알고 행해진 것이라고 보기 위해서는 당사자 쌍방이 증여 당시 증여재산의 가액이 증여하고 남은 재산의 가액을 초과한다는 점을 알았던 사정뿐만 아니라, 장래 상속개시일에 이르기까지 피상속인의 재산이 증가하지 않으리라는 점까지 예견하고 증여를 행한 사정이 인정되어야 하고, 이러한 당사자 쌍방의 가해의 인식은 증여 당시를 기준으로 판단하여야 하는데, 그 증명책임은 유류분반환청구권을 행사하는 상속인에게 있다(대판 2022.8.11. 2020다247428).

② **반환청구의 상대방** : 유류분반환청구의 상대방은 유증·증여를 받은 자 및 그 포괄승계인이다. 유언집행자도 반환청구의 상대방이 될 수 있다고 해석된다. 유증 또는 증여의 목적물을 양도받은 전득자는 원칙적으로 반환청구의 상대방이 아니다. 다만, 유류분반환청구권의 행사에 의하여 반환되어야 할 유증 또는 증여의 목적이 된 재산이 타인에게 양도된 경우 그 양수인이 양도 당시 유류분권리자를 해함을 안 때에는 양수인에 대하여도 그 재산의 반환을 청구할 수 있다는 것이 판례(2000다8878)이다.

③ **행사방법** : 판례는 그 의사표시는 침해를 받은 유증 또는 증여행위를 지정하여 이에 대한 반환청구의 의사를 표시하면 그것으로 족하고, 그로 인하여 생긴 목적물의 이전등기청구권이나 인도청구권 등을 행사하는 것과는 달리 그 목적물을 구체적으로 특정하여야 하는 것은 아니며, 제1117조 소정의 소멸시효의 진행도 그 의사표시로 중단된다고 한다(93다11715).

[판례] ① 상속인이 유증 또는 증여행위가 무효임을 주장하여 상속 내지는 법정상속분에 기초한 반환을 주장하는 경우에는 그와 양립할 수 없는 유류분반환청구권을 행사한 것으로 볼 수 없지만, 상속인이 유증 또는 증여행위의 효력을 명확히 다투지 아니하고 수유자 또는 수증자에 대하여 재산분배나 반환을 청구하는 경우에는 유류분반환의 방법에 의할 수밖에 없으므로 비록 유류분반환을 명시적으로 주장하지 않더라도 그 청구 속에는 유류분반환청구권을 행사하는 의사표시가 포함되어 있다고 해석함이 타당한 경우가 많다(대판 2012.5.24. 2010다50809).

② 피상속인의 공동상속인으로는 甲, 乙, 丙이 있는데 피상속인이 그 소유의 이 사건 토지를 생전에 乙과 그의 妻에게 증여하여 유류분을 침해당한 甲이, 피상속인이 사망한지 얼마 안 되어 乙의 집을 찾아가 乙과 그의 妻가 피상속인으로부터 이 사건 토지를 증여받은 사실을 거론하며 乙과 그의 妻에게 2억 원을 지급할 것을 요구하였고, 乙과 그의 妻가 이를 거절하자, "내가 국세청이고 어니고 다 뒤엎을 거야. 너희들이 엄마한테 받은 상동 땅도 내가 찾아 가는가 못 찾아 가는가 두고 봐. 확 뒤집어 엎어버릴거다"라고 하면서 소송을 제기하겠다고 말한 데에는, 甲 자신이 유류분을 침해한 그 토지의 증여행위를 지정하여 이에 대한 반환청구를 하는 의사표시가 포함되어 있다고 봄이 상당하다(대판 2012.5.24. 2010다50809).

④ **반환청구의 순서** : 유류분반환청구의 대상에 유증과 증여가 모두 있는 경우에는 먼저 유증에 대하여 반환청구를 하여야 한다(제1116조). 판례는 사인증여에는 유증의 규정이 준용될 뿐만 아니라 그 실제적 기능도 유증과 달리 볼 필요가 없으므로 사인증여도 유증과 같이 보아야 한다고 한다(2001다6947). 따라서 유류분반환청구의 대상에 생전증여와 사인증여가 모두 있는 경우에는 먼저 사인증여에 대하여 반환청구를 해야 하는 것이 된다.

⑤ **수인에 대한 반환청구** : 유증을 받은 자가 수인인 때에는 각자가 얻은 유증가액의 비례로 반환 청구를 하여야 한다(제1115조 제2항). 또한, 증여에 대해 반환청구를 하는 경우에도 증여를 받은 자가 수인인 때에는 각자가 얻은 수증가액의 비례로 반환청구를 하여야 한다(제1115조 제2항). 증여 또는 유증을 받은 다른 공동상속인이 수인일 때에는 다른 공동상속인들 중 각자 증여받은 재산 등의 가액이 자기 고유의 유류분액을 초과하는 상속인만을 상대로 하여 그 유류분액을 초과한 금액의 비율에 따라서 반환청구를 할 수 있고, 공동상속인과 공동상속인이 아닌 제3자가 있는 경우에는 그 제3자에게는 유류분이라는 것이 없으므로 공동상속인은 자기 고유의 유류분액을 초과한 금액을 기준으로 하여, 제3자는 그 수증가액을 기준으로 하여 각 그 금액의 비율에 따라 반환청구를 하여야 한다(95다17885).

[판례] [1] 금전채무와 같이 급부의 내용이 가분인 채무가 공동상속된 경우, 이는 상속개시와 동시에 당연히 공동상속인들에게 법정상속분에 따라 상속된 것으로 봄이 타당하므로, 법정상속분 상당의 금전채무는 유류분권리자의 유류분 부족액을 산정할 때 고려하여야 할 것이나, 공동상속인 중 1인이 자신의 법정상속분 상당의 상속채무 분담액을 초과하여 유류분권리자의 상속채무 분담액까지 변제한 경우에는 유류분권리자를 상대로 별도로 구상권을 행사하여 지급받거나 상계를 하는 등의 방법으로 만족을 얻는 것은 별론으로 하고, 그러한 사정을 유류분권리자의 유류분 부족액 산정 시 고려할 것은 아니다.

[2] 유류분권리자가 반환의무자를 상대로 유류분반환청구권을 행사하는 경우 그의 유류분을 침해하는 증여 또는 유증은 소급적으로 효력을 상실하므로, 반환의무자는 유류분권리자의 유류분을 침해하는 범위 내에서 그와 같이 실효된 증여 또는 유증의 목적물을 사용·수익할 권리를 상실하게 되고, 유류분권리자의 목적물에 대한 사용·수익권은 상속개시의 시점에 소급하여 반환의무자에 의하여 침해당한 것이 된다. 그러나 민법 제201조 제1항은 "선의의 점유자는 점유물의 과실을 취득한다."고 규정하고 있고, 점유자는 민법 제197조에 의하여 선의로 점유한 것으로 추정되므로, 반환의무자가 악의의 점유자라는 사정이 증명되지 않는 한 반환의무자는 목적물에 대하여 과실수취권이 있다고 할 것이어서 유류분권리자에게 목적물의 사용이익 중 유류분권리자에게 귀속되었어야 할 부분을 부당이득으로 반환할 의무가 없다. 다만 민법 제197조 제2항은 "선의의 점유자라도 본권에 관한 소에 패소한 때에는 그 소가 제기된 때로부터 악의의 점유자로 본다."고 규정하고 있고, 민법 제201조 제2항은 "악의의 점유자는 수취한 과실을 반환하여야 하며 소비하였거나 과실로 인하여 훼손 또는 수취하지 못한 경우에는 그 과실의 대가를 보상하여야 한다."고 규정하고 있으므로, 반환의무자가 악의의 점유자라는 점이 증명된 경우에는 악의의 점유자로 인정된 시점부터, 그렇지 않다고 하더라도 본권에 관한 소에서 종국판결에 의하여 패소로 확정된 경우에는 소가 제기된 때로부터 악의의 점유자로 의제되어 각 그때부터 유류분권리자에게 목적물의 사용이익 중 유류분권리자에게 귀속되었어야 할 부분을 부당이득으로 반환할 의무가 있다(대판 2013.3.14. 2010다42624).

3. 유류분반환청구권 행사의 효과

① 유류분반환청구권의 법적 성격에 관한 형성권설의 입장에서는 유류분반환청구에 의해 유류분이 부족한 한도에서 유증·증여의 효력은 당연히 소멸한다고 보게 되며, 청구권설의 입장에서는 유류분반환청구권의 행사에 의하여 반환청구를 받은 수증자는 유류분이 부족한 한도에서 유증·증여받은 재산을 반환해야 할 의무를 부담한다고 보게 된다.
② **반환의 방법** : 민법은 유류분의 반환방법에 관하여 별도의 규정을 두지 않고 있으나, 증여 또는 유증대상 재산 그 자체를 반환하는 것이 통상적인 반환방법이라고 할 것이므로, 유류분권리자가 원물반환의 방법에 의하여 유류분반환을 청구하고 그와 같은 원물반환이 가능하다면 달리 특별한 사정이 없는 이상 법원은 유류분권리자가 청구하는 방법에 따라 원물반환을 명하여야 한다(2005다71949).
원물반환이 불가능한 경우에는 유류분권리자는 반환의무자를 상대로 원물반환 대신 그 가액의 반환을 구할 수 있다. 그러나 그렇다고 해서 유류분권리자가 스스로 위험이나 불이익을 감수하면서 원물반환을 구하는 것까지 허용되지 않는다고 볼 것은 아니므로, 그 경우에도 법원은 유류분권리자가 청구하는 방법에 따라 원물반환을 명하여야 한다(2020다250783). 판례는 가액반환을 명하는 경우 그 가액은 사실심변론종결시를 기준으로 산정하여야 한다고 한다(2004다71949).

4. 유류분반환청구권의 소멸

유류분반환청구권은 유류분권리자가 상속의 개시와 반환하여야 할 증여 또는 유증을 한 사실을 안 때로부터 1년 내에 행사하지 않으면 시효에 의하여 소멸한다(제1117조 1문). 상속이 개시된 때로부터 10년을 경과한 때에도 같다(제1117조 2문). 판례는 '같은 법조 전단의 1년의 기간은 물론 같은 법조 후단의 10년의 기간도 그 성질을 소멸시효기간이라고 본다(92다3595). 또한 '반환하여야 할 증여 등을 한 사실을 안 때'라 함은 증여 등의 사실 및 이것이 반환하여야 할 것임을 안 때를 의미한다고 한다(2000다66430).

[판례] ① 유류분권리자가 수증자와의 재판과정에서 수증자의 증여 주장 및 그에 부합하는 증언의 존재를 알았다는 것만으로는 증여사실을 알았다고 할 수 없다(대판 1994.4.12. 93다52563). 해외에 거주하다가 피상속인의 사망사실을 뒤늦게 알게 된 상속인이 유증사실 등을 제대로 알 수 없는 상태에서 다른 공동상속인이 교부한 피상속인의 자필유언증서 사본을 보았다는 사정만으로는 자기의 유류분을 침해하는 유증이 있었음을 알았다고 볼 수 없고, 그 후 유언의 검인을 받으면서 자필유언증서의 원본을 확인한 시점에 그러한 유증이 있었음을 알았다고 보아야 한다(대판 2006.11.10. 2006다46346).

② 피상속인의 생전에 유언의 존재를 알고 있었던 유류분권리자가 재판과정에서 여러 가지 이유를 들어 유서가 무효라고 주장하였으나 그 주장들이 한결같이 사실상 또는 법률상의 근거 없이 피상속인의 유언을 부인하려는 구실로밖에 보이지 아니하는 한편 유류분권리자가 유언이 무효임을 확신하였다는 특별한 사정을 엿볼 수 없는 경우, 피상속인이 사망한 다음날부터 유류분권리자의 유류분반환청구권의 단기소멸시효가 진행된다(대판 1998.6.12. 97다38510).

③ 유류분권리자가 증여 등이 무효라고 믿고 소송상 항쟁하고 있는 경우에는 증여 등의 사실을 안 것만으로 곧바로 반환하여야 할 증여가 있었다는 것까지 알고 있다고 단정할 수는 없을 것이나, 민법이 유류분반환청구권에 관하여 특별히 단기소멸시효를 규정한 취지에 비추어 보면 유류분권리자가 소송상 무효를 주장하기만 하면 그것이 근거없는 구실에 지나지 아니한 경우에도 시효는 진행하지 않는다 함은 부당하므로, 피상속인의 거의 전 재산이 증여되었고 유류분권리자가 위 사실을 인식하고 있는 경우에는 무효의 주장에 관하여 일응 사실상 또는 법률상 근거가 있고 그 권리자가 위 무효를 믿고 있었기 때문에 유류분반환청구권을 행사하지 않았다는 점을 당연히 수긍할 수 있는 특별한 사정이 인정되지 않는 한, 위 증여가 반환될 수 있는 것임을 알고 있었다고 추인함이 상당하다(대판 2001.9.14. 2000다66430).

④ 유류분반환청구권의 행사는 재판상 또는 재판 외에서 상대방에 대한 의사표시의 방법으로 할 수 있다. 그 의사표시는 침해를 받은 유증 또는 증여행위를 지정하여 이에 대한 반환청구의 의사를 표시하면 그것으로 충분하고, 그로 인하여 생긴 목적물의 이전등기청구권이나 인도청구권 등을 행사하는 것과는 달리 그 목적물을 구체적으로 특정하여야 하는 것은 아니다. 유류분권리자가 위와 같은 방법으로 유류분반환청구권을 행사하면 민법 제1117조 소정의 소멸시효 기간 안에 권리를 행사한 것이 된다(대판 2015.11.12. 2011다55092).

⑤ 유류분권리자가 유류분반환청구권을 행사한 경우 그의 유류분을 침해하는 범위 내에서 유증 또는 증여는 소급적으로 효력을 상실하고, 상대방은 그와 같이 실효된 범위 내에서 유증 또는 증여의 목적물을 반환할 의무를 부담한다. 유류분반환청구권을 행사함으로써 발생하는 목적물의 이전등기청구권 등은 유류분반환청구권과는 다른 권리이므로, 그 이전등기청구권 등에 대하여는 민법 제1117조 소정의 유류분반환청구권에 대한 소멸시효가 적용될 여지가 없고, 그 권리의 성질과 내용 등에 따라 별도로 소멸시효의 적용 여부와 기간 등을 판단하여야 한다(대판 2015.11.12. 2011다55092).

본 페이지는 빈 페이지입니다.